体育信息检索

周　昀　雷国樑　主编

人民体育出版社

前 言

我国高校文献检索课程从无到有，从尝试到成熟，经历了近30年的发展历程，成为信息素养教育的重要手段。21世纪人类将全面进入信息化社会，只有具备一定信息素质的人才能适应信息社会的生存与发展需要，否则，将成为信息社会的“文盲”。一个人信息素质的高低将直接影响他一生的学习、生活和工作。在信息社会中，信息素养已经不仅仅是信息从业人员所应具备的基本素质，而且是新一代智能化劳动者所应当具备的最基本的素质。特别是高等院校的学生，他们即将走向社会，是我国信息化建设的一支重要力量，他们的信息素质，将直接影响到我国社会信息化的进程。因此，作为培养高级体育人才的体育院校，要顺应这股不可逆转的时代浪潮，信息素质教育是新一代大学生面对信息时代日益更新的知识、技术、理念及生活方式的点金术。“给人以鱼，得一餐食；教人捕鱼，得一生食。”因而不仅要“授人以鱼”，更要“授人以渔”。信息素养教育自然是高校的教育职责，是高校责无旁贷的新的历史使命。

在信息素质教育中，毋庸置疑，课程的开设对普及信息素质教育，提高大学生信息能力发挥了巨大的作用，而教材是从事教学活动的主要载体，是教学活动进行的重要保证。20世纪90年代以来，以网络检索和现代检索技术为主要内容的信息检索教材层出不穷，但多为综合性教材，对一些学科而言缺乏针对性，有的是编排雷同，特色性不强；有的是内容与信息知识的更新脱节。其中，体育专业尤为突出，不能满足现在体育院校师生及科研人员的需要。这实际上反映了当前一方面是信息爆炸（过剩），而另一方面是大量的信息需求无法得到满足的现状。这也引发了我们对文献检索课程教学内容、课程教学改革、课程建设与发展做深入的研究与探讨。为使体育信息检索课程与社会发展同步，搭准时代的脉搏，我们2006年开始了本书的资料收集和编著工作，并以教学讲义的形式在武汉体育学院使用了三年，2010年编著成校内教材使用了一年反映良好。编者长期从事文献信息检索与利用的教学工作，有多年的教学经验，在本书的编著过程中力求深入浅出、内容新颖，并针对体育院校学生的信息需求特点，加强实用性，教学效果较好。本教材凸显了如下几个特征：

1. 针对性强，凸显专业特色。本书是针对体育及其相关学科需求编写的专业信息检索教材。全书由始至终围绕体育专业，根据体育信息资源的特点进行组织架构，选取体育领域内常用的数据库及有专业特色的检索系统详细介绍，列举网络多种开放的体育信息资源，检索实例也多涉及体育专业领域。

2. 图文并茂，凸显可操作性。体育学院学生大多活泼好动、思维跳跃，容易接受直观、具模仿性和可操作性的信息，而对于长篇累牍的文字描述较为排斥。本书运用图片，较直观地展示教材内容，尤其介绍各种数据库及检索系统的使用方法时，用图片展示说明，清晰易懂，根据教材就能轻松地进行检索实践，培养动手能力，具有极大的可操作性。

3. 深入浅出，凸显实用性原则。本书摒弃了不少同类书中高深莫测的理论，一切从实用出发，以学生和读者看后会用为依归。关键之处，结合实例，使得那些即使不熟悉计算机操作和应用的读者，也能按图索骥，轻松掌握信息检索的要领。对于数据库和检索系统中不常用的功能，尽量少费笔墨，点到即止，避免学生学习和读者阅读过程中的“信息超载”现象，尽可能使用大众化语言，减少抽象的专业概念。

4. 及时更新，凸显时效性。信息瞬息万变，信息技术日新月异，数据库和检索系统的更新变化也往往一日千里。而本教材成书时间较长，到出版问世，其内容不可避免的带有时滞性，因此在修订定稿的过程中，力求凡书中所涉及的数据库、检索系统、网站等，均以其最新版本为依据，逐一梳理与修订，做出及时更新和调整，确保内容的新颖和时效性，缩短其时滞。

5. 资料丰富翔实，凸显工具性。信息检索课程是一门极具方法性和工具性的课程，具有实践操作意义。本书中列举资料丰富，内容翔实，尤其关于检索工具书部分，凸显工具性，方便学生和读者随时翻阅查考。

本书的主要读者对象是体育院校及综合性院校体育专业的本科生和

研究生，也可满足体育院校教师，及广大科研人员和体育工作者的学习与科研需要，培养体育信息用户的信息意识和信息观念，激发个体信息用户的信息潜能和智慧，提高信息用户驾驭信息的能力。本书是编者在长期的教学实践和科研成果不断积累的基础上写成的，同时也选择性地吸收了前沿知识和一些专家、学者的最新研究成果，凝聚了编者多年来在信息教育园地辛勤耕耘的智慧和实践的结晶。当然由于编者水平有限，教材难免有许多不足，敬请广大读者和同仁不吝赐教。本教材的完成难忘广州体育学院图书馆仇恢老师的许多建设性意见，和我院教务处教务科及人民体育出版社的大力支持，在此一并致谢。

《体育信息检索》由周昀、雷国樑任主编，确定编写宗旨、编写大纲并统稿。具体参与人员为：周昀（第一、二、五、六章）、叶银珍（第四章）、窦志（第三、八章）、徐学会（第七章）、吴艳（第九章）、肖夏（收集资料、校稿与修改）。

编 者

2012.1.6

目 录

第一章　体育信息资源概论

当前，以信息为主要标志的第三次革命浪潮方兴未艾，信息产业作为急先锋、桥头堡引领着当代科技潮流。信息，这个一夜之间家喻户晓的名词正以史无前例的速度和强度入主人类生活。20 世纪 90 年代，伴随着美国“全国信息高速公路”（即 NII）、“全球信息高速公路”（即 GII）两计划强势地推行，全球刮起了一股强大的信息热，各国加紧研发、构架信息产业，犹如进行新一轮军备竞赛一般。这种势头，使得信息化进程突飞猛进，直到 21 世纪还依然昌盛不衰，深刻地渗透和影响着社会生活。高度信息化也成为后工业社会一个显著的特点。美国社会学家和未来学家丹尼尔·贝尔在《后现代社会》一书中说：“后现代社会最重要的因素不是体力劳动或能源，而是信息。”信息，这个制造后现代社会奇迹的圣手，已经被学者们提到与物质、能量齐驱并驾的高度。物质、能量、信息三者位列三甲，共同推动着现代文明的不断生成、巩固和发展。

比尔·盖茨在《未来之路》中写道:“国际互联网是一个浪潮。它将冲击计算机工业以及许多其他的工业，那些在这一浪潮中还没有学会游泳的人将被淘汰。”21 世纪人类将全面进入信息化社会，多媒体及网络技术在体育领域的广泛应用，正在深刻地影响着体育事业的发展，包括体育教育和科研、运动训练、体育信息产业及大规模运动会和专项比赛编排管理等各个方面，体育信息的透明度已经全球化，无论你在世界任何地方都可以在互联网上进行有关体育科研、运动训练、竞赛活动的信息交流，国际知名的体育机构与体育有关的部门大多数已在互联网上建立了自己的信息传播阵地。

第一节　信息时代与体育信息素养教育

信息时代需要信息素养教育。随着信息化社会的深入发展，人们对信息的巨大价值有了越来越深入的理解，除了注重信息资源库、信息设施、信息系统、信息网络等硬件的建设外，更感到必须加强对信息用户的信息素质教育，特别是高等院校的学生，他们即将走向社会，是我国信息化建设的一支重要力量。他们的素质特别是信息素质，将影响到我国社会信息化的进程。作为培养高级体育人才的体育院校，同样要顺应这股不可逆转的时代浪潮。不但要使学生在本专业有所建树，也要培养学生的信息素养，这对于要适应21世纪的国际竞争的新型人才是至关重要的。

一、信息素养的内涵

（一）信息素养的定义

信息素养（information literacy）的概念最早是由美国信息产业协会主席保罗·泽考斯基（Paul Zurkowski）于1974年提出，他把信息素养定义为“利用大量的信息工具及主要信息源使问题得到解答的技术和技能”，主要包括文化素养（知识层面）、信息意识（意识层面）和信息技能（技术层面）三个方面。发展至1992年，美国图书馆协会给信息素养下了定义：信息素养是人能够判断确定何时需要信息，并能够对信息进行检索、评价和有效利用的能力。

1992年克里斯蒂娜·道尔（Christina Doyle）进一步利用循环问卷的方法，集合全美各地136位受访者的意见，将信息素养细分为以下10种能力：①能辨识自己的信息需求；②能了解完整的信息和智慧决策之间的关系；③能有效地陈述信息问题，表达信息需求；④知道有哪些可能有用的信息资源；⑤能制订妥善的信息检索策略；⑥能使用印刷方式及高科技方式存储的信息资源；⑦能评估信息的相关及有用程度；⑧组织信息使其能有实用性；⑨组合新信息成为自己原有知识的一部分；⑩能将信息应用于批判性思考及解决问题。

（二）信息素养的特点

信息素养具有以下特点：

普遍性。即信息素养普遍存在，人皆有之，只是层次不同，表现为公民层次和专业层次。

发展性。即信息素养随时代、科学技术水平的发展而变化。

文化性。信息素养中的信息意识、信息道德是信息文化的一部分。

实践性。信息素养中的信息意识、信息道德、信息能力是人在言行中的表现。

二、信息时代需要信息素养教育

（一）信息素养是信息时代大学生必须具备的基本素养之一

在日益信息化的今天，人们越来越认识到社会信息化是当前科技、经济、社会发展竞争的制高点，是一个国家、地区、城市现代化和国际化的最高标准。这也是知识经济时代的一大特征。各国都开始培养大学生具备迅速地筛选和获取信息、准确地鉴别信息的真伪、创造性地加工和处理信息的能力，并把大学生的信息素养作为新的重要的终身有用的基础能力。培养学生的信息素养，已不是一种学习方法的掌握，而是大学生基本素质的最重要的内容之一。

（二）信息素养教育是大学生自主学习、终身教育的重要途径

大学生的信息素养不仅包括运用现代信息技术获取识别信息、加工处理信息、传递创造信息的基本技能，更重要的是在信息技术所创造的新环境中独立自主学习的态度和方法、批判精神以及强烈的社会责任感和参与意识。信息素养作为一种高级的认知技能，同批判性思维、问题解决的能力一起，构成了大学生进行知识创新的基础。信息素养教育不仅是适应信息化社会的需要，而且是进行当代大学生终身教育的最佳途径。

（三）信息素养教育是培养大学生信息社会生存能力的重要手段

由于社会信息基础设施的建设正在日益发展，如果缺乏相应的信息素养做后盾，在信息社会中就会无所适从，甚至引发一系列的社会问题，如信息污染、信息侵权、信息犯罪等。这些负面问题的出现说明，信息素养作为社会群体尤其是社会个体的基本素质，正日益深刻地影响着社会文明与发展的进程。信息素养不仅已成为当前评价人才综合素质的一项重要指标，而且成为信息时代每个社会成员的基本生存能力，每个大学生都应自觉、主动地把信息素养作为自身学习与发展所追求的重要目标。通过信息素养教育使大学生逐步具备信息素养，使其成为

终身学习者，具备较强的信息社会生存能力。

三、信息素养教育的内容

信息素养是社会信息化要求人们应具备的计算机文化、超媒体文化和网络文化，其本质是人的信息意识情感、信息伦理道德、信息知识与信息能力。信息素质是构成人们终身学习的基础，是各门学科、所有学习环境和所有不同层次教育的基本因素之一。信息素养不仅仅是诸如信息的获取、检索、表达、交流等技能，而且包括以独立学习的态度和方法，将已获得的信息用于信息问题解决、进行创新性思维的综合的信息能力。

（一）信息素养的内在结构与目标体系

华南师范大学的桑新民教授认为，可以从以下三个层次六个方面确立培养信息素养的内在结构与目标体系：

第一层次为驾驭信息的能力。包括：①高效获取信息的能力；②熟练、批判性地评价信息的能力；③有效地吸收、存储、快速提取信息的能力；④运用多媒体形式表达信息、创造性使用信息的能力。

第二层次为运用信息技术的高效学习与交流能力。包括：将以上一整套驾驭信息的能力转化为自主、高效地学习与交流的能力。

第三层次为信息时代公民的人格教养。包括：培养和提高信息时代公民的道德、情感，法律意识与社会责任。

（二）信息素养教育的主要内容

信息素养教育是根据社会信息环境，培养和提高个体的信息觉悟、信息观念、信息主体意识、信息主动精神、信息心理素质，并激发个体信息智慧和信息潜能的活动。大学生信息素养教育的内容至少应包括以下三方面内容。

1. 信息意识教育

信息意识是指人们对信息需求的自我意识，即人们能从信息角度出发，去感受、理解和评价自然界、社会中的各种现象、行为与理论，并具有捕捉、判断有用信息的能力。

信息意识是对信息需求的认知水平和敏感程度。信息意识包括信息主体意识、信息传播意识、信息保密意识及信息更新意识等多种形式。这些都是个体适应外界环境，实现自我发展的重要基础，是信息素养教育的重要组成部分。大学生有了信息意识就能敏锐地确定信息需求的特点和范围，从庞杂纷乱的信息中捕捉有价值的信息，这对他们的专业学习和学术研究将会大有帮助。

2. 信息道德教育

信息道德是指信息用户在查寻、获取、处理、利用、创造等整个信息活动中应该遵循的道德规范，它是调节信息生产者、信息加工者、信息传递者和信息使用者之间行为规范的总和。一个具有良好信息素养的人应具备良好的信息道德，自觉遵守国家信息法律法规，合理合法地获得和利用信息，自觉维护信息社会的正常秩序。信息道德教育的目的在于促使大学生遵循一定的信息伦理与道德准则，来规范自身的信息行为与活动。

3. 信息能力教育

信息能力教育是信息素养的重点和核心。信息能力包括信息获取能力、信息加工处理能力和信息技术的利用能力等。它所反映的是人们应用有关信息技术和信息工具组织、制作所需新信息的熟练程度。

具体来说，包括以下八个方面的能力：

①信息系统使用能力：能熟练使用各种信息工具，特别是网络传播工具；能根据需要选择合适的信息系统，并能正确与熟练地使用。

②信息获取能力：知道在什么地方，通过什么方法和途径，获取什么知识。

③信息处理能力：能理解信息的本来意图，洞悉信息的本质性意义，能对收集的信息进行归纳、分类、存储记忆、鉴别、遴选、分析综合、抽象概括和表达等。

④信息生成能力：通过客观地了解信息生成过程，探讨其效度与信度，探讨制作意图、制作技术、心理效果。对于搜集和选择的信息，在理解的基础上进行仔细的研究和推敲，形成自己的观点，并能准确地概述、综合、改造和表述所需要的信息，使之简洁明了，通俗流畅并且富有个性特色。

⑤信息创造能力：在多种收集信息的交互作用的基础上，进行信息重组，进

发创造思维的火花，产生新信息的生长点，从而创造新信息，达到收集信息的终极目的。

⑥信息效益发挥能力：善于运用接受的信息解决问题，让信息发挥最大的社会和经济效益。

⑦信息协作能力：使信息和信息工具作为跨越时空的、“零距离”的交往和合作中介，使之成为延伸自己的高效手段，同外界建立多种和谐的协作关系。

⑧信息免疫能力：浩瀚的信息资源往往良莠不齐，需要有正确的人生观、价值观、甄别能力以及自控、自律和自我调节能力，能自觉地抵御和消除垃圾信息及有害信息的干扰和侵蚀，并且完善合乎时代的信息伦理素养。

（三）信息素养能力标准

2000年1月18日，美国高等教育研究协会（ACRL）在得克萨斯州召开了全美图书协会仲冬会议，会议审议并通过了“美国高等教育信息素养能力标准（Information Literacy Competency Standards for Higher Education）”，包括五大标准，分为22项执行标准和若干个子项，其中标准包括以下内容。

标准一：具有信息素养能力的学生能决定所需要信息的种类和程度。

标准二：具有信息素养能力的学生能有效而高效地获取所需信息。

标准三：具有信息素养能力的学生能批判性地评价信息及其来源，并能把所遴选出的信息与原有知识背景和评价系统结合起来。

标准四：具有信息素养能力的学生，无论是个体还是团体一员，能有效地利用信息达到某一特定目的。

标准五：具有信息素养能力的学生能懂得有关信息技术的使用所产生的经济、法律和社会问题，并能在获取和使用信息中遵守公德和法律。

四、体育信息素养教育的目标和途径

（一）体育信息素养教育的目标

体育信息素养教育是大学生素质教育不可分割的组成部分，其目标就是使他们能理解体育信息对信息化社会及人类的影响，认识体育信息素养在终身学习教育中所起的作用，掌握体育信息的基本理论和方法，能熟练使用各种体育信息检索工具和检索系统，有效利用体育信息获取手段，提高获取体育信息的能力；具备判断、选择体育信息的能力，培养较强的体育信息意识；运用体育信息及相关学科信息提高体育研究课题综述和述评的水平；利用现代信息技术，完成体育信息的搜集、判断、评价、处理、传递、交流、利用，并很好地完成体育毕业论文的写作，创造新的信息；理解信息理论的重要性及承担的必要责任，形成正确的信息价值观。

（二）体育信息检索课是体育信息素养教育的重要阵地

体育信息素养教育的重要途径是体育信息检索课。体育信息检索课教学不仅仅是知识的传播，更重要的是培养学生的信息素养。

体育信息检索课程通过讲述体育信息的基本概念、特点、类型及发展趋势，强化信息需求、提高信息价值观、注意信息吸收和利用，引导学生树立信息意识，增强获取信息的积极主动性。以讲授体育信息检索的基本原理、方法和手段为主，将计算机检索作为课程的重要内容，介绍各种类型的体育信息资源，通过实习课培养信息能力，使学生真正掌握获取体育信息的方法和手段。以体育为载体，以信息为手段，促进每一个大学生都掌握一定的体育信息知识和利用技能，将体育信息素养教育贯穿教学全过程。

第二节　信息、知识与文献

一、信息（information）

（一）关于信息的解释

我们认为，信息是事物存在方式及其运动规律、特点的外在表现形式；信息是有关人类主观精神世界的信息，人类所感受的事物，处于意识和思维状态的信息；信息是任何媒体中的片段、文章、文献、图书、情报、观念等。

（二）信息的表现形式

信息是一种十分广泛的概念。信息不是事物本身，而是事物属性的再现。信息既不是物质，也不是能量，而是依附于自然界客观事物而存在，它在自然界、人类社会以及人类思维活动中普遍存在。只要有物质存在，就有表征其属性的信息。不同事物有着不同的特征，这些特征通过一定的物质形式（如声波、电磁波、图像等）给人带来某种信息。人的大脑通过感觉器官所接收到的有关外界及其变化的消息，就是一种信息。例如，生物信息、天体信息是自然界发出的信息；社会信息是人际间传播的信息，是人类活动的产物；地球昼夜的变化是一种信息，它反映了地球绕太阳自转的运动特性和状态等。因此，可以认为，信息的概念，实际上就是客观事物运动状态、时空特性、能量大小、质料、系统特征、相互联系方式等一切反映事物客观属性的总称。从这种意义上看，信息比客观事物的属性更具一般性与普遍性。

可见，信息首先是人类在认识和改造客观世界中所依赖的和使用的一种既非物质又非能量的东西，它的表现形式可以是消息、信号、数据、情报或知识；但是，信息又不仅存在于人类社会，而是客观世界中一切物质的属性，它反映的是物质之间的普遍联系。因此，信息的种类十分繁多，可以较准确定义的、比较成熟的信息即达到六十多种，如自然信息、生物信息、人类信息、原始信息、再生信息、社会信息、电子信息、机械信息、人工信息、宏观信息、微观信息、客体信息、主体信息、政府信息、行政信息、学术信息、经济信息、市场信息、企业信息、符号信息、记录信息、文件信息、非文件信息，等等。

总之，信息的内容是客观的；信息的形式是主观的；信息是一切物质的普遍属性；任何物质都可以成为信息源；任何物质都可以产生信息；任何物质的运动过程都离不开信息的运动过程。

（三）信息的特征

1. 普遍性

信息是客观事物普遍性的表征，是事物运动状态和特征的反映，它与物质是不可分的，哪里有物质，哪里就有信息。物质不灭，信息也永恒地存在。信息是无处不在，无时不有的普遍社会现象。

2. 传递性

信息在事物之间的相互联系必定在信息的流动中发生。信息的传递性表现在人与人之间的消息交换，人与自然界、自然界与自然界之间的信息交换，动物界和植物界的信号交换，同时，人类进化过程中的细胞选择、遗传也被看做是信息的传递与交换。信息传递可以是无意识的自然传递（如鸟语花香向人们传递春天到来的信息），也可以是有意识的人为设计的活动，如召开各种会议等。

3. 时效性

信息的时效性是指信息发出、接收到利用的时间间隔及效率，也包括信息本身更新的速度。从信息作为事物相互联系的反映角度看，信息源不确定的程度或者信息源接受信息量的多少，均与信宿的状态有关。这一特征在人作为信宿接受信息的过程中表现得尤为明显。同一信息对具有不同认知水平的人所产生的作用和有效性也不相同。

4. 共享性

信息的共享性是指同一内容的信息，可以在同一时间里被若干个用户同时使用，而信息载体本身的信息量并不因此而磨损、消耗、消失。

5. 可转换性

信息可以从一种形态转换成另一种形态，同样的信息内容可以用不同的信息形式来表现。

6. 可识别性

信息在宇宙中普遍存在，不仅可以通过人们的感觉器官来感知，而且可以通过仪表、器械来检测，进而予以识别。

二、知识（Knowledge）

（一）知识的概念

万事万物给了人们无限的信息，但是这些信息往往还不能作为人们判断决策和行动的依据。对信息进行分析和深入研究，才能获得可以利用的信息，这就是知识。

知识是人们对自然界、人类社会和思维活动规律的认识和掌握，是人类对客观事物规律性的认识，是系统化和精练化了的信息。可见，知识是人类对各种大量信息进行思维分析，加工提炼，并加以系统和深化而形成的结果。知识是信息中的精华，是比信息更高层次的人类精神财富。知识是人类社会实践经验的总结，是人的主观世界对于客观世界的概括和如实反映。人类不仅通过信息感知和认识世界，而且要根据所获得的信息，创造出知识进而改造世界。

（二）知识的特性和分类

知识具有以下七个特性，即：不可替代性、不可相加性、不可逆性、非磨损性、不可分性、可共享性和无限增值性。

知识的类型包括：

知道是什么（Know what）——关于事实方面的知识；

知道为什么（Know why）——关于自然原理和规律方面的知识；

知道怎么做（Know how）——关于技能或能力方面的知识；

知道归属谁（Know who）——关于产权归属的知识。

知识存在的三种方式：大脑、实物和文献。其中文献是知识存在和传播的主要方式。

三、文献（literature）

（一）文献的概念

“文献”一词最早见于《论语·八佾》篇中：“子曰：‘夏礼，吾能言之，杞不足徵也；殷礼，吾能言之，宋不足徵也。文献不足故也。足，则吾能徵之矣。’”根据宋代朱熹对这段话的解释，“文”意为“典籍”，是指历代的历史文件，或者是典册和书籍的统称；“献”意为“贤”，是指见多识广、熟悉历史的贤者。可见在我国古代，“文献”包括历代的历史文件和贤者两个方面。

信息和知识本身是看不见的，它只能附着在载体上，与载体分离的信息是不存在的。当信息和知识需要通过科学的途径进行处理和再获取时，文献是个必须讨论的概念。我国 1983 年颁布的国家标准《文献著录总则》中，将文献定义为：记录有知识的一切载体。

（二）文献的构成要素和功能

具体来说，文献是指用文字、图形、符号、声频、视频等技术手段将信息和知识记录在一定的物质载体上，用以交流传播的一切出版物。

由此，揭示了文献的四个基本要素，即：记录对象、记录方式、载体材料和技术手段。记录对象即信息和知识，是文献的灵魂所在；记录方式包括文字、图形、符号、声频、视频等，是揭示和表达知识信息的标识符号；载体材料是可供记录信息符号的物质材料，如纸张、光盘等；技术手段包括印刷、复印、录制等，将信息内容和载体统一为文献。其中，信息和载体是文献的核心。

文献具有存储信息功能、传递信息功能和认识信息功能。文献是信息的载体，是为了交流传播信息而产生的。

四、文献信息资源（信息源）

（一）信息资源的概念

信息资源是指存贮有信息的各种载体的集合。也可称为信息源。

英国哲学家波普尔曾经提出三个世界的理论，他认为世界可以分成三个部分：其一是客观物质世界，包括自然界和人类的创造物，即“世界一”；其二是主观精神世界，包括人脑中所存储的知识信息，即“世界二”；其三是离开人的主体而客观存在的知识，存储于文献之中，即“世界三”。作为“世界三”的文献是人类最丰富、最宝贵的信息资源和知识宝藏。所以文献信息资源是目前收集信息最常用的信息源，也是信息量最大的一种信息源。

（二）信息资源的类型

从不同的角度，按照不同的标准，人们将信息资源划分为不同的类型。

1. 按照信息的性质划分

（1） 自然信息源

自然信息是指自然界发出的信息，它以纯自然物为载体，如天体信息、生物信息等。它是客观物质世界过程的原型。

（2） 社会信息源

社会信息是经过人类利用语言、文字、符号、图形、图像等方式加工而成的信息，是人际间传播的信息，是人类活动的产物。也是我们这门课程的主要研究对象。

2. 按照信息所包含的范围划分

信息资源是经过人类开发与组合的集合。信息资源不仅指信息本身，还应包括信息活动中的相关因素。据《现代汉语词典》的解释，资源是“生产资料或生活资料的天然来源”。《辞海》中则为：资源是自然界和人类社会中能创造物质与精神财富的各种客观存在形式或存在物。由此可见，资源是整个社会正常有序运转的必需，是构成各种系统的必要条件。

（1）**广义信息资源**

广义信息资源是指信息和与操作信息有关的物理设施、人力、机构、资金和运行机制等的总称。国内外许多学者认为信息资源主要包括四个方面：具有与信息相关的技能的人；信息技术硬件与软件；信息设施，包括图书馆、文献信息中心、计算机中心和通信网络等设施；信息处理和加工的支持系统。

（2）**狭义信息资源**

狭义信息资源是指信息本身及其载体的集合，也就是我们常说的信息源。作为一般信息的使用者，并不需要对广义信息资源进行研究，但应该了解狭义的信息资源的各种情况，以利于信息的检索。

3. 按信息内容的保密程度划分

（1）**公开信息源**

公开信息源的信息是公开的、可以共享的。公开信息源的信息量很大，如大量的科技信息、经济信息、生活信息等，这类信息可以作为信息商品进入流通领域。

（2）**半公开信息源**

半公开信息源也就是我们常说的内部信息，它只能在一定范围内使用。

（3）**非公开信息源**

非公开信息源即保密信息，一般是不能公开使用的。根据保密程度这种信息又分为各种保密级别，并有一定的保密时间，如常说的商业秘密、国家机密等。

4. 按信息表现形式划分

（1）**文字信息源**

文字是人们为了实现信息交流、通信联系所创造的一种约定的形象符号。广义的文字还包括各种编码，如ASCII码、汉字双字节代码、国际电报与单元代码以及计算机中的二进制数字编码等都是一些符号的约定。这些文字、符号、代码均是信息的表述形式，其内容再现于它们的结构属性之中。如基本笔画的不同组合，字和字母的不同组合，二进制码“0”和“1”的不同排列等，分别代表不同的信息内容。

（2）**数值数据信息源**

数值数据信息包括信息的数字形式和数字化的信息形式两种。

狭义的“数据”是指有一定数值特性的信息，如统计数据、气象数据、测量数据以及计算机中区别于程序的计算数据。广义的数据是指在计算机网络中存储、处理、传输的二进制数字符编码，文字信息、图像信息、语言信息以及从自然界直接采集的各种自然信息等均可转换为二进制数码，网络中的数据通信、数据处理和数据库等就是广义的数值数据信息。

(3) 声像信息源

声像型信息源的信息内容是以声音或图像形式出现的，如广播、电视、CD光盘以及VCD光盘等。

图像（形）是一种视角信息，它比文本信息直接，易于理解。人工创造的图像（形），如一张纸、一幅画、一部电影，大自然的客观景象等都是抽象或间接的图像信息。随着多媒体技术的发展，各类图像信息库将会极大地丰富人类生活。人说话实际上是大脑的某种编码形式的信息转换成的语言信息的输出，是一种最普遍的信息表现形式。音乐也是一种信息形式，是一种特殊的声音信息，它是通过演奏方式表达丰富多彩的信息内容的。

(4) 多媒体信息源

多媒体信息源是随着现代科学技术的发展而出现的一种新的信息源形式，它集文字、声音、图像于一体，多以光盘或互联网上资源形式出现。

五、体育信息与体育信息资源

（一）体育信息及其特征

体育信息是指应用文字、数据或信号等形式，通过一定的传递和处理，来表现各种相互联系的体育运动现象和规律的特征性内容的总称。

体育信息的特征表现为：有价值，可传递，依附于各种形式的载体，具有可塑性、多元时效性，存在贬值和污染现象。

（二）体育信息资源的内涵

联系信息和信息资源的概念来考察体育信息资源，我们认为，从狭义上理解，体育信息资源是指体育文献资源或体育数据资源，或者是与体育有关的各种媒体和形式的信息的集合，包括有关体育方面的文字、声像、印刷品、电子信息、数据库等，这都是限于体育信息的本身。广义的体育信息资源是体育信息活动中各种要素的总称，这既包含了体育信息本身，也包括了与体育相关的人员、设备、技术和资金等各种资源。

从信息检索的角度，我们所说的体育信息资源是从狭义上理解的内涵。其内容因分类标准的不同而有多种表现。主要包括：一般或特种文献信息，实物信息，新闻信息，电子商务信息。从体育信息的内容上看，则涵盖了群众体育、竞技体育、体育产业等各种体育活动信息，也包括其运作过程中的体育管理、体育科技、体育产业生产和市场运作、体育培训教育以及体育统计等信息内容。

第三节 信息源的级别

按照信息加工深度，信息源可分为零次信息源、一次信息源、二次信息源和三次信息源。也即信息源的级别。

一、零次信息源（non-printed sources）

零次信息是指未经过任何加工的、未形成正式出版物之前的或未进入社会交流的最原始的信息。如：口头交流的信息；传统的私人笔记、实验记录、手稿、个人通信、设计草图、调查稿、原始录音、原始录像、谈话记录等；现代的电子邮件（E-mail），电子论坛及各种国际组织、政府机构、学术团体、教育机构、企／商业部门、行业协会等单位在网上发布的信息，等等。

零次信息在原始信息的保存、原始数据的核对、原始构思的核定（权利人）等方面有着重要的作用，其特点是信息来源直接真实，内容新颖，但是不成熟，不通过公开渠道交流，传播面窄，难以获取、积累和管理。

二、一次信息源（primary sources）

一次信息即原始信息，指作者在社会活动中所产生的、被记录在某种载体上、公开发表的信息。它是人们研究或创造性活动成果的直接记录，如公开出版的图书、期刊论文、科技报告、会议文献、学位论文、发明专利等，都是一次信息源。

一次信息是作者原始的创造，首次记录科研成果，新技术，新知识，新发明，新见解，是人类经验积累、知识发展的标志，具有新颖性、创造性、系统性等特点，参考价值很大。但一次信息不管存储于何种物质载体及出版的版次，只要是原始资料就是一次信息，因此一次信息也具有数量庞大、零碎、分散、无序的特点，不便于直接利用。

一次信息是文献信息检索和利用的主要对象，也是产生二次、三次信息的基础。

三、二次信息源（secondary sources）

二次信息源是对一次信息加工、整理而成的信息集合。如书目、索引、文摘；各种书目数据库；网络搜索引擎、学科导航、分类指南等都是二次信息源。

二次信息一般是按照特定目的对大量分散、无序的一次信息进行搜集、筛选、浓缩、分析归纳、加工整理和重组，并按一定的科学方法组织编排，使之有序化后出版的。二次信息的形成是信息从分散、无序到集中、有序化的书目控制过程。它具有浓缩性、汇集性、有序性的特点，能系统地反映一次信息，提供一次信息的线索，是揭示、报道、控制一次信息的检索工具。

四、三次信息源（tertiary sources）

三次信息源是对一、二次信息综合、分析等深加工的产物，也称参考性信息源。三次信息源文字精练、叙述简明扼要、内容集中，针对性更强，具有系统性、综合性、知识性、阅读性和工具性、查考性等特点。

三次信息源包括综述研究类、参考工具类和文献指南类三种。

综述研究类是综合分析和系统阐述某个领域一定时间范围内的内容、意义、历史、现状和发展趋势的综述性学科总结等。如动态综述、专题述评、进展报告、信息预测、未来展望等。

参考工具类是把大量的定理、原理、数据、公式、方法等知识进行浓缩和概括，编写成便于查阅的参考工具书。如年鉴、手册、百科全书、字典词（辞）典等。

文献指南类，如书目之书目、工具书目录等；还有专门用于检索搜索引擎的搜索工具，比较典型的是 WebCrawler，被称为“搜索引擎之搜索引擎”，即“元搜索引擎”，当用户进行检索时，反映出来的是各搜索引擎的检索结果。

综上所述，一次信息源到二次、三次信息源在内容上体现了信息从分散化到系统化、密集化的过程。一次信息源是基础，是检索和利用的对象；二次信息源是检索一次信息的工具，即检索工具；三次信息源是一次信息源的高度浓缩，是重要的信息参考源。而多数的零次信息源由于没有进入正式的出版、发行和流通的渠道，搜集和利用十分困难。

随着文献信息的数字化、电子化、网络化进程的日益加快，信息源级别的概念也已日益模糊。我们可以通过网络获得大量的零次信息，也可以在一个数据库中同时看到相互有链接关系的各种信息。但是，一次信息源作为检索和利用的首要对象的地位是不会改变的。下面会从载体形态和出版方式两个方面介绍一次信息源的类型。

第四节 信息载体的物理形态

按照信息载体的物理形态，信息源可分为印刷型、缩微型、声像型和电子型信息源。

一、印刷型（printed form）信息源

印刷型信息源是以手写和印刷技术为手段，以纸张记录信息的载体形式。如纸本图书、期刊等。这是一种历史悠久的传统文献信息形式，是信息传递的主要载体，是人类交流和传播信息的主要形式。

印刷型信息源的优点是读取方便、利于流通，缺点是存储信息密度低、体积大、占用空间大，不易保存，难于实现机械化和自动化，不利于资源共享。

二、缩微型（microform）信息源

缩微型信息源是指用缩微照相的方式，以感光材料记录文字及其相关信息的载体形式。最常见的是缩微胶卷（microfilm）和缩微平片（microfiche）。

缩微型信息源的优点是信息存储密度高，且信息位序固定，不会散失弄乱，记录速度快，规格统一，体积小（可节约书库面积达95%以上），重量轻，便于保存、转移和传递，拷贝、放大、还原容易，保存时间长，成本低（其成本是印刷型的1／10左右）。缺点是制作、保存和使用条件严格，文字图像小，不能直接阅读，必须借助于专用阅读机。

世界上许多大型文献信息中心都将学位论文、科技报告等文献制作成缩微品加以收藏和保存。近年来，缩微型信息源还借助电子技术、计算机技术进一步增强了自身的功效。例如，它可以制作成计算机存取载体的输入胶片（Computer Input Microfilm，简称CIM）和输出胶片（Computer Output Microfilm，简称COM）。

三、声像型（audio-visual form）信息源

声像型信息源也称视听型信息源，是指以磁性材料、光学材料等为载体，利用特定设备，使用声、光、磁、电等技术设备记录声音信息和图像信息的载体形式。如唱片、录音带、录像带、电影片及高密度存储的激光唱盘和视盘（audio disc & video disc）等。

声像型信息源可以让人们通过自己的视觉、听觉感受到直观、形象、生动、逼真、丰富多彩的信息世界。常用于记录难以用文字表达和描绘的形象和声频信息，帮助人们观察和认识某些自然现象，探索物质结构及运动机制。缺点是利用时必须借助专门的视听设备。

四、电子型（electronic form）信息源

电子型信息源是指采用电子手段并以电子形式存在，利用计算机及现代通讯

方式提供信息的一种新兴载体，它的前身是机读型（即计算机阅读型）。它通过计算机对电子格式的信息进行存取和处理。即采用高技术手段，将信息存储在磁盘、磁带、光盘等一些媒体中，形成多种类型的电子出版物。

电子出版物的问世是信息时代的重要标志，它改变了书刊的物理形态，开辟了一种新的信息分发渠道，极大地提高了信息的传递速度，加速了社会信息化的进程。

电子型信息源已经成为除印刷型信息源外信息的主要存储和传输的载体，本书将在后面作专门论述。

第五节　信息源的出版形式

按照出版形式，信息源可以分为图书、期刊、会议文献、科技报告、专利文献、标准法规文献、学位论文、政府出版物、产品资料、档案。

一、图　书（book）

图书是文献信息源中历史最悠久、种类最多、数量最多的一种形式。按照联合国教科文组织《关于印刷品统计》文件的规定：49 页以上装订成册的印刷品称为图书，5～48 页的称为小册子，4 页以下的称为零散资料。国际标准化组织在《文献情报术语国际标准（草案）》（ISO/DIS5127/Ⅱ）规定：凡篇幅达 48 页以上并构成一个书目单元的文献称为图书。图书的著作类型有著（述）、编（撰）、（翻）译和（注）释四种。

图书是内容比较成熟、资料比较系统、有完整定型的装祯形式的出版物。包括专著、教科书、各种科普读物及各专业参考工具书等。

图书所反映的信息的成熟度高，可靠性强，内容系统，论述全面深入，有较强的知识价值和学术价值，对于了解和掌握某一学科的系统知识有着重要的参考价值，是人们从事学习、研究不可缺少的信息来源。但传统印刷业图书出版周期较长，导致图书的时效性差，更新速度慢，不能反映最新的信息。电子图书的出现将弥补这一缺陷。

图书在参考文献中的著录格式：著作者.书名［M］.出版地：出版者，出版年份：起止页码.

如：朱小明，张勇.体育营销：体育，拥有改变世界的力量［M］. 北京：北京大学出版社，2006：20–23.

二、连续出版物（journal，periodical，series）

国际标准化组织在《国际标准书目著录（连续出版物）》中给连续出版物的定义为：一种逐次分册发行，通常都编有序号或年代标号，并且打算无限期地连续出版下去的印刷形式的出版物，包括杂志、报纸、年刊、各种机构的报告丛刊和会志、会议录丛刊及单行本的丛书。在众多的连续出版物中，具有代表意义的是期刊、报纸和年鉴。

连续出版物的主要特点表现在：连续性、及时性和稳定性。

（一）期 刊

联合国教科文组织对期刊的定义是："凡用同一标题连续不断（无限期）定期或者不定期出版，每年至少出一期（次）以上，每期均有期次号或者注明日期的称为期刊。"我国新闻出版署印发的《期刊管理条例暂行规定》中将期刊定义为："有固定名称，用卷、期或年、月顺序编号，成册的连续出版物。"

与图书相比，期刊具有出版周期短、时效性强、内容新颖，报道信息及时的特点，能迅速反映国内外的各种学科专业的水平和动向，是人们获取一般基础理论研究知识的重要信息源，并且是利用频率最高的一种文献信息源，在所有信息源中，由期刊提供的信息占70%左右。

期刊按照期刊的出版频率可分为：周刊（Weekly）、半月刊（Semi–monthly）、月刊（Monthly）、双月刊（Bio–monthly）、旬刊（3 Times a month）、半年刊（Semi–annuals）、年刊（Annual year book）；按内容划分，有综合性期刊和专业性期刊；按性质划分，有学术性期刊、综述与述评性期刊、动态性期刊、通报性期刊和检索性期刊等。其中学术性期刊、综述与述评性期刊对学术研究的直接参考价值较大，而动态性期刊、通报性期刊和检索性期刊出版周期较短，对掌握发展概况和检索信息作用较大。检索性期刊按对原文压缩程度又可分为目录、索引、文献、快报、速评、文献指南、书目之书目等。

核心期刊是指刊载与某一学科或专业有关的信息较多，并且水平较高，能够反映该学科最新研究成果和前沿动态，受到该专业读者特别关注的那些期刊。核心期刊并不是固定不变的，目前判断核心期刊的主要依据之一是《中文核心期刊要目总览》。目前，体育类的核心期刊有：《体育科学》《体育与科学》《中国体育科技》《体育学刊》《体育文化导刊》《北京体育大学学报》《武汉体育学院学报》《成都体育学院学报》《上海体育学院学报》《西安体育学院学报》《天津体育学院学报》《广州体育学院学报》《山东体育学院学报》。

期刊论文在参考文献中的著录格式：著作者. 文章题目［J］. 刊物名称，出版年份，卷数（期数）：起止页码.

如：王国志，邱丕相.新世纪武术国际化发展探析［J］. 广州体育学院学报，2006（05）：97-99.

（二）报　纸

报纸是以刊载新闻和评论为主的连续出版物。在国外，有的将报纸称为新闻纸。它有固定的名称；定期连续出版；出版周期短，多数每日出版，也有隔日或者每周出版的；每期汇集多个作者的多篇文章、报道、消息等；时间性强、内容包罗万象，因其具有时事性、普及性、大众性、服务性和传递信息迅速、信息量大、现实感强，传播面广的特点，深受广大读者欢迎，是一种非常重要的社会舆论工具和信息资源。一些专门刊登科技类文献的报纸对了解当前的学科前沿和水平以及科学新闻很有益处。

按照出版周期划分，有日报、双日报、周报、旬报等；按照范围划分，有全国性报纸、地方性报纸、系统性报纸等；按照内容划分，有综合性报纸、专业性报纸等。

报纸文章在参考文献中的著录格式：作者. 文章题目［N］. 报纸名称，出版日期（版次）.

如：王静. 战胜韩国 中国女曲向冠军开进［N］. 中国体育报，2006-12-07（003）.

（三）年　鉴

年鉴是指按年度出版的汇集上一个年度的大事要闻连续出版物。年鉴相当于上一个年度的百科全书，具有信息密集、资料新颖详实、连续出版的特点，属于参考工具书的范畴。年鉴内容丰富、涉及面广，其作用主要有：提供一年的大事要闻；提供可靠的资料和统计数字；反映学科领域的新发现、新动态；提供国内外概貌及会议资料；提供原始文献、专题资料以及综述性资料；扩大检索范围。

年鉴一般可分为综合性年鉴和专科性年鉴两类。综合性年鉴主要是综合述评，报道的内容广泛，反映政治、经济、文化和社会生活各个方面的进展情况；专科性年鉴只报道某一特定的专业领域的基本情况和统计数字，供有关专业人士使用。

三、会议文献（conference、paper）

会议文献是指在国际和国内各种学术或专题、专业性会议上发表的论文和报告。会议文献学术性强，传递信息及时，内容新颖，涉及论题比较专深，质量较高，是报道专业领域最新研究成果及发展水平动向的一种主要信息源。会议文献多数以会议记录的形式出现。

会议文献在参考文献中的著录格式：著作者.论文题名［A］. 会议名称.举办地点.举办时间.会议录名称［C］.

如：王迪. 我国体育用品业的发展对策研究［A］. 首届中国体育产业学术会议. 中国上海. 2005. 首届中国体育产业学术会议文集［C］.

四、科技报告（report）

科技报告是记录科学技术研究成果的总结报告，或是研究过程中的阶段进展报告，又称“研究报告”。它是关于某个课题研究所取得的成果的正式报告，或对某个课题研究过程中各阶段进展情况的实际记录。如科技报告书、技术备忘录、札记、通报等。其中绝大多数涉及高、精、尖科学研究和技术设计及其阶段进展情况，客观地反映科研过程中的经验教训。

科技报告一般单独成册，统一编号，供识别报告本身，是一种典型的机关团体出版物。世界出版量和影响最大的科技报告是美国的四大报告，即 PB 报告（Publishing Board，美国政府出版局出版）、AD 报告（ASTIA Documents，美国军事技术情报局出版）、NASA 报告（National Aeronautics and Space Administration，美国航空宇航局出版）和 DOE 报告（Department of Energy，美国能源部出版）。我国每年发表科技报告 5 万余篇，中国科技信息研究所是我国科技报告的收藏单位。

科技报告的特点有：出版周期短，反映新的研究成果迅速，理论性、专题性、保密性强，内容新颖专深、详尽可靠，能反映一个国家或某一学科领域的科研水平，是一种不可多得的信息源。但科技报告多是非正式出版的，获取比较困难。

科技报告在参考文献中的著录格式：著作者.科技报告题名［R］.出版地：出版者，出版年份.

如：World Health Organization. Factors regulating the immune response: report of WHO Scientific Group［R］. Geneva: WHO，1970.

五、专利文献（patent）

在实行专利制度的国家，凡是本国或外国的个人和企业有了创造发明，都可以根据专利法的规定，向本国或外国专利局提出申请，经审查合格，批准授予在一定年限内享有创造发明成果的权利，并在法律上受到保护，这样一种受到法律保护的技术专有权利叫做专利。

从广义上讲，专利文献是指与专利活动有关的文献，包括专利申请书、专利说明书、专利分类、专利公报、专利文摘、专利证书等。从狭义上讲，专利文献是指发明人向政府部门（专利局）递交的，详细说明发明的目的、构成及效果的书面技术文件，同时也是实现发明所有权的法律性文件，包括专利申请书、专利说明书、权利要求书、专利公报、专利数据库等。

有关研究表明，世界上 90%以上的研究成果首先是以专利文献的形式体现出来的。专利文献集技术性、新颖性、独创性、实用性、经济性和法律性于一体。专利文献的特点体现在：内容新颖，范围广泛；系统详尽，实用性强；报道快速，反映新技术快；著录格式一致，分类方法统一；文字简练，明确严谨；重复出版量大，有一定的局限性；专利文献有时间、内容和地域方面的局限性。

根据专利的技术水平和应用情况，专利类型有 invention（发明）、utility patent（实用新型）和 design patent（外观设计）等。

专利文献在参考文献中的著录格式：专利申请者或所有者. 专利名称：专利

国别，专利号［P］. 公告日期［引用日期］.

如：金贵亮. 可拆卸旱冰鞋：中国，1853748［P］. 2006-11-01.

六、标准、法规文献（standard ）

标准文献是指按照规定程序制订，经权威机构公认或者主管部门批准的在特定范围内必须执行的规格、规则、技术要求等规范性文献。标准按使用范围可分为国际标准、区域标准、国家标准、地方标准、行业标准和专业标准等。中国标准的等级分为：国家标准、行业标准、地方标准和企业标准。

标准一般过若干时间就要进行修订，新的标准不断地替代旧的标准。因此，查阅时应以最新标准为准。

标准文献在参考文献中的著录格式：标准编号. 标准名称［S］. 标准颁布日期.

如：DIN EN 1270-2008. 运动场设备. 篮球设备. 功能和安全要求、试验方法［S］.

法规是指法律、行政法规、地方性法规、自治条例、单行条例、国务院部门规章和地方政府规章的总称。

七、学位论文 （dissertation）

学位论文是高等院校和科研单位中的本科生、研究生为获得学士、硕士和博士学位，在导师的指导下完成的科学研究、科学试验成果的学术性论文。按学位不同可分为学士论文、硕士论文和博士论文。

学位论文的质量参差不齐，但都是就某一专题进行研究所作的总结，一般都是具有独创性的一次信息，既偏重理论，也重视实践，其数据较全，探索较深，并附有大量参考文献，对科研有一定参考价值。尤其是硕士和博士论文具有一定的学术性、独创性、系统性和完整性，具有重要的参考价值。

学位论文一般不公开发行，除少数以报告、期刊论文的形式发表外，多数收藏在学位授予单位的图书馆、文献信息中心和国家指定收藏单位。近些年，有些出版机构注重博士论文的出版，使这些博士学位论文以图书形式得到更广泛的使用。如，北京体育大学出版社近几年陆续出版的《中国体育博士文丛》，其中有一部分是博士学位论文。

学位论文在参考文献中的著录格式：作者. 学位论文篇名［D］. 学位授予地：学位授予单位.时间.

如：张新萍. 对2008北京奥运会后中国体育改革走向的研究［D］. 广州：华南师范大学. 2006.

八、政府出版物（government document）

政府出版物是指由各国政府及其设立的专门机构所颁发的文件和出版的出版物。就其性质而言，政府出版物可以分为行政性文献和科技类文献两大类。

政府出版物对了解一个国家或地区的政治形势、大政方针、思想路线、科技发展战略和经济政策等有着独特的参考价值。政府出版物具有以下特点：内容广泛，涉及社会科学、自然科学等多个领域；资料可靠性强；出版发行方式多种多样；与其他文献有时有重复现象；有些政府出版物具有保密性，要求在一定范围内使用；售价低廉，有些是免费的。

九、产品资料（product literature）

产品资料是指对定型产品的性能、构造原理、用途、使用方法和操作规程等所作的具体说明。一般是指产品样本说明书，是制造厂家和产品销售者介绍其产品的宣传性出版物。如产品样本、产品目录、产品说明书、厂商介绍、产品手册、技术座谈资料等。许多厂商已经开始利用互联网发布产品信息，网上可以找到不少产品资料。

产品资料介绍的是已投产和行销的产品，及厂商的工艺水平、管理水平和产品发展趋势方面的信息，一般附大量图表、产品特性曲线、方程等，具有新颖性、科学性、直观性、多样性、时效性强的特点。产品资料内容广泛，形式多样，数量众多，厂商为了推销产品，往往免费赠送，使产品样本说明具有易于获取的优点。

十、档 案（archives）

档案指社会活动中形成的，有具体事物对象的文件、图纸、图表、照片和原始记录等的总称。档案是情报和文化的源泉，知识的仓库。

体育档案主要包括体育机构行政管理类文件、优秀运动员档案、大型运动会档案、体育科技成果档案、培训档案、民间群众性体育活动档案等。体育档案真实记载了我国体育事业的发展历程、体育健儿的光辉业绩、体育科研的丰硕成果，为今后我国体育工作的有效开展和运动竞技水平的提高提供了参考依据和借鉴经验。其中有许多珍贵的史料还是我国宝贵的文化财富。

高等学校的体育档案则是储存和展示大学生体育素质信息的重要窗口，是研究和实施高校体育工作重要的信息源。研究高校体育档案工作，建立健全规范的体育档案，充分发挥其在高校体育工作中的作用，能推动体育教学管理走向科学化、规范化，促进体育教学改革的深化。

第六节　电子信息资源

电子信息资源，传统上也称为电子出版物。它是20世纪80年代以来，继印刷型、缩微型、声像型信息源之后出现的一种新型的信息源。它是将声频、视频和图像处理技术与字处理技术相结合，在文本数据中加入了声频、视频信号和图像功能而形成的多目检索的出版物。它是计算机信息处理和通信等技术在人类知识组织与管理中应用的产物。当前，电子出版物的发展势头凶猛，是“第一媒体”印刷型文献地位的最大挑战者。

《图书馆信息技术工作》中认为电子资源有广义和狭义之分。狭义的电子资源指公开出版的，即电子出版物；而广义的电子资源除电子出版物，还包括非公开出版的，如大量没有登记出版的数据库、丰富的数字化的馆藏以及浩如烟海的网上文献等。

一、电子信息资源的概念

国家新闻出版署1997年12月30日颁布的《电子出版物管理规定》第二条规定：电子出版物，是指以数字代码方式将图文声像等信息编辑加工后存储在磁、光、电介质上，通过计算机或者具有类似功能的设备读取使用，用以表达思想、普及知识和积累文化，并可复制发行的大众传播媒体。

我们认为：电子信息资源是利用电子技术存贮、传播信息的信息资源总称。

电子信息资源是所有以电子数据的形式把文字、图像、声音、动画等多种形式的信息存贮在磁带、磁盘、光盘等非纸介质的载体中，并通过网络通信、计算机输出设备或终端等方式再现出来的资源。所以，电子信息资源也称为电子资源（electronic resources）。

电子信息资源也指一切以数字形式生产和发行的信息资源。所谓数字形式，是以能被计算机识别的、不同序列的“0”和“1”构成的形式。所以，电子信息资源也称为数字信息资源（digital information resources）。

电子信息资源按媒体的信息结构组织形式划分，主要有以线性顺序组织知识单元的文本型出版物，以节点和链路组织知识的超文本出版物，以及融文本、图像、声音信息于一体的多媒体出版物，综合超文本与多媒体技术特点产生的超媒体出版物等。

二、电子信息资源的种类

（一）电子图书（Electronic Book，简称eBook）

电子图书是电子出版物的主要类型之一。它具有与印刷型图书相同的内容，但其结构和功能较之印刷型图书要复杂得多，并配备有检索软件。电子图书是利用现代信息技术创造的全新出版方式，将传统的书籍出版发行方式以数字化形式通过计算机网络实现，是以互联网为流通渠道、以数字内容为流通介质、以网上支付为主要交换方式的一种崭新的信息传播方式。

著名的《不列颠百科全书》（Encyclopedia Britannica）同时发行了光盘版和

网络版，内容更新快，检索方便，同时增加了大量图片和多媒体信息，其网络版还链接了上万个其他网站。我国的《四库全书》也发行了电子版。国内大型电子图书服务系统包括：超星电子图书，“书生之家”电子图书，中国数图公司“网上图书馆”，北大方正阿帕比电子图书等。

电子图书阅读浏览方便，辅助阅读工具齐备，但文本电子图书多，真正意义上的多媒体电子图书较少。

（二）电子期刊（e-periodical，e-journal）

由于信息技术的发展和应用，网上电子期刊越来越成为人们不可忽视的一种信息媒体，其数量及所覆盖的学科范围也越来越大，有的电子期刊几乎与印刷型期刊同步推出，并且具有印刷型期刊无法具备的功能，如过刊查询、交互功能等，成为一种十分受欢迎的电子媒体。

目前在网上的纯电子版期刊，以及印刷型期刊的电子版已超过 2 万种。这些期刊出版周期短，时效性很强；利用率高，共享性强；可以重复检索和下载全文，使用方便、灵活，检索功能强；充分利用多媒体技术，表现形式丰富；图像与文本结合，包含有多媒体及其他类型的动态信息，具有超文本链接功能；并可以向用户主动提供期刊的目次报道服务，交互性强。

世界著名的杂志《科学》（Science）、《自然》（Nature）等都较早实现了网上服务。《神州学人》是我国第一份中文电子期刊，1995 年由国家教委通过中国教育和科研计算机网（CERNET）出版发行。中文电子期刊中，中国知网的电子期刊、维普资讯的电子期刊使用最为广泛。

（三）电子报纸（e-paper）

报纸本身是一种快速传递各类信息的大众媒体，它满足了人们及时、快速地了解事件的需求；传统印刷型报纸的上网，很快解决了报纸发行中的地域和时间上的限制；信息的传播延时更小，信息的效用最高；网络报纸可以提供对某一特点信息的检索，并增加了动态新闻，更新及时，甚至达到随时更新，同时充分发挥了超文本链接技术，组织大量专题报道以及多媒体新闻，吸引了大量用户。

（四）数据库（database）

由计算机进行处理的一定数量同类信息的有序集合，是用来存储和查找文献信息的电子化检索工具。主要包括参考数据库、全文数据库、事实数据库等。我们将在后面的章节中作详细论述。

（五）其他电子信息资源

包括搜索引擎/分类指南、网络学术资源学科导航、文件传输协议（FTP）资源、网站信息、电子公告板（BBS）、新闻组等。我们也将在后面的章节中作详细论述。

三、电子信息资源的基本特征

与印刷型等传统型信息源相比，作为新型信息源，电子信息资源具有如下特征：

1. 存储介质和传播形式发生变化

电子信息源将传统的图书、期刊中的文字、图形以及各类声像型信息源中的声音、动态图像融合在一起，利用数字技术进行制作，存储在光盘、磁带或硬盘等载体上。同时以网络作为主要的传播媒介，即转变为光信号，利用网络实现同步传输。不仅传播和存取的速度、存贮信息的密度大大提高，传递的信息量也超过了传统的出版物。

2. 以多媒体作为内容特征

传统出版物以线性的顺序来组织信息，信息获取方式以线性顺序的阅览为主。电子型信息源具有结构性，通过对信息结构的重组，建立信息间的联系（超文本），满足人们的非线性的认识思维活动。它可以实现多媒体化，集文本、图片、动态图像、声音、超链接等多种形式为一体，内容直观、生动、形象，真实感强，全方位地展示主题，以便更深入细致地了解所需信息的内容及其特征。

3. 类型多样，具有可交互性

电子型信息源既包括数据库、电子图书、电子期刊、电子报纸、专利等正式出版物，以及学位论文、教学课件等灰色文献，也涵盖了新闻组、电子公告板（BBS）等非正式出版的数字信息。信息交流的途径由单一化走向多层次、全方位。任何人都可以在网上发表见解，互相交流信息。也可以通过电子方式同其他读者或作者及时交换意见。

4. 多层次的信息服务功能

信息检索（产生时的主要功能）、主动报道（如期刊的目次报道服务）、文件传递（如FTP服务）、信息发现（如网络资源学科导航、分类主题指南等）、网上讨论（如BBS、新闻组等），这些服务功能扩展了传统信息源的职能，使电子信息资源得到更大程度、更深入的利用。

5. 具备检索系统，信息的组织检索和使用方式灵活

可以设置电子书签和参照指引，用软件或光笔很易实现加标记和注释等操作；除具有与印刷出版物相当的文献文本之外还可以提供多维的、有序化的可操作的功能。凡在数据库中存储的数据，只要点一下鼠标即可随意浏览或检索所需信息。可将网上数据拷贝到机器的硬盘或软盘上，也可以打印成纸质文件。还可以对文本进行有目的的抽取、排序、重新组合，从而产生新的信息产品；可以对文献内容各个知识单元，甚至字频进行计算分析，使文献计量分析得以深化。

6. 更新速度快，时效性强

电子信息源不需要制版、印刷、装订等环节，更新和发布容易，只要不断跟踪各个领域的最新发展变化，就可以利用电子手段随时对内容进行增、删、改，每月、每周、每日甚至随时更新信息，及时传播给用户。

7. 通过改进的图书发行系统发行和网络在线服务形式传播

以现代信息技术为记录手段，是一种数字化信息资源。它既可以在计算机内高速处理，又可借助通讯网络进行远距离传播，传播速度快，信息量大，范围广。

8. 低成本、高效益、非实物、非独占、无损消费、可共享

电子信息资源由纸张上的文字变成磁介质上的电信号或光介质上的光信号，从模拟信号转变为数字信号，使信号的存储传递和查询更加方便，存储信息密度高，容量大，且可以无损耗地反复利用。

第二章　信息检索原理

计算机网络技术的飞速发展，彻底改变了世界的信息图景。教育正向着信息化、社会化和网络化的方向发展。网络传播影响着今天人们的生存和发展，任何关注自身生存和发展的人，都不能不掌握网络时代信息检索的基本技能。

第一节　信息检索概述

一、信息检索的概念

信息检索在学术界有两种概念，即广义的信息检索和狭义的信息检索。

广义的信息检索是指信息存贮（Information Storage）与信息检索（Information Retrieval）的全过程，即将信息按照一定的方式组织和存贮起来，并根据信息用户的信息需求查找所需信息的过程和技术，所以信息检索的全称又叫“信息存贮与检索”（(Information Storage and Retrieval)。

狭义的信息检索是指信息的检索过程，即用户根据需要，借助于检索工具，从信息集合中找出所需要信息的过程，也就是我们通常所说的信息检索。简单解释，检索就是查找，检索信息即查找所需信息的过程。

二、信息检索的意义

本世纪以来，人类创造的信息量高速增长。据估算，1950 年前后，人类知识总量翻一番大约需要 50 年，到 2020 年时，人类知识总量翻一番只需 73 天。上世纪 70 年代以来，全世界每年出版图书 50 万种以上、期刊 10 万种以上、专利约 50 万件、科技报告约 90 万件、会议文献 10 多万篇、产品样本 50 多万种，每年发表的科技论文总数近500万篇，并呈指数式增长。 如何从这浩如烟海的信息资源中找出所需信息，是信息检索的重任。

三、信息检索的起源与发展

信息检索经历了如下几个发展阶段：初始阶段、手工信息检索阶段、计算机脱机批处理信息检索阶段、计算机联机信息检索阶段、计算机光盘信息检索阶段、计算机网络信息检索阶段。

（一）初始阶段

人类产生出的信息是没有规律的，当人们发现过去产生的信息杂乱无章无法再利用时，开始将有用的信息用一定的方法组织起来，以备使用时查找。这就产生了信息的存储与检索。西汉时代刘歆、刘向父子二人在整理图书过程中为方便查找图书而编制的《别录》是我国最早出现的检索工具书。

（二）手工信息检索阶段

信息检索的真正发展大约是在18世纪以后。1769年国外第一种文摘性出版物——《各学院优秀外科论著汇编》诞生了。

手工检索是指仅用手工的方式来处理和查找文献信息，所用检索工具多为印刷型文摘、索引、目录等。

手工检索的主要优点有：几乎不需要特殊设备，查找方法简单、灵活；可以边查边思考，随时修改检索策略；不需检索经费或费用较低。

手工检索的主要缺点是：检索效率低，检索速度慢，所需时间较长；在进行复杂问题的多途径检索时，需要反复查找若干检索工具；查全率一般较低。

（三）计算机信息检索阶段

1. 计算机脱机批处理信息检索阶段

20世纪50年代中期至60年代中后期是信息检索的脱机批处理阶段。

1946年世界上第一台电子计算机问世后，50年代初就有人开始研究其在信息检索领域的应用。当时计算机还没有连接通信网，也没有远程终端装置，不能提供实时检索（Question and Answer），只能进行现刊文献的定题检索（Selective Dissemination of Information）和回溯性检索（Retrospective Search），同时利用计算机编辑出版检索性刊物。1954年，美国海军机械实验中心使用IBM 701型机，初步建成了计算机情报检索系统，这预示着以计算机检索系统为代表的信息检索自动化时期的到来。

脱机批处理检索方式是指定期由专职检索人员把许多用户课题汇总，一次性批量处理提问要求，并把结果提供给用户。

与手工检索相比，脱机批处理的优点主要有：批处理可同时进行多项检索；可处理检索关系复杂的检索词汇；一次输入检索提问单，可以多次多种方式输出检索结果。但批处理也有缺点：检索时用户不能进行“人机对话”、浏览文献、修改检索策略；用户不能及时获得检索结果；批处理是委托式检索，信息需求和查询结果之间有一定误差。

2. 计算机联机信息检索阶段

20世纪60年代中后期到90年代初是计算机联机信息检索时期。

所谓联机检索，就是用户使用终端设备，通过通信线路与中央计算机连接，直接与计算机对话进行检索，结果由终端输出。联机检索是计算机技术、信息处理技术和现代通信技术三者的有机结合。

1965年美国系统发展公司（SDC）研制成功书目情报分时联机检索系统（Online Retrieval of Bibliographic Information Time-shared，简称ORBIT），开始了联机情报检索系统阶段。与此同时，美国洛克希德公司研制成功了对话（Dialog）检索系统。至今，该系统仍为世界上最著名的信息检索系统。70年代卫星通讯技术、微型计算机以及数据库生产的同步发展，使用户得以冲破时间和空间的障碍，实现了国际联机检索。

远程实时检索多种数据库是联机检索主要的优点。用户通过检索终端与通信网络直接与远程中央计算机相连，检索远程数据库内文献信息，这几乎是同时的、直接的，无需委托；在检索过程中是“人机对话”式，可及时修改检索策略，及时显示、浏览文献信息；可根据用户的不同需求进行各种输出，及时取得检索结果；检索指令复杂，多为专业检索人员才能熟练使用。

联机检索经历了研究开发阶段、地区性应用和国际联机三个阶段。20世纪

70 年代后联机检索随着计算机、数据库、通信网络技术的发展而迅猛发展，进入网络化与多元化检索时期。

3. 计算机光盘信息检索阶段

CD-ROM 光盘是 20 世纪 80 年代在计算机技术、激光技术等现代新科技成果的基础上发展起来的新型电子出版物。

光盘检索系统除可提供追溯检索、定题服务外，还可用于“自建库”和做联机检索前预处理。

光盘检索主要有以下特点：在通信不发达地区、联网较困难的地区，使用网络信息服务比较困难，而使用光盘检索，可以免去联机检索必须支付的联机系统使用费，只需支付数据库生产者收取的数据库费用即可；有些出版商出于保密、版权及控制等方面的考虑，还不可能将收费信息产品很快上网，在这种情况下，CD-ROM 就成为获取此类信息的最佳途径；CD-ROM 可以替代或补充图书情报机构的印刷本收藏，其多媒体的书籍、游戏和参考资料是用户最欢迎的类型之一。

4. 计算机网络信息检索阶段

20 世纪 90 年代，信息检索进入互联网网络化检索时期。

单纯的手工检索和机械检索都显露出各自或多或少的缺点，因此，极有必要产生一种新型的信息检索方式。互联网在六七十年代初见雏形，八十年代末开始迅速流行。在通信和网络技术扶持下，出现了各种信息利用工具。如：WWW浏览器——优秀的万维网有取代其他工具的趋势；Windows 平台配备的性能优良的电子邮件工具；思维机器公司推出了 WAIS，允许用户检索整个互联网上文本信息资源；明尼苏达大学推出了 Gopher，使用户能十分容易地存取互联网上的信息资源；针对 FTP 资源的 Archie；BBS 等。WAIS 的进一步发展，传统的联机检索向互联网上迁移。网络信息检索系统包括了计算机在信息检索领域表现出来的全部优点。网络联机信息检索是联机信息检索的高级阶段，它的实现使人们可以在很短的时间里查遍全球的信息资料，使人类实现信息资源共享成为可能。网络信息环境的出现，使得信息检索研究的对象和范围不断扩大，除了传统的文献信息，网络信息源还包括电子论坛、各种软件资料、图像文件、声音文件等。可以这么说，网络使计算机信息检索技术进入一个崭新发展阶段，而网络信息检索又使得网上信息源利用率提高，信息组织更为有序和高效。

四、信息检索的类型

（一）按照是否使用检索工具划分

1. 直接检索

直接检索就是直接从各类型的零次或一次信息源中获取信息。

2. 间接检索

间接检索是通过信息检索工具或检索系统获取所需的信息。

（二）按照信息检索手段划分

1. 传统信息检索

传统信息检索也就是我们常说的手工信息检索。

2. 现代信息检索

现代信息检索也叫计算机信息检索，是指以计算机技术为手段，通过光盘、联机和网络等现代检索方式进行的信息检索。计算机信息检索是以计算机为基础的信息存储与检索。它是在手工检索、机械检索及光电检索基础上演变而来，而且还在不断地发展。计算机信息检索已从单机检索、联机检索发展到现在的网络检索，并正向着智能化的方向发展。

计算机信息检索是我们进行电子信息资源检索的主要手段。

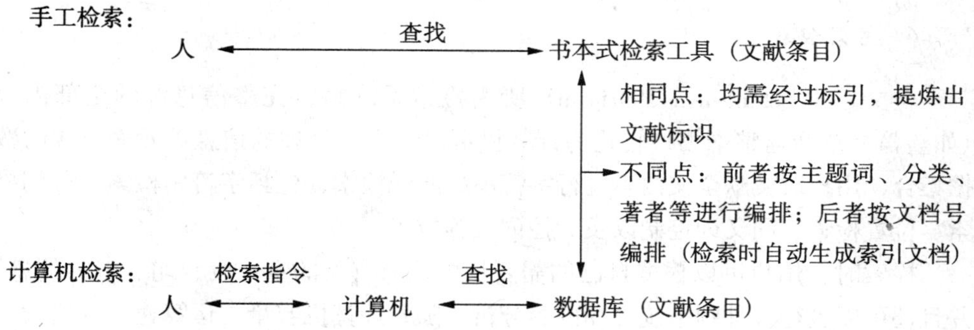

图 2-1　手工检索和计算机检索

（三）按照信息检索的对象划分

1. 文献信息检索

文献信息检索，也称书目检索（Bibliographic Retrieval），是以文献线索为检索对象的信息检索。检索系统存储的是以二次信息（目录、索引、文摘等）为对象的信息，它们是文献信息的外部特征与内容特征的描述集合体。信息用户通过检索获取的是原文的“替代物”，也即有关某一问题的一系列相关文献线索，然后再根据检出的文献线索去获取原文。

2. 数据信息检索

数据信息检索（Data Retrieval）是以数据为检索对象的信息检索。从检索系统存储的大量原始调查数据和其他统计数据中查出所需的数值型数据，即事物的绝对值和相对值的数字。检索系统提供一定的运算推导能力，甚至列出曲线图或进行各种分析功能。信息用户可用通过检索获得的经过核实、整理的数值信息再作定量分析。如检索运动成绩、记录、场地、器材等数据。

3. 事实信息检索

事实信息检索（Fact Retrieval）是以特定的事项为检索对象的信息检索。检索系统中存贮的是从原始信息中抽取的各种事实，用户通过检索所得是有关某一事物的具体答案。如检索有关体育运动的某些特定事件。

4. 全文检索

全文检索（Full-text Retrieval）所用检索系统是将完整信息源的全部内容(如整篇文章乃至整本书）转化为计算机可以识别、处理的信息单元而形成的数据集合，用户对文献全文内容进行字符串的匹配检索，包括字符串检索、截词检索、位置检索、同义词控制以及后控词表等技术。

检索时，用户可以根据自己的需要从中获取有关的章、段、句、节等信息，并且还可以进行各种频率统计和内容分析。随着计算机容量与运算速度的增大和提高，全文检索正迅速由最初的法律、文学领域扩大到更多的学科、专业。

5. 图像检索

图像检索就是以图形、图像或图文信息为检索对象的信息检索。

6. 超文本及超媒体检索

“超文本采用了非线性的网状结构，使用户能更快、更精确地找到需要的信息。超文本文档不是严格按顺序的，它带有链，可以指向文档中的任一部分，也可以指向另一文档”。“超媒体是一种用于表示、组织、存储、访问多媒体文档的信息管理技术，是超文本概念在多媒体文档中的推广”（《计算机科学技术百科全书》，1998）。

传统文本都是线性的，用户必须顺序阅读。超媒体与此不同，它是一个非线性的网状结构。用户要沿着交叉链选择阅读自己感兴趣的部分。早期的超文本以文字为主，随着多媒体技术的发展，开始容纳包括图像（形）、视频、声频等各种动、静态信息，通称之为超媒体系统或超级文本系统。它可以提供用户自由浏览信息。

超文本检索系统可以分为三类：基于浏览的信息检索系统、基于提问的信息检索系统以及智能化信息检索系统。

7. 多媒体信息检索

多媒体信息检索是以文字、图像、声音、视频等多媒体信息为检索内容的信息检索。在现阶段，多媒体信息检索按检索内容可分为图像检索、视频检索和音频检索等类型。

第二节　信息检索系统

一、信息检索的原理

从本质上看，信息检索的原理就是检索者将检索提问标识与存储在检索工具或检索系统中的信息特征标识进行比较，相一致的则从各种检索工具或检索系统中输出。因此，信息检索包括两个方面，即信息存储过程与信息检索过程。

（一）信息存储过程

信息存储是按照既定的标准和方针，从信息源中选择合适的信息，并对这些信息的内容进行概念分析，用系统规定的检索语言（主题词或分类法等）进行标引，形成信息的特征标识，进行整理与排序，构成可供检索的各种检索工具和检索系统。主要包括信息的采集、著录、标引和整序等过程。

简言之，信息存储过程即形成检索工具和检索系统的过程。它使各种原始信息从无序变为有序，从分散变为集中，从广泛性变为具有针对性（如针对某一学科或某一特定人群），从不易识别变为特征化，以保证检索者全面、准确、快速地获得所需信息。

（二）信息检索过程

信息检索过程也即我们从狭义上理解的信息检索，是检索者根据自己的需求形成检索提问标识，在检索工具和检索系统中，将提问标识与所存储信息的检索标识进行异同的比较，从中找出与提问特征一致或基本一致的信息。主要包括识别用户、接收提问、提问校验、转化提问式、检索、结果输出等过程。

信息存储是信息检索的基础，信息检索是信息存储的逆过程。下图是从电子信息资源检索角度描述信息检索的原理。

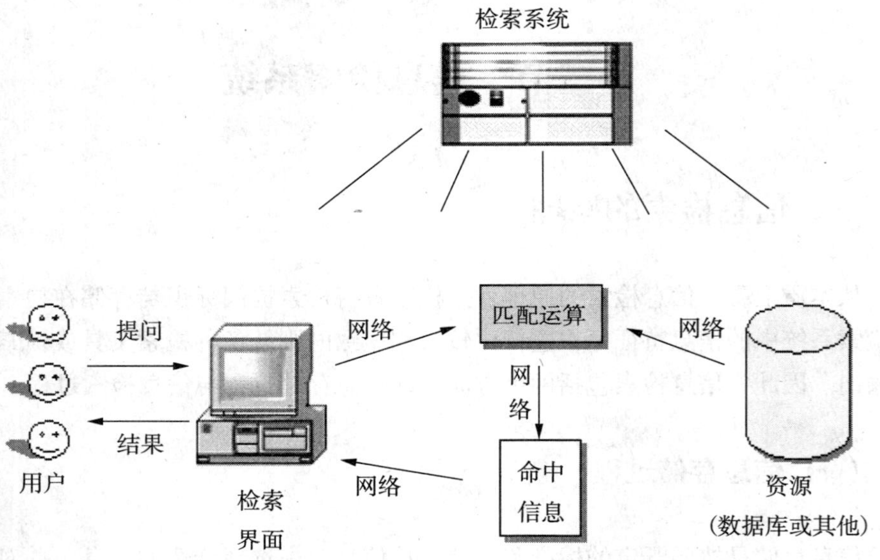

图 2-2　电子资源的检索

在现代信息技术条件下，信息检索从本质上讲，是指人们希望从一切信息系统中高效、准确地查询到自己感兴趣的有用信息，而不管它以何种形式出现，或借助于什么样的媒体。

二、信息检索系统的概念

信息检索系统是根据一定社会需要和为达到特定的信息交流目的而建立的一种有序化的信息资源集合体。信息检索系统通常应是一个拥有选择、整理、加工、存储、检索信息的设备与方法，并能向用户提供信息服务的多功能开放系统。任何具有信息存贮与检索功能的系统，均可以称为信息检索系统。

信息检索系统具有输入功能、存贮功能、处理功能、输出功能及控制功能。

根据信息存贮和检索的设备和手段的不同，信息检索系统可分为两大类型，即手工信息检索系统和计算机信息检索系统。目前，信息检索系统已从传统的手工检索系统发展到计算机网络信息检索系统。

三、信息检索系统的构成要素及子系统

（一）从运作角度划分的构成要素

1. 信息资源

信息资源即系统存储与检索的对象。它可以是全文信息，也可以是二次信息；可以是文字信息，也可以是表示图像、事实、数值数据等的各种信息。

2. 设备

设备即实现信息存储、检索活动的一切设备。如手工检索的卡片，印刷型检索工具，以计算机为核心的硬、软件设备。

3. 方法与策略

包括标引方法、检索语言、信息的组织管理方法及信息的检索策略与技巧等。

4. 检索者

检索者是检索系统运行的能动因素，是信息与用户的媒介。随着网络化程度的提高，面向最终用户服务的实现将使检索人员的中间作用逐步减弱。

（二）按工作流程划分的子系统

1. 选择子系统

即检索工具所收录的文献信息类型、文种、时间跨度。其中，专业覆盖面、摘储率是衡量选择子系统的重要指标。

2. 词表子系统

即用于沟通系统内容与检索提问内容的共同依据（分类表、主题词表）。其中，词表的网罗度与专指度是影响检索工具查全率与查准率的主要因素。

3. 标引子系统

即依据词表将原文内容进行概念分析并转换成系统语言。描述与揭示信息的程度（引得深度）决定检索的准确性，影响检索的效率。

4. 查寻子系统

即把用户的需求经过概念分析后转换成检索系统词语，并按其逻辑关系构造检索策略的过程。

5. 匹配子系统

即对检索策略与检索系统中的有关标引记录作比较而决定取舍的过程。

如在文献特征与检索提问的匹配基础上产生的各种匹配技术与方法——手工检索方式、半机械技术方式、光电检索方式、电子计算机检索方式，以及网络检索工具中提供的基本检索方式与高级检索方式等。

6. 用户与系统之间的交互子系统

即分析用户需求，形成可检索用的概念，编制检索策略并准确表达出来的过程。这是决定检索是否成功的关键。

一个性能良好的信息检索系统应具备资源完备、词表规范、标引准确、方便快捷的特征。

四、手工信息检索系统

现阶段，手工信息检索系统的主要形式是书本式检索工具。

（一）按出版形式划分

现按出版形式，书本式检索工具一般包括期刊式检索工具、单卷式检索工具和附录式检索工具。

1. 期刊式检索工具

指在一个题名之下，定期连续发行的一种检索工具。它具有及时性、连续性和稳定性的特点。例如各种文摘杂志、索引刊物、连续的馆藏目录等。这种形式的检索工具，及时反映新出版、新发表、新入藏的文献信息，它随着新文献的不断出现而不断连续出版，保持与文献的平行发展关系。因此科研工作者为了掌握和了解本学科的科研动态，定期查阅期刊式检索工具是一种非常有效的方法。同时由于期刊式检索工具的连续性的特点，不少期刊式检索工具，每到一定时间累积后，对于回溯检索极为方便。

2. 单卷式检索工具

这种检索工具多数是以一定的专题内容而编印的，选题一般具有独立的意义。它专业性强，收集的文献比较集中，往往积累反映一个相当长时间的文献，并以特定范围的读者作为对象。单卷式检索工具收录文献一般比较全面系统，排列组织比较切合专业研究的需要，因此，对于专题文献检索比较方便，使用价值较高。

3. 附录式检索工具

这种检索工具不是单独出版，而是附在书刊之后，有书附文献录，刊附文献录等，分别附于图书、期刊、文章末或其间。附录式检索工具最常见是“引用书目”，特别是一些情报研究成果后所附的“参考文献目录”。另外还有一种是报纸、期刊的月度、年度或全年（卷）索引。

（二）按功能划分

手工信息检索系统按其功能可分为文献检索系统和事实数据检索系统。

1. 文献检索系统

文献检索系统是提供相关文献信息检索服务的信息检索系统，是有序化的文献信息资源集合体，用来报道、存贮和查找文献线索。手工文献检索系统一般具备以下特征：

①文献信息收录范围明确；

②有完整明了的文献特征标识，每种文献的特征标识组成完整的检索款目；

③各款目科学地、按照一定规则组织形成一个有机整体；

④有索引部分，提供多种必要的检索途径。

由于计算机技术的应用，传统的卡片式文献检索系统已经为书目数据库检索系统取代。目前，手工文献检索系统主要是文献检索工具书，包括：目录、题录、文摘和索引四种。

2. 事实数据检索系统

事实数据检索系统是提供相关事实或数据信息检索服务的信息检索系统，是有序化的事实和数值信息资源集合体，用来存贮和查找准确的事实或数据信息。其汇集的信息是从原始信息中抽取而来，一般具有广泛性、完整性、简明性和精确性的特点。通常按字序、音序、形序、分类、主题、关键词、年代、地区等编排方法，检索方便。手工事实数据检索系统主要是参考工具书，包括：字词典、百科全书、年鉴、手册、名录、表谱、图录等。

五、计算机信息检索系统

（一）计算机信息检索系统的构成

计算机检索系统由计算机硬件、软件、数据库和通讯网络构成。

1. 计算机硬件

计算机硬件是系统采用的各种硬设备的总称，主要包括具有一定性能的主计算机、外围设备以及与数据处理或数据传送有关的其他设备。

2. 软件

软件由系统维护软件与检索软件构成。系统维护软件，如数据库管理程序、词表管理程序等，其作用是保障检索系统的高效运转。检索软件是用户与系统的界面，用户通过检索软件进行检索，检索软件功能的强弱直接影响着检索效果。检索软件可以分为指令式、菜单式和智能接口等。

3. 数据库

根据国际标准 ISO / DIS 5127 标准，数据库定义为：“至少由一种文档(File) 组成，并能满足某一特定目的或某一特定数据处理系统需要的一种数据集合。”通俗地说，数据库就是在计算机存储设备上按一定方式存储的相互关联的数据集合。

4. 通讯网络

由于现代通信技术的发展，公共数据传输技术为信息的传递提供了保障，信息检索逐渐发展成为网络检索，通过数据传输网将各个计算机连接起来。每个计算机成为网络中的一个节点，每个节点可含一个或多个数据库，网络上的每个节点和其终端只要有授权均可对网络中的数据库进行访问，实现资源共享。随着空间技术的发展，信息检索已进入了信息传递—卫星通讯—计算机技术三位一体的新阶段。

(二) 计算机信息检索系统的类型

1. 单机信息检索系统

计算机单机检索系统是计算机信息检索系统的早期形式，是将信息检索数据库系统建立在独立的计算机硬盘上，直接在一台计算机上进行存储和检索信息。

2. 光盘信息检索系统

计算机光盘信息检索系统是以大容量的光盘为存储介质，利用光盘驱动器和计算机实现对光盘数据库的读取和检索的系统。计算机光盘信息检索系统可以提供三种方式的服务：CD-ROM 单机服务、CD-ROM 网络服务和 CD-ROM 联机服务。

光盘检索系统是由微机、光盘数据库、检索软件等组成，目前国内普遍采用的是光盘网络检索系统，它是由光盘服务器、计算机局域网、光盘库 / 磁盘阵列、检索软件等组成。其特点是设备简单，费用低，检索技术易掌握，但检索范围受光盘数据库的限制，更新不够及时；相对于手工检索而言，它的检索速度快，检索灵活方便，检索入口多。

3. 联机信息检索系统

联机检索是20世纪60年代中期发展起来的一种先进的信息检索方式，这种信息检索的基础是联机检索系统，使用户能够直接与系统会话，即采用联机方式进行信息检索。联机检索系统的产生标志着信息检索系统进入一个新的历史发展时期。

联机检索系统是由联机服务的中心计算机、检索终端、通讯网络、联机数据库、检索软件等组成，其特点是检索范围广泛，检索速度快，检索功能强，及时性好，并可以联机订购原文，它拥有的数据库数量大且更新及时，但检索技术复杂，设备要求高、检索的费用昂贵。

世界上最著名的国际联机检索系统有：

①DIALOG：有900多个数据库，其中广泛使用的有600多个，内容涉及多个学科领域，文献存储量超过3亿篇。

②ORBIT：提供专利、化学、能源、市场、工程和电子等方面的信息，约有100个数据库。

③BRS：内容涉及医学、生物科学、教育、健康、物理和社会科学及其他综合性学科。有150个数据库和40个私用数据库。

④OCLC：联机计算机图书馆中心，是世界上最大的为读者提供文献信息机构。有60个数据库，提供会议录、工业通告、图书评论等信息。

⑤STN：由联邦德国、美国、日本共同合作创建的数据库，有110个数据库，多个数据库向中国免费服务。

⑥DIMDI：德国医学文献资料学会于1969年推出的联机检索系统。有55个数据库，侧重于提供生命科学领域资料。如生物化学、肿瘤学、公共卫生、海洋生物学、兽医学、食品科学等。

4. 网络信息检索系统

网络信息检索系统是通过现代通讯网络，利用网络信息检索工具来浏览和检索网上信息的系统。随着现代信息技术的发展，网络信息检索尤其是互联网网络信息的检索成为人们获取信息的常用方式之一。互联网环境下的信息资源检索工具逐渐取代传统的联机检索工具，成为检索工具的主流。

网络检索系统由计算机服务器、用户终端、通讯网络、网络数据库等组成，其特点是检索方法较简单，检索较灵活、方便，及时性好，检索费用和速度均低于联机检索系统。

六、数据库

数据库是计算机信息检索系统中最重要的部分，是计算机化信息检索系统的主要处理和查询对象。同时，数据库也是发展最早、影响最广的一种电子信息源，并且至今仍是一种主要的信息查询对象。

（一）数据库的类型

按国际上通用的分类方法，数据库可以划分为以下类型。

1. 参考数据库

参考数据库（Reference databases）是指引用户到另一信息源以获得原文或其他细节的一类数据库。它包括书目数据库（Bibliographic databases）和指南数据库（Referral databases 或 Directory databases）两种。

书目数据库是指存储某个领域的二次文献（如文摘、题录、目录等书目数据）的一类数据库，有时又称为二次文献数据库，或简称为文献数据库。它主要来源于书本式检索工具，内容与原来的检索工具基本相同。如全国报刊索引数据库，属于此类型数据库。

指南数据库也称指示性数据库，是指存储关于某些机构、人物、出版物、项目、程序、活动等对象的简要描述，指引用户从其他有关信息源获取更详细的信息的一类数据库。如产品目录、机构名录、研发项目、基金项目等数据库均属于此类型。

2. 源数据库

源数据库（Source databases）是指能直接提供原始资料或具体数据的数据库，用户不必再查阅其他信息源。它可以分为：

①数值数据库。这是一种专门提供以数值方式表示的数据的源数据库，如统计数据库、财务数据库等。

②文本—数值数据库。这是一种能同时提供文本信息和数值数据的源数据库，如企业信息数据库、产品数据库等。

③全文数据库。这是一种存储文献全文或其中主要部分的源数据库，如法律法规全文库、期刊论文全文库等。

④术语数据库。这是一种专门存储名词术语信息、词语信息以及术语工作和语言规范工作成果的源数据库，如名词术语信息库、各种电子化辞书等。

⑤图像数据库。这是一种用来存储各种图像或图形信息及有关文字说明资料的源数据库，主要应用于建筑、设计、广告、产品、图片或照片等资料类型的计算机存储与检索。

⑥多媒体数据库。多媒体数据库是近几年发展起来的一种新型数据库，它集文字、图像和声音于一体。当我们在查找到某一信息时不仅可以看到文字和图像说明，还能听到有关的声音，使所获得的信息更加完整。

除上述几种类型的数据库外，还有能同时存储多种不同类型数据的数据库，即混合型数据库。

（二）数据库的构成

1. 字段（field）

字段是数据库中每一条记录的基本单元，它是对实体的具体属性进行描述的结果。对检索者而言，字段就是进行计算机信息检索的检索入口。为便于计算机识别记录的各个字段，每个字段都设有字段标识符。

(1) 基本索引字段

基本索引字段是描述文献内容特征的字段，包括：

①篇名字段（Title Field，TI），也称题名字段。描述了该记录的名称。如书名、论文篇名等。

②文摘字段（Abstract Field，AB）。表示该记录主题内容的简明提要。

③叙词字段（Descriptor Field，DE）。该字段中标引了有关该记录主题的叙词或其他规范化词，这些规范化词都是由文献标引人员根据原始文献主题内容标引的，能够表达文献主题内容的规范化词语。

④自由标引词字段（Identifier Field，ID）。由标引人员根据原始文献的主题内容标引的，能够表达文献主题内容的语词，因为它们是非规范化词，所以不一

定出现在规范化词表中。这类词相当于我们常说的关键词。

(2) 辅助索引字段

辅助索引字段是描述文献外表特征的字段。

主要包括：作者（Author，AU）；出版年份（Publication Year，PY）；期刊名称（Journal Name，JN）；存取号（Accession Number，AN）；机构名称（Corporate Source，CS）；分类代码（Classification Code，CC）；国际标准刊号（ISSN）；语种（Language，LA）；专利号（Patent Number，PN）；更新周期（Update，UD）；文献类型（Document Type，DT）；期刊代码（Journal Code，JC）；产品分类（Product Classification，PC）等。

在联机检索中，辅助检索一般不能单独使用，它们常与基本索引配合使用，起一种限定检索范围的作用。在计算机信息检索系统中，数据库记录的辅助索引字段种类相当繁多。不同的数据库，记录中包含的辅助索引字段的种类、数量可能有很大差别。即使在同一数据库中，不同种类的文献记录中包含的字段也有可能不完全相同。

另外，有些字段因内容较多，还可以进一步划分为若干个子字段（subfield），如文摘字段是有多个语句的文本，通常将一个语句作为一个子字段。

2. 记录（record）

记录是由若干字段组成的文献单元，是计算机检索系统存储文献条目和标引的信息载体，每条记录是一篇文献的内部特征和外部特征的完整描述。若干条记录构成数据库。如在全文数据库中，一条记录相当于一篇论文或一本书，而在书目数据库中，一条记录相当于一条文摘或题录。

3. 文档（file）

若干个逻辑记录构成信息集合称为文档。数据库的文档由顺排文档和若干倒排文档组成。

(1) 顺排文档（linear file）

将数据库的全部记录按存取号的大小排列而成的文献记录集合，就构成了数据库的顺排文档，也称主文档。

存取号是计算机信息检索系统为该数据库的每一条记录规定的能被计算机识别的特定号码。在同一数据库中，每篇文献记录只有一个存取号。

这种文档中的所有文献记录之间的关系不用链指示而按顺序排列，所以对它只能按顺序查找，而不能进行有选择性的查找。

(2) 倒排文档（inverted file）

倒排文档是将记录中的全部文献或数据特征标识（不包括存取号），即把记录中各字段数据内容，按一定的顺序（字顺等）排列而成的特征标识文档。

倒排文档相当于印刷型检索工具的索引部分，从倒排文档中查找到的是数据库中存储信息的存取号，由数据库将相应存取号的记录输出给检索者。

七、信息检索系统的发展趋势

（一）信息多媒体化

信息多媒体化既是计算机科学与技术发展的趋势，也是信息检索系统应用的需求。信息多媒体化可以扩大其应用领域和提高其服务质量。多媒体的基本技术已经成熟并实用化，但要实现信息系统的多媒体化，还需解决诸如多媒体数据库、多媒体数据处理及其语言、高级人机交互等技术。

（二）系统集成化

由于计算机网络、分布式处理和分布式数据库系统的发展，有可能在更大范围内共享信息资源。应用也迫切要求将多个单位或部门的信息检索系统集成起来，甚至建立全球性的信息检索系统，以提高信息系统的效率、效能和效益。集成是信息检索系统发展的方向，也是一个复杂和困难的问题。

（三）结构分布化

由于要求信息检索系统在大范围内进行集成，而信息源和用户一般在地理位置上总是分散的。这需要计算机网络、分布式处理和分布式数据库等技术的支持。在分布式信息检索系统中，用户不但可以共享包括数据在内的各种计算机资源，而且还可以在系统的支持下，合作完成某项任务。信息检索系统在这方面的功能称为计算机辅助协同工作。在今后的信息检索系统中，辅助协同工作可望成为基本功能之一。

（四）功能智能化

目前的信息检索系统的智能化水平不高，基本上以事务性操作为主，只能被动地处理用户提交的任务，而不能主动地向用户提供信息服务，一般的信息检索系统缺少推理功能。未来的信息检索系统应该既是数据密集型的，又是知识密集型的，具有知识获取、知识管理以及推理等功能，可以提供诸如提示、报警、自动跟踪记录和统计、专人或专题情报服务、预测和规划、决策和咨询等服务。

第三节　信息检索语言

信息检索语言是信息检索系统的重要组成部分，是信息存储人员和检索人员都要使用的语言工具。现在世界上有数千种信息检索语言，有成千上万的文献信息机构利用信息检索语言组织并检索文献信息。信息检索语言对于信息检索具有不言而喻的重要性，是信息检索者必须掌握的基本工具。

一、信息检索语言概念和作用

检索语言是用于描述检索系统中信息的内部及外部特征和表达用户信息提问的一种专门语言，检索的匹配正是通过语言的比较匹配来实现的。检索语言也称索引语言、标引语言。后者是从检索系统的标引角度出发的，而前者是从用户的信息检索角度出发的。

标引就是对信息内容特征和外部特征进行分析形成概念标识，再依据一定的标准或规则（即检索语言：如分类号、主题词、关键词及著者选用规则等）将其用相应的标识充分、准确地表达出来。通过检索语言，可以把能够表示信息特征的全部标识按一定的规则组成一个有序的检索系统，使每个信息在检索系统中都有固定的位置，从而为信息检索提供可能。使用检索工具和检索系统必须掌握检索语言，它是检索者与信息检索系统对话的基础，是掌握和提高检索技能的基础。

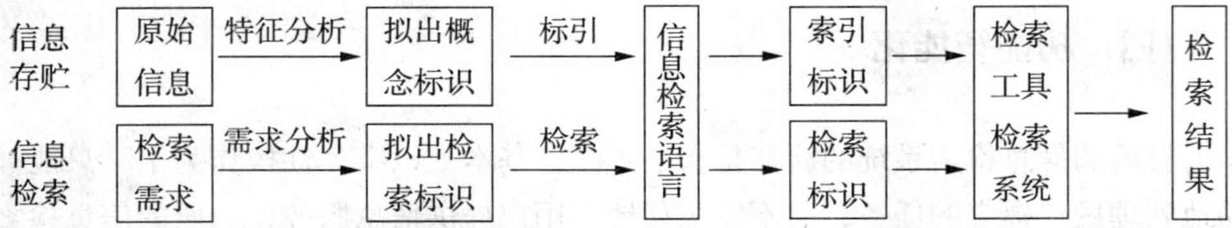

图 2-3 信息检索语言的作用

二、信息检索语言的种类

检索语言按其规范的情况分为人工语言和自然语言。人工语言（artificial language）是根据信息检索的需要而人工创制的，采用规范词（controlled term），用来专指某个概念或网罗与之相应的概念，或将同义词、近义词、相关词、多义词及缩略词等规范在一起，由人工控制。简单说，人工语言是一种有主题词表或者分类表控制的检索语言，又称为受控语言。自然语言（natural language）是使用非规范词（uncontrolled term）或称自由词（free term），即直接从信息中抽取出来的未经规范化处理，用以揭示信息主题概念的自由词，如关键词语言。它主要依赖于计算机自动抽词技术完成，辅以人工自由标引（不依据词表的标引方法）。

按照揭示和反映信息内外部特征的不同，检索语言可划分为分类语言、主题语言、题名语言和号码语言等。分类语言又称分类法，是用分类号和类名来表达信息的主题概念，并且按照知识门类的逻辑次序将信息系统地组织和划分的语言，它是以数字、字母（或字母与数字结合）为检索标识，作为有关类目的代号；主题语言又称主题法，它是用主题词或标题词来表达文献主题概念的语言，以主题词表或标题词表作为词汇规范化的工具，主题语言又分为标题词语言、叙词语言和关键词语言；题名语言是以人名、地名、机构名、篇名、书名等为检索标识；号码语言是以文献特有的顺序号（如专利号、标准号、合同号等）为检索标识。

不同的检索语言构成不同的标目及其索引系统，提供各种检索点。目前应用得最广的是分类语言、叙词语言和关键词语言。

三、检索点（access point）

检索点也称为检索途径（approach）、检索入口或检索标识，它是检索者进行信息检索的出发点和依据，它是由信息的内部特征和外部特征构成的。不同的检索途径，需要采用不同的检索语言进行检索。

反映信息内容特征的有分类检索和主题检索；反映信息外部特征有作者、题名和号码检索等。

（一）分类检索点

分类检索是从信息内容所属的学科类别出发来检索文献，它依据的是一个可参照的分类体系（classification system），即分类检索语言（分类法）。分类体系按信息内容特征的相互关系加以组织，并以一定的标记（分类号）作为排序工具，它能反映类目之间的内在联系，包括从属、并列、交替、相关等。

（二）主题检索点

主题（subject）检索是从反映信息内容的有关主题词出发来检索文献，主题是检索点，它对应信息的主题概念。检索按主题词的音或形的字顺进行，其方式如查字典、词典。主题词有规范词和自由词，规范词有叙词，自由词有关键词等。主题词的合理选择与使用对检索结果的优劣直接相关。

（三）作者检索点

作者（author）检索是从信息的作者姓名出发来检索其文献。作者广义上还应包括：汇编者（compiler）、编者（editor）、主办者（sponsoring body）、译者（translator）等。此外，还有代表机构、单位的团体作者（corporate author），包括作者所在单位（author's affiliation）。作者可统称为责任者。

（四）题名检索点

题名（title）检索点是从各种事物的名称出发来检索文献信息。 这些名称包括：书名、刊名、各类型论文篇名、网站名称等等，也包括人名和机构名。检索的对象既包括对应的文献，也包括有关的信息、事项等。

（五）号码检索点

号码包括文献的编号（number）、代码（code）等，它们是文献信息的一些特有的外部标识，号码检索点以号码特征来检索文献信息。号码多种多样，通常用数字、字母或用它们结合的形式或以分段的方式来表示其各部分的含义。如报告号、专利号、国际标准书号（ISBN）、国际标准刊号（ISSN）等。分类号也是特殊的号码检索。

由于文献加工的细化，计算机标引的介入，新型电子文献出现等情况，形成了更多的可检索点，比如：文献类型、文献属性、参考文献（引文）、语种、出版年份等检索点，它们提供了更多的检索途径。

四、常用的信息检索语言

在信息的标引存储和检索应用过程中，目前应用得最广的是分类语言、叙词语言和关键词语言。

（一）分类语言

1. 概述

分类语言是按照学科范畴及知识之间的关系列出类目，并用数字、字母符号对类目进行标识的一种语言体系，也称分类法。使用这种检索语言建立的信息检索信息系统可以反映知识的从属、派生、重合、交叉、并列等关系，检索者可以鸟瞰全貌，触类旁通，系统地掌握和利用一个学科或专业范围的知识和信息。

分类语言的特征：按学科知识领域集中文献；依据分类标记符号编排；按等级结构、逻辑关系显示类目之间关系。分类语言的突出优点在于知识的系统性，能够满足用户族性检索的需要。但是，分类检索语言常常落后于学科发展的现状，以及分类表相对呆板的学科关系使得确定前沿概念、跨学科概念等，变得十分困难。

国内通用的分类法有《中国图书馆分类法》（简称《中图法》），国际上通用的分类法有《美国国会图书馆分类法》（Library of Congress Classification，简称LCC）、《杜威十进分类法》（Dewey decimal Classification system，简称DDC）等。LCC是世界上类目最多的一部图书分类法，目前广泛应用于北美大中型图书馆，特别是学术性图书馆。它的类号配置是字母、数字混合制。美国国会编制的机读目录数据中采用此分类法。DDC由美国著名图书馆学专家杜威（Mevil Dewey）于1876年编制，目前已出版第21版，在世界上拥有最多的用户。各国的十进分类法基本上以《杜威法》为参照模式。

2.《中国图书馆分类法》

《中国图书馆分类法》（原名《中国图书馆图书分类法》，1997年1月更名，以下简称《中图法》）是我国使用最为普遍的一部综合性的分类法，1975年10月由科学技术文献出版社正式出版。随着科学技术的迅猛发展，新事物不断涌现，《中图法》难以适应需要，因此1980年和1988年连续两次修订分类法。在第三版出版九年后的1998年12月第四版定稿，《中图法》再次得到充实和修订。中国知网、万方数据资源系统等均按《中图法》（第四版）对信息资源进行分类，并提供了中图法的分类号检索点。

（1）**基本部类**

它是指根据科学分类原则和文献特点，首先将类目表确定为最概括、最本质的几个部分，但并不用来类分图书。基本部类中这种最概括、最本质的几个部分之间的排列次序，称为基本序列。目前我国分类法的基本序列完全相同，都分为五大基本部类，即采用五分法。其基本序列为：

马克思主义、列宁主义、毛泽东思想

哲学

社会科学

自然科学

综合性图书

(2) 基本大类

基本大类是在五大部类基础上展开而成的，它是分类法中的第一级类目，是类目表的纲目。《中国法》的基本大类为22个。

《中图法》基本大类表

A 马克思主义、列宁主义、毛泽东思想、邓小平理论

B 哲学、宗教

C 社会科学总论

D 政治、法律

E 军事

F 经济

G 文化、科学、教育、体育

H 语言、文字

I 文学

J 艺术

K 历史、地理

N 自然科学总论

O 数理科学和化学

P 天文学、地球科学

Q 生物科学

R 医药、卫生

S 农业科学

T 工业技术

U 交通运输

V 航空、航天

X 环境科学、安全科学

Z 综合性图书

(3) 简表

简表又叫基本类目表，是分类表的基本概貌和纲要，一般的主要学科和问题得以反映。它一般由基本大类再做一、二度区分后得出的类目和基本大类构成。《中图法》的简表区分到三级类目。通常，基本大类是分类表的第一级类目，由基本大类再度区分出来的类目是分类表的第二级类目，由第二级类目直接区分出来的类目称为第三级类目。简表的主要作用有二：承上启下，便于通过它查找所

需要的详细类目；可用来为藏书不多的中小型图书馆类分图书资料。

G 文化、科学、教育、体育

G8 体育

G80 体育理论

G81 世界各国体育事业

G818 运动场地与设备

G819 体育运动技术总论（总论）

G82 田径运动

G83 体操运动

G84 球类运动

G85 武术及民族形式体育

G86 水上、冰上与雪上运动

G87 其他体育运动

G88 文体活动

（4）**标记符号**

标记符号又称分类号码，是分类法的一个重要组成部分。它是分类表中类目的代号。标记符号的种类主要有单纯号码，即完全用数字、字母或其他单一的符号组成；混合号码，即用两种或两种以上的符号组成。

《中图法》的标记符号采用汉语拼音字母与阿拉伯数字相混合的混合制号码。用一个字母标志一个大类，以字母的顺序反映大类的序列。在字母后用数字表示大类下类目的划分。

数字的编号制度，使用小数制，即首先顺序字母后的第一位数字，然后顺序第二位，以下类推。分类号码的排列，严格按照小数制的排列方法。数字的设置，尽可能使号码的位数代表类的级数，基本上遵循层累制的编制原则。此外，为了使号码清楚醒目，易于辨认，在分类号码的每三位数字后，隔以小圆点“.”。

（5）**类目关系**

◆ 属种关系和并列关系

体系分类法构成的依据是概念的划分与概括，对概念进行合乎逻辑的缩小或扩大，从而形成更为专指或更为泛指的新概念。经过一次划分所形成的一系列概念为种概念，也就是下位类；被划分的概念称为属概念，也就是上位类。各下位类互称同位类，同位类则反映类目之间的并列关系。上位类和下位类之间形成属种关系。

◆ 交替关系

在分类表中，有些类目可同时隶属于两个或两个以上的上位类，如“运动医学”既可隶属于体育科学类，又可隶属于医学类，在类目表中同时列出。但类分文献时，只能使用其中一个位置，这个被使用的类目叫使用类目，而另外的位置不能使用，这样的类目叫交替类目。使用类目与交替类目之间的关系为交替关系。在《中图法》中，交替类目用“[ ]”标出。

◆ 相关关系

在分类表中，有些类目之间有着密切的关系，但又不属于一个类系，这种类目之间的关系称为相关关系，《中图法》中用“参见”表示。

3. 网络分类语言

利用分类语言组织网络信息具有通用性高、控制力强、实用性强的优势。但是现行的分类法无论是在类目、结构、索引，还是在形式等方面都难于适应有序组织、完整保存和高效利用各种信息资源的要求。

要适应网络信息资源分类的需要，分类语言必须改变顺序的、单线的和固定的一维性体系，加强类目之间多位关系的揭示。同时，与其他检索语言相结合，扩充分类语言知识体系，增强分类语言的灵活性。

（二）叙词语言

1. 概述

所谓叙词是指从自然语言中优选出来并经过规范化处理的名词术语。

叙词语言（descriptor）也叫叙词法，是一种主题检索语言。它是以规范化的单词和词组以及单词、词组的组配揭示文献信息的主题，并以此为标识组织信息检索系统的方法。叙词语言直接用叙词作检索标识，不必转换，具有语言的直接性。叙词语言有一套完整的参照系统，能显示叙词之间的相互关系，可供扩检和缩检用。

叙词语言是计算机信息检索中使用较多的一种语言，可以用复合词来表达主题概念，在检索时可由多个叙词形成任意合乎逻辑的组配，构成多种组合方式。由叙词组成的词表叫叙词表。《汉语主题词表》是我国使用最为广泛的叙词表。

主题检索语言以词语为标识，因而在揭示与组织文献信息特征时不像分类法那样受到严格的级位限制。它表达概念灵活，专指性强，增删、调整方便，较适应新学科的发展以及自动化标引。但主题检索语言的字顺序列也导致了相关概念的分散，降低了对信息主题内容族性功能的揭示。为此，主题法采用了倒置方法和语义参照系统等措施来弥补其不足。

2.《汉语主题词表》

《汉语主题词表》是在中国科技情报所和北京图书馆主持下，由 505 个单位历时 5 年于 1980 年正式出版的，1991 年又对其自然科学部分进行了修订，是我国也是当时世界上最大型的主题表之一。

《汉语主题词表》由前言、说明、使用规则、主表、附表、索引六部分组成，共 3 卷 10 个分册，按社会科学和自然科学两个系统分别编制。第一卷是社会科学，第一分册为主表，第二分册为索引（包括辅助表、范畴索引、词族索引、英汉对照索引）；第二卷是自然科学，第一至第四分册是主表（字顺表），第五、六、七分册分别是范畴索引、词族索引、英汉对照索引；第三卷是附表，通用于社会科学和自然科学两个部分。

《汉语主题词表》的主表由全部叙词款目及其相关的语义关系组成的，按汉语拼音音序排列的字顺表；附表包括“世界各国政区名称”“自然地理区划名称”“组织机构”“人物”四种专用词汇表；词族索引：又称族系索引，是将主表中具有属种关系、部分整体关系和包含关系的正式主题词，按其本质属性加以集中显示的一种索引系统；范畴索引又称分类索引，是将指标中全部款目主题词按学科范畴划类编排的词汇分类体系；英汉对照索引是一种通过英文译名检索汉语主题词的工具。

体育是在《汉语主题词表》的第一卷第九大类。体育大类共分五十一类目，收录体育专业主题词 1632 个。其中正式主题词 1224 个，非正式主题词 408个。与其他学科通用的一般概念，如“原理”“方法”等，以及与体育交叉的学科的专业概念，如“呼吸”“器官”等均未收录在体育类表中。

主题词之间的关系显示，除了采用词族索引、范畴索引外，最主要的是采用参照系统，参照系统显示的主题词之间的关系有等同关系、等级关系、相关关系。

3.《体育汉语主题词表》

《汉语主题词表》是我国最大型的一部主题词表，为各学科所通用，但往往因为专业深度不够，不易满足各专业的需要。

《体育汉语主题词表》是由国家体委情报研究所（现国家体育总局信息所）编制出版的，主要用于体育专业文献的标引和检索。该表于1988年出版第一版，1990年再版时参考了加拿大国际体育文献库《体育主题词表》，同时根据文献标引的计算机统计结果，对原词表进行了较大幅度的修改和完善，删除了部分从未使用过且检索价值不大的主题词，同时增补了一定数量的新词。

根据《体育汉语主题词表》选词原则的规定，词表所选的主题词必须是体育领域中经常出现、实际检索频率较高、能汇集一定文献量、具有组配意义的名词和词组，同时注意选取一些新的术语。《体育汉语主题词表》目前已经被广泛采用，它为计算机检索提供了专用的标引和检索词表。

表2–1 《体育汉语主题词表》主题词间关系显示

	主题词间关系的主要类型	举例	主题词间关系符号及含义				
			指向	含义	汉语拼音	英文	代号
等同关系	同义关系	美式足球与橄榄球	正式主题词	用	Y	See / Use	USE
	简称与全称关系	IOC/International Olympic Committee	非正式主题词	代	D	Used for	UF
	俗称与学名关系			组代	ZD	Used for Combination	UFC
属分关系	上位与下位词关系	球类运动	上位概念	族	Z	Top Term	TT
				领	L		
				属	S	Broad Term	BT
		篮球	下位概念	分	F	Narrow Term	NT
相关关系	交叉关系	体育与新闻学		参见	C	Related Term	RT
	并列关系	篮球与足球				See also	
	对立关系						

《体育汉语主题词表》的体系结构与《汉语主题词表》相似，主要由主表、附表、索引组成。

主表是《体育汉语主题词表》的主体部分，其收主题词5170个，其中正式主题词4482个，非正式主题词688个。款目组成及排列方式均与《汉语主题词表》相同。

附表有地名表、山峰河流名称表和体育组织机构表。各附表也按汉语拼音排列，并附英汉对照索引。

索引包括范畴索引、词族索引和英汉对照索引。范畴索引根据体育科学分类特点，将所有主题词分为21大类，94个二级类。和《汉语主题词表》不同的是，它用一个字母表示大类，第二个字母表示二级类，数字为序号。

《体育汉语主题词表》的参照系统也同于《汉语主题词表》。

（三）关键词语言

关键词（keywords）是直接从信息资源名称、正文或文摘中抽出的代表信息主要内容的重要词语。

关键词语言是一种自然语言，直接以作者在文献中的用词作检索词，基本上不对词语加以控制和规范（没有预先编制的词表），能较快反映相关领域的最新发展。由于无须人工干预，它十分适于计算机编制索引，以加快对信息资源的报道，增加可使用的入口词。

在很多数据库和网络搜索引擎中使用的关键词是由计算机通过统计词频自动产生的。我们在期刊论文、学位论文、会议论文等中看到的关键词是由作者指定的。这两类关键词的共同特点是词语的自然性和随意性，检索者使用关键词检索非常简单易用。但是检索者在使用时对所有可使用的词语难以考虑周全，容易造成漏检。因为关键词语言作为自然语言，极其丰富、复杂和多样，存在着一词多义、多词一义及词义交叉的现象。常见的有同义词、近义词、同型异义词等。而叙词语言作为人工语言，经过规范处理，一是使一个概念只用一个词汇来表达，这样就避免了多词一义的情况；二是使一个标引词只能表达一个概念，这样就排除了一词多义现象。

关键词语言在网络信息组织中的应用较为广泛，主要表现在以下方式。

①关键词字顺组织方式：以关键词字顺组织方式揭示主页信息。

②主题树指引库方式：利用主题树指引库技术，将网络信息进行分类、集中、整理、再按主题标识组织起来，以主题树形式指引用户查询特定信息。

③关键词语言同叙词语言结合方式：用关键词语言同叙词语言结合方式组织与揭示网络信息，有利于对网络信息资源的准确描述与科学组织，可以避免关键

词语言因选词的不规范而造成检准率低的缺陷。

五、分类主题一体化

分类主题一体化，是指综合分类语言和主题语言的功能特点，对分类表和叙词表的术语、参照、标识及索引实施统一的控制，使两者有机地融合为一体，形成分类主题一体化词表，通过一体化词表把分类检索系统与主题检索系统联系起来，发挥两个检索系统的整体优势。

我国是传统使用分类检索语言的国家，在转向兼用主题检索语言时，出现了“分类主题一体化”的强烈呼声和一体化词表研究热，而且发展迅速。在这种形势推动下，1994 年《中国分类主题词表》出版，它把《汉语主题词表》和《中图法》两大系统联系起来，而总体功能远远超过了《中图法》和《汉语主题词表》功能之和。它收有全部《汉表》词，并对词汇进行了部分调整和充实，可以供主题标引使用。《中国分类主题词表》是我国文献信息资源组织整序的主要工具，在文献标引和检索等各个领域都起到了权威性工具的作用。随着先进的网络技术、计算机技术在图书馆的广泛应用，联机编目和检索、远程网络编目及检索的快速发展，对《中国分类主题词表》的应用技术、应用方法、应用范围以及所反映的学科知识内容及其表现形式等都提出了新的要求。

2005 年 9 月，《中国分类主题词表》第二版出版，包括印刷版和适应计算机检索环境的电子版。它们是以第一版编制规则和“《中国分类主题词表》机读规范数据库”“《中图法》第四版机读数据库”为基础，以主题词、入口词及参照关系、类目对应关系的增补修订作为本次修订的重点，增补新学科、新事物、新概念的主题词 21711 条，删除无使用频率的旧词包括修改为入口词的有 12115 条，增补自然语言形式的入口词 21000 条，对《中图法》第四版类目修订 100 条左右，对旧版的分类号、类名、注释、对应的主题词及其参照关系进行了全面系统的修订，调整和完善了对应表的体系结构。特别是用于计算机编目和检索环境的《中国分类主题词表》电子版，可通过多种浏览方式和快速准确检索法、全文字面检索法以及缩小或扩大的概念检索法等实现各种条件的分类主题一体化检索、各种需求的一体化显示功能，并可通过超文本技术实现类目间、主题词间、类目与主题词间自动链接，具有友好的用户界面和帮助系统，具有与标准编目系统和检索系统的接口，大大降低了印刷版查找的复杂程度和缩检、扩检的难度，实现了真正意义的分类主题一体化标引和检索，提高了信息资源的编目效率，同时为图书馆公共检索系统提供了知识检索和文献信息检索平台。

《中国分类主题词表》新版的应用范围非常广泛，可适用于任何图书馆、档案馆、情报所、书店、电子网站等对各种类型、各种载体形式的文献、信息资源的分类主题标引，既适用于传统文献和电子信息资源的有序组织和检索，也适用于综合性文献标引和检索的需要，而且也照顾到专业信息资源标引和检索的需要。同时，《中国分类主题词表》的机读数据为实现机助标引和智能自动标引奠定了基础。

第四节　计算机信息检索的基本技术

在计算机信息检索系统中，虽然各数据库提供给用户的检索界面其检索功能各不相同，但比较通用的有浏览、简单检索和高级检索等功能。浏览功能是由信息工作者将各种信息按一定的方式组织起来，按信息的主题、分类等方式编制成树状结构体系，供用户层层点击，进入不同分支查看检索结果列表。简单检索和高级检索是利用检索词（或检索式）进行检索，返回与之相符的检索结果。利用检索词（或检索式）检索时通常会用到布尔逻辑检索、截词检索、词间位置检索和限定字段检索等检索技术。

一、布尔逻辑检索（boolean logic）

逻辑检索是一种比较成熟、较为流行的检索技术，现代的信息检索系统多采用这种技术。逻辑检索的基础是逻辑运算，逻辑运算是最常用的是布尔逻辑运算符（boolean logic operator），主要的运算符有：

1. 逻辑“与”

用 AND（或＊）表示。检索词 A、B 若用逻辑“与”相连，即 A AND B（A＊B），则表示同时含有这两个检索词才能被命中。

其基本作用是缩小检索范围，减少命中信息量，提高查准率。

例如，要检索“体育教育”的文献，检索逻辑式可表示为:体育 AND 教育。

2. 逻辑“或”

用 OR（或 +）表示。检索词 A、B 若用逻辑“或”相连，即 A OR B（A+B），则表示只要含有其中一个检索词或同时含有这两个检索词的文献都将被命中。

其基本作用是扩大检索范围,增加命中信息量,提高查全率。还有去重的功能。

例如，要检索“健身”或“健美”方面的文献，检索逻辑式可表示为：健身 OR 健美。

3. 逻辑“非”

用 NOT（AND NOT，BUT NOT）（或 –）表示。检索词 A、B 若用逻辑“非”相连，即 A NOT B（A–B），则表示被检索文献在含有检索词 A 而不含有检索词 B 时才能被命中。

其基本作用是缩小检索范围，提高查准率。

例如，要检索有关“艺术体操”方面的文献，但涉及“徒手艺术体操”方面的文章不要，检索逻辑式可表示为：艺术体操 NOT 徒手艺术体操（艺术体操 – 徒手艺术体操）。

NOT 可以缩小检索范围，但必须谨慎从事，只有当绝对确信要从检索结果中排除一个术语或短语时才用它，否则，会将有用的资料排除在外。

大多数网络搜索引擎都支持布尔逻辑运算，但表现形式不尽相同，有的用 AND、OR、NOT（有的工具要求用大写，有的要求用小写，有的则大、小写均可），有的以符号（*、—、+）代替。

以上的布尔逻辑运算符如果混合使用，其运算次序为：逻辑“非”—逻辑“与”—逻辑“或”。当需要改变这种运算顺序时，必须使用优先算符“( )”。即“( )”优先，这同算术运算中的四则运算相似。

二、字段限制检索（field limiting）

组成数据库的最小单位是记录，一条完整记录中的每一个著录事项为字段。数据库的记录基本包括下列字段：篇（题）名字段（Title, TI）、文摘字段（abstract，AB）、叙词 / 主题词字段（descriptor、subject，DE）、关键词字段（key word、topic，KW）、著者字段（author，AU）、著者机构字段（corporate source，CS）、刊名字段（journal，JN）、出版年字段（publication year，PY）、文献类型字段（document type，DT）、语种字段（language， LA）、全文字段（full-text，FT）、国际标准连续出版物号（ISSN）。

在许多检索系统中，为了提高查全率或查准率，需要将检索过程限制在特定的字段中，即字段限制检索。被限定的字段也称检索入口。

不同的检索系统，有不同的限定检索方法。有的检索系统中，字段名称放置在下拉菜单中，用户只需要选择就可以了。而有的则需要用户构造出检索表达式："字段代码＝ "。如重庆维普中文科技期刊全文数据库中，若输入"JN＝武汉体育学院学报"，则表示所需期刊论文仅为发表在《武汉体育学院学报》上的。

尽管网上信息实际上不分字段，但大多数网络检索工具都具有类似于字优限制检索的功能，依据此功能，可将查找范围限制在特定的范围中，如标题（title）、图像（image）、文本（text）、主机名（host）、域名（domain）、链接（link）、统一资源地址（URL）、新闻组（newsgroup）、电子邮件（E-mail）等。

三、邻近检索（proximity search）

邻近检索有时又被称为位置算符检索。文献记录中词语的相对次序或位置不同，所表达的意思可能不同，而同样一个检索表达式中词语的相对次序不同，其表达的检索意图也不一样。布尔逻辑运算符有时难以表达某些检索课题确切的提问要求。字段限制检索虽然能使检索结果在一定程度上进一步满足提问要求，但无法对检索词之间的相对位置进行限制。

位置算符检索是用一些特定的算符（位置算符）来表达检索词与检索词之间的关系，并且可以不依赖叙词表而直接使用自由词的检索方法。

一般只出现在西文检索系统中。

1.（W）——With

（W）表示在此算符两侧的检索词必须按此前后的顺序排列，顺序不许颠倒，而且两个检索词之间不许有其他的词或字母，但允许有空格或标点符号。

例如，information（W）retrieval 可检索出 information-retrieval，information retrieval。

2.（nW）——nWords

（nW）表示在此算符两侧的检索词之间允许插入 n 个（最大数量）实词或虚词（非用词），两个检索词的词序不许颠倒。

例如，electronic（nW）resources，可检索出 electronic resources，electronic information resources。

3.（N）——Near

由（N）连接的检索项在记录中出现的顺序可以调换，即查找两个连在一起的单词，它们之间最多可以有 10 个词。有的系统用 ADJ（adjacent）表示。

例如，Junior（N）high，可检索出 Junior high，high Junior。

4.（nN）——nNear

（nN）表示两个词位置可以颠倒，两个词间插入词的最多数目是 n 个。

例如，information（3N）retrieval，可检索出 information retrieval，retrieval information，retrieval of information，retrieval of law information，retrieval of Chinese law information 等，information 和 retrieval 两个词之间最多可插入 3 个词。

5.（F）——Field

（F）表示在此运算符两侧的检索词必须同时出现在文献记录的同一字段内，如出现在篇名字段、文摘字段、叙词字段、自由词字段，但两个词的前后顺序不限，夹在两个词之间的词的个数也不限。

6.（S）——Subfield

（S）表示在此运算符两侧的检索词只要出现在文献记录的同一子字段内（如在文摘中的一个句子就是一个子字段），此文献即被命中，两个词词序不限，且两个词中间可间隔若干个词。

7.（L）——Link

（L）运算符表示两侧的检索词之间有一定的从属关系。如远程教育与教育之间的关系可表示为：

education（L）distant

主标题　　　副标题

8. NOT

NOT 运算符与邻接运算符 W、N、S、F、L 等组合使用，而产生相反的含义。例如：

NOT W 表示其后的词不能紧跟其前的词；

NOT N 表示其后的词不应出现在前一个词的右边；

NOT S 表示其后的词不应出现在同一字段中；

NOT F 表示两个词不应出现在同一字段中；

NOT L 表示其后的词不应出现在同一主题中。

四、截词检索（truncation/wildcats）

对于词干相同而词尾不同的词，如 library，libraries，librarian，librarianship 等和一些不同拼法的词，如 defence，defense，如果检索时将这类词全部输进去，会增加检索时间和费用，采用截词法可解决这一问题。

所谓截词检索，是指在检索标识中保留相同的部分，用相应的截词符代替可变化部分。检索中，计算机会将所有含有相同部分标识的记录全部检索出来。截词符用“?”或“*”表示。数据库检索中常用的截词法有左截、右截、中间截断和中间屏蔽 4 种形式，而目前用得较多的是以下 3 种截词方式：

1. 词尾的有限截词

cat? ?，在 cat 后紧跟“?”，空一格，再一个“?”。前一个“?”是限定一个字符的变化，后一个“?”是停止符。上例可检索出 cat， cats 等词语。

2. 词尾的无限截词

cat?，允许 cat 后面有任意个字符的变化，可检索出 cat，cats，catalog，catalogue，category 等词语。

3. 中间截词

wom?n，“?”只代表一个字符，该例可检索出 woman，women。

4. 中文检索的截断技术

中文检索在扩大检索范围时也可采用截断技术，如在只知道作者姓而其名不详时，可在表示其姓的字后面加“?”做姓氏截断，如“黄?”表示检索所有黄姓作者的文献。

五、其他检索技术

1.短语检索（phrase search）

短语用“ ”表示，检索出与“ ”内形式完全相同的短语，以提高检索的精度和准确度，因而也有人称之为“精确检索”（exact search）。

2. 区分大小写的检索（case-sensitive）

输入时，如果用户的检索式用小写字母表示，搜索工具既匹配大写又匹配小写，如 china，将检索出 china（瓷器），China（中国）；但如果用大写字母表示，搜索工具认为用户指定了只要大写，就只会查找那些与用户键入的输入形式完全相同的结果，如 China，只检索出 China。Alta Vista 等搜索引擎支持区分大小写的检索。

3. 多语种检索（multilingual search）

提供多种语言的检索环境供用户选择，系统按用户选定的语种进行检索并反馈结果，支持多语种检索的如中文天网，英文 Alta Vista，Google 等。

4. 模糊检索（fuzzy search）

又称概念检索，当我们输入一个检索词时，搜索引擎不仅反馈包括该关键词的网址，同时也发来与关键词意义相近的内容。例如，我们查找“查询”一词时，模糊检索会反馈来包含了“查询”“查找”“查一查”“寻找”“搜索”等内容的网址。反馈网址的排列，一般是完全符合关键词的在最前边，其次是相近的。现在大多数搜索引擎都有这种功能，只是模糊的程度不同。

5. 自然语言检索（natural language search）

即直接采用自然语言中的字、词、句进行提问式检索，同一般口语一样。如 Who is George W.Bush? What is Internet? 这种基于自然语言的检索方式又被称为“智能检索”（intelligent search），特别适合不太熟悉网络信息检索技术的人士使用。支持自然语言检索的有中文的悠游，英文的 Alta Vista，Excite，Infoseek，Hotbot，Ask Jeeves 等。

6. 限制检索（limiting search）

在输入检索式时，使用一些限定来缩小或约束检索结果的方法，也称检索限定。检索系统通常以菜单的方式将所有可供限定的内容排列出来，供用户选择。最常见的检索限定包括出版时间、来源出版物、语种、文献类型、是否需要核心期刊、检索结果是否为全文等。

除以上检索技术外，还有少数几个搜索引擎支持：

BEFORE（指定该运算符左边的词必须出现在右边的词之前）；

AFTER（指定该运算符左边的词必须出现在右边的词之后）；

加权检索（term weighting），如要检索同时含有“苹果”和“梨”的文献，但“苹果”优先，可用此方法；

音形一致的检索（phonetic search）；

词根检索（stemming），如输入 fly，可检索出 flies, flying 等同根词。

在以上十余种检索方法中，自然语言检索、模糊检索、多语种检索和区分大小写的检索是网络检索所特有的。

在实际检索中，往往将上述多种检索技术混合使用，如要查找标题中含有“网络营销”的资料，可以用布尔逻辑运算符 AND、OR 和截词检索、区分大小写检索，并将检索结果限制在题名字段：TI：（Web OR Internet OR WWW) AND market*。

采用检索技术将检索式输入检索系统后，系统响应的检索结果有时不一定能满足检索的要求，例如，如果检出的篇数过多，而且不相关信息所占比例很大，或者检出结果太少，甚至为零，这里就需要调整检索策略。

第五节 信息检索策略

检索策略就是在分析课题内容的基础上，确定检索系统、检索途径和检索词，并科学安排检索词之间的位置关系、逻辑关系和查找步骤等。在数据库和系统功能相同的前提下，检索策略是否考虑周全，以及在检索过程中能否根据实际情况修改原来的策略，使其更加切题，都会影响检索文献的查全率和查准率。所以检索策略的构建与调整对检索者来说十分重要。

一、分析检索需求，选择检索系统

分析检索需求是制定检索策略的前提和基础。要从课题类型、信息的深度与广度、主题的时效性、资料的数据类型等方面进行分析，同时考虑信息检索系统的全面性、针对性、专业性、权威性等，从而正确选择检索系统及数据库，制定合理的检索策略。

（一）根据课题类型

调查研究型课题具有普查、回溯的特点，要求尽可能高的查全率，通常需要检索某一领域系统而详尽的信息，掌握其历史、现状和发展，进行科学研究成果评价、发展述评、趋势预测等。如“世界女足发展现状及趋势的研究”“21世纪初奥林匹克运动中国化发展研究”等就属于调查研究型课题。撰写硕士、博士论文，研究课题开题，编写教材等都需要进行全面、彻底的检索，对信息资源的种类、时间跨度、专业范围等都要求较高的覆盖度，可选用一些收录年份较长的综合型和专业型数据库，如中国知网等。

探索研究型课题主要检索某一领域的特定信息，以研究创新为主要目的，揭示其本质、运动规律等，旨在解决实际问题。如“高等体育院校培养高层次国际体育（奥运）人才研究”“优秀运动员动态心理特征的初步研究”等就属于探索研究型课题。这类课题的检索“求精不求全”，对时间跨度也没有特别要求，但需要检索的信息具有较强的专指性和针对性，可选择专业检索系统。

检索某个课题的最新信息，可以选择更新及时的检索系统或利用网络搜索引擎。

（二）根据检索目的

检索与课题相关的所有资源，首选全文数据库，不仅要考虑一次信息、二次信息及相关数据库，还要考虑网络其他信息资源，如搜索引擎/分类指南、学科导航、专题 BBS 等。

检索数据或事实信息，可选择各种参考工具书或参考数据库。

检索文摘信息，可选择书本式检索工具或书目型数据库。

（三）根据专业范围

根据信息需求的主题内容、专业范围选择检索系统。检索专业性较强的课题，可选择专业检索系统或综合检索系统中某一专业的信息源；如果检索内容分布广泛或属于交叉学科的课题，可同时检索多个专业的检索系统或综合性检索系统。

（四）根据时间范围

大多数计算机信息检索系统覆盖信息的时间范围在近 20 年，如中国知网的期刊论文全文数据库收录范围是 1979 年至今，维普资讯的期刊论文全文数据库收录范围是 1989 年至今。因此，需要更早的信息的回溯检索，需要考虑使用年代较久远的手工检索工具。

另外，有些检索系统由于更新速度的限制，无法提供最新的信息，则需要考虑其他更新速度较快的数据库，或直接使用原始信息包括网络信息资源。

二、选择信息源

关于某一课题系统、详尽的信息，如撰写博硕论文、申请研究课题、科技查新、专利鉴定等，此类检索需了解其历史、现状和发展，对检索要求全面、彻底，检索覆盖的年份也比较长，为了满足此类检索，尽可能选用一些收录年份较长的综合型和专业型数据库，如清华同方的中国知网、重庆维普的中文科技期刊数据库、美国的EBSCO、荷兰的Elsevier SDOS等。

关于某一课题的最新信息，这类信息用户对检索信息的要求是新，检索覆盖的年份也比较短，可以选择一些更新及时的联机数据库、网络数据库和搜索引擎来查找。

了解某一方面的信息，以解决一些具体问题，如针对某个问题查找一些相关参考资料、一般论文写作、了解某人的资料等，此类检索不需要查找大量资料，但针对性很强，此类检索可以选择一般的数据库和网络搜索引擎进行。

检索课题涉及专业性较强、学科单一，要求检索文献对口性强的，可选择专业型检索系统；若是涉及技术性的课题，应考虑是否使用专利信息检索系统等。

三、 编制检索式、执行检索

利用布尔逻辑运算符、位置运算符、截词符和字段符等，对各检索词进行准确、合理的逻辑和位置组合，编制出检索提问式，执行检索。

不同的数据库，可供检索的字段不一定相同，利用不同检索字段的检索结果也不尽相同。为防止漏检，除尽可能多地考虑同义词外，还可采用多个字段同时检索。

四、调整检索式、优化策略

当命中文献太多时，可进行以下缩检，对检索策略进行细化：

①用主题词表、索引词表选择更专指的主题词或关键词；

②通过浏览结果选择更专指的词；

③用运用算符 and，with，near，not 等限制或排除某些概念；

④指定字段检索；

⑤从年代和地理及语言、文献类型上限制。

当命中文献太少时，应进行扩检，对检索策略扩展：

①对已确定的检索词进行其同义词、同义的相关词、缩写和全称检索，保证文献的检全率，防止漏检；

②利用系统的助检手段和功能，有的系统提供树形词表浏览，使用户可以用规范词、相关词、更广义的上位词进行扩展；

③利用论文所征引的参考文献，当找到与课题相关的论文时，可参考其所征引的参考文献；

③使用运算符 OR 或截词符“*”“?”等进行扩展检索。

第六节　检索词的提取与扩展

检索词是表达文献信息需求的基本元素，也是计算机检索系统中进行匹配的基本单元。检索词选择正确与否，直接影响着检索结果。在全面了解检索课题的相关问题后，提炼主要概念与隐含概念，排除次要概念，以便确定检索词。

一、检索词的提取

检索词是表达信息需求和检索课题内容的基本单元，选择恰当与否，会直接影响检索效果。检索词包括主题、作者、分类、号码等。

检索词的提取要注意：

①根据检索课题所涉及的学科专业和技术内容选词。

②根据检索目的选词。如：“屠宰场含脂水的处理”，但检索目的是富含脂肪的污水处理，因此并不在乎是屠宰厂还是肉联厂。再如：“盐碱地改良”，但考虑到盐碱地改良是通过生物技术实现的，所以加上“生物技术”更能体现出检索目的。

③考虑相应的同义词。对同一事物，人们对其有不同的称呼和表达，如“计算机”又称“电脑”，“图形图像”与“图形图象”，“污水处理”“污水控制”与“水净化”，“电动机”与“马达”等。要用逻辑“或”进行检索，如电动机 or 马达，图形图像 or 图形图象。

④上位词、下位词：检索词有上位词下位词之分，如在 EBSCO 中，我们检索“芭蕾舞服装”，必须同时检索“芭蕾舞裙”“芭蕾舞鞋”，才能得到满意的查全率。

⑤不同外来词译定的变化：如：“欧几里德”“欧几里得”“欧基里德”

“欧几理德 ”“Euclid”；“aspirin”“阿斯匹林”“阿司匹林”“乙酰水杨酸”。

⑥缩写和中外文：如在 CNKI 中国知网中，用“世界贸易组织”检出 875 条数据，而用“世界贸易组织 or 世贸 or WTO”检出 27337 条数据。

二、检索词的确定

检索词的确定，一般有以下几种方法。

1. 先选用主题词

当所选的数据库具有规范化词表时，应优先选用该数据库词表中与检索课题相关的规范化主题词，从而可获得最佳的检索效果。

2. 选用数据库规定的代码

许多数据库的文档中使用各种代码来表示各种主题范畴，有很高的匹配性。例如，世界专利文摘数据库中的分类代码，化学文摘数据库中的化学物质登记号。

3. 选用常用的专业术语

在数据库没有专用的词表或词表中没有可选的词时，可以从一些已有的相关专业文献中选择常用的专业术语作为检索词。

4. 选用同义词与相关词

同义词、近义词、相关词、缩写词、词形变化等应尽量选。

三、检索词的扩展

在确定检索词前，先要对检索词概念进行仔细分析与扩展。

1. 分析课题的概念

选择所涉及的主要概念，并找出能代表这些概念的若干个词或词组，进而分析各概念之间的上、下、左、右关系，以便制定检索策略。

例如："网络资源的知识产权保护"，可选"知识产权保护""网络资源"作为关键词。

2. 隐含概念的分析

有些课题的实质性内容很难从课题的名称上反映出来，其隐含的概念和相关内容需从专业的角度作深入的分析，才能提炼出确切反映课题内容的检索概念。

例如："知识产权保护"概念中的"知识产权"一词隐含着"著作权""版权"等概念。

3. 核心概念的选取

有些检索概念已体现在所使用的数据库中，这些概念应予以排除。

第三章　体育信息的手工检索

体育信息的手工检索离不开工具书。工具书是汇集某门类或多学科知识材料，按特定的编排方式编辑而成的，供人们查阅和征引，以解决各种疑难问题的特种书籍。根据其基本性质和使用功能，一般分为检索工具书和参考工具书两大类。

第一节　检索工具书

检索工具书是向读者提供经过加工整理并按照一定的方式排列的文献资料线索的工具书。它的特点在于，工具书本身并不直接向读者提供所需文献，而是提供文献信息的出处和线索，读者可以根据这些线索，进一步追踪到自己所需要的具体文献。根据提示文献信息特征角度和深度的不同及记载文献信息特征方式不同，通常将检索工具书分为目录、索引、文摘等几类。

一、目录（Catalog）

目录是以完整的出版单元（如一种图书、一种期刊）为单位，按照一定次序编排的对文献信息进行描述和报道的工具，也称书目。目录对文献的描述比较简单，每条记录的字段主要包括：文献题名、责任者、出版事项、分类号、主题词等。一种出版物经过如此描述后形成一条记录，将所有的记录组织起来就形成了目录。

目录按照收录文献的类型可分为：图书目录、期刊目录、标准目录、报纸目录、地图目录、档案目录等；按照收录文献的内容范围可分为：综合目录、专题和专科目录、个人著述目录（亦称个人著述考，揭示与报道特定人物的全部著作以及有关该人物的文献）、地方文献目录（揭示与报道某地区文献的目录）等；

按照功用划分，有登记书目、书业书目、收藏目录、专题目录、推荐书目、书目之书目。

◆《全国总书目》和《全国新书目》

由国家出版事业管理局版本图书馆根据全国各出版单位呈缴的样本书编辑而成的，它较全面系统地反映了我国图书出版的基本情况，是检索国内图书的主要印刷型检索工具。《全国新书目》是及时报道国内新书出版情况的刊物。《全国总书目》和《全国新书目》的著录基本相同，文献的主要著录项目包括：书名、著者、出版者、出版地、出版时间、页码、开本、定价、丛书项、国际标准书号、内容提要等。二者均可以利用分类目次表，从分类途径检索，另外《全国总书目》的检索，还可以利用其专题目录和书名索引查找。体育图书主要在分类目录的“文化、教育”类中。

◆《中文核心期刊要目总览》

《中文核心期刊要目总览》是由北京大学图书馆和北京高校图书馆期刊工作研究会共同编辑出版的工具。目前最新版本为 2008 年第五版(ISBN 978-7-301-14867-9)。该书分正文及附录两大部分：正文内容包括按学科顺序排列的 73 个核心期刊表，每一核心期刊表之前，均有该表的研制报告，说明该表的研制方法。按刊名汉语拼音顺序排列的核心期刊简单著录及内容简介。附录内容包括各学科专业期刊一览表，各个表内的期刊按刊名汉语拼音排序，刊名后有“*”号者为此学科的核心期刊；检索性期刊一览表，按刊名汉语拼音排序；国内版外文期刊一览表按刊名英文字母排序；核心期刊刊名索引按刊名汉语拼音排序。从本书中，我们可以查找重要体育期刊的信息。

二、题录（Bibliography）

题录是描述文献各种特征的一条记录，通常由文献的分类号、文献篇名、著者及其单位、文献来源、主题词等项组成。题录型检索工具（简称题录）是以单篇文献（如一篇论文、书中的一章）为报道单位。而目录著录的对象是单位出版物，这也是题录与目录的主要区别。需要注意的是，题录型检索工具的中文名称有时也会称为“论文索引”“篇名目录”等，英文名称有“Index”“Title”等。

◆《全国报刊索引》

《全国报刊索引》为大型综合性报刊篇目索引月刊，由上海图书馆编辑出版。1955年3月创刊，当时名为《全国主要期刊资料索引》，双月刊；1956年2月起增加报纸资料，改名为《全国主要报刊资料索引》，并于同年7月改为月刊。1966年6月中断，1973年9月复刊，改为今名。1980年起又分“哲学社会科学版”和“自然科学技术版”两个分册出版。现为月刊，年报道量40万条以上。国内外公开发行，它是我国连续出版时间最长、收录报刊最多、最全面的大型综合性的题录型检索工具。目前，不仅出版印刷本，还发行磁盘和光盘数据库版。检索途径1996年以前只能用分类途径从目次表着手检索，1997年起可以有分类途径（目次表）和著者途径（著者索引）两种方式检索。本书按照图书分类法分类编排，体育专业文章主要在哲学社会科学版“文化教育”大类下。收录了公开发行的全国中央和省、市、自治区一级报刊上的资料篇目，兼收部分地方性和内部报刊资料篇目，是教学、科研常用的工具书。

◆《全国中文体育期刊篇名目录》（1950—1994）

《全国中文体育期刊篇名目录》是我国体育文献检索的重要工具书。1981年10月全国第一次体育情报工作会议决定由六所单位(国家体委科研所、北京体育学院、上海体育学院、武汉体育学院、西安体育学院、杭州大学体育系）联合编辑，后沈阳体院等体育单位也陆续加入。第一辑收录了1950—1981年中文体育期刊（分为六册出版），1982年起按年综合编辑成一册出版。每年均选录近150种体育期刊、近万条体育基础学科和各运动专项的论文和资料的篇名，按《中国图书馆图书分类法》分类编排，方便了读者的回溯检索。本目录反映了该年我国体育科技成果的概貌，它为获取信息，了解动态，把握学科发展史和研究动向，进行科研课题论证提供了系统和优选的情报线索。它是教学、科研的重要信息源，也是获得知识、解决疑难的好助手。无论从体育各基础学科的完整性，还是从报道体育文献的数量看，《全国中文体育期刊篇名目录》都是解放后体育文献题录中最完备的一本工具书。

三、文摘(Abstract)

文摘是指通过描述文献的各种特征，并介绍文献主要内容来报道文献的工具。它与题录型检索工具的报道单位一样，也是单篇文献，只是著录项目(字段)比题录多了一个摘要项。文摘型检索工具(简称文摘）是书目检索系统的核心，是书目检索的主要工具。

◆《体育科技文献通报》

《体育科技文献通报》月刊由国家体育总局体育信息研究所(即现总局信息中心）主办，国内外公开发行，国际标准刊号：ISSN 1005-0256。于1993年创刊，是国内目前唯一的以期刊形式出版的综合性体育科技文摘。该刊覆盖了国内及港台中文体育报刊130余种，国外体育期刊200余种，年报道量近万篇。从多层次、多角度介绍国内、国外科研人员有关科学管理、科学训练、科学健身以及体育产业等方面的新思路、新动向、新方法、新技术与新成果。为竞技体育和社区体育管理者、体育科技工作者、高水平教练员以及体育产业界人士提供专业性信息服务。该刊按《中国图书馆图书分类法》体育类为基础编排，基础学科凡涉及具体运动项目的均入该项目类下。1995年起，以对于水平较高的文献提供内容摘要，给读者提供更多的信息。

四、索引(Index)

索引将某种信息集合(如目录、题录、文摘）中的一组相关信息，按照某种顺序组织并指引给用户的一种指南。它具有便于检索，揭示文献信息深入、详细的优点。通常，索引从属于特定的信息集合，为其提供多种不同的检索途径（入口），在检索系统中占有重要地位。索引条目一般由检索标识和存贮地址组成。标识是索引条目所指示的文献信息某方面的特征，如主题词、著者姓名、分类号等；存贮地址是指明标识所表达的特定信息在信息集合中的地址，它通常是文献存取号（文摘号）。

不同的标识系统构成不同的索引，常见的索引有以下几种：

①分类索引：是以分类号或类目名称作为索引标识，按照分类号排列形成的索引。

②主题索引：是以主题词（叙词或关键词）作为索引标识，按其字顺排列形成的索引。

③著者索引：是以文献上署名的著者、译者、编者等责任者的姓名或机关团体名称作为索引标识，按其字顺排列形成的索引。

④专用索引：是以某些领域专用的名词术语或符号作为索引标识编排形成的索引。

⑤引文索引：是以引文著者和引文的其余题录部分作为标识编制成的索引。

◆《科学引文索引》

即 Science Citation Index，简称 SCI。1961 年创刊，美国科学情报所出版，现为双月刊，有年终累积本。是自然科学领域基础理论学科方面的重要的期刊文献检索工具。SCI 收录全世界出版的数、理、化、农、林、医、生命科学、天文、地理、环境、材料、工程技术等自然科学各学科的核心期刊约 3500 种，主要侧重基础科学。所选用的刊物来源于 94 个类、40 多个国家、50 多种文字，这些国家主要有美国、英国、荷兰、德国、俄罗斯、法国、日本、加拿大等，也收录一定数量的中国刊物。通过它严格的选刊标准和评估程序挑选刊源，而且每年略有增减，从而做到 SCI 收录的文献能全面覆盖全世界最重要和最有影响力的研究成果。目前，它已成为国内外最重要的检索工具，被誉为“世界三大索引之首”［另两个是《工程索引》（EI）和《科学技术会议录索引》（ISTP)］。

◆人大《报刊资料索引》

中国人民大学书报资料中心编印，该索引原名《复印报刊资料索引》，用于查找该中心所编的“复印报刊资料”各专辑中所收录的论文。1981 年后增加未复印的资料条目，1983 年改为现名。其系列期刊共编辑出版 8 个品种（8 个分册），是按年度编排的大型检索工具书。它将本年度内“复印报刊资料”专题系列各刊每期转载文献的目录与未转载的题录集中起来，按专题和学科体系分类编排，每个条目包括篇名、著者、原载报刊等项目。第 1～7 分册为按专题学科编排的分类索引，第 4 分册为“文化、教育、体育类”，第 8 分册为著者索引。人大《复印报刊资料》是中国人民大学书报资料中心对国内公开出版的 3000 余种报刊上的社会科学、人文科学文献，按学科领域或专题进行不同层次的整理加工而形成的系列专题资料。它使分散的学术资料经过精选，实现有序化，具有较高学术参考价值，是体育教学科研重要的文献信息检索工具。

第二节　参考工具书

人们在科研、学习乃至生活中，不仅需要文献信息，也会需要大量的数据与事实信息。如：国外有关出版物的概况，中外文字词，专业术语概念，历史人物事件，地名、机构名称及缩写，参数、公式、规格，毕业生择业时了解就业意向单位情况等。查询这些确定的事实与数据信息，依靠仅能提供文献线索的检索工具显然是不足够的，各种类型的参考工具书才是数据和事实检索的主要工具。

一、参考工具书概述

参考工具书是汇集某一范围的知识文献信息，并按特定的方法编排，供人们检索有关事实和数据的检索工具。参考工具书收集的内容广泛完整，所提供的具体而实用的文献资料包括疑难字词、专业术语解释、人物背景资料、地理概况、事件经过、统计数字、时间概念、图像资料、组织机构情况等。

（一）参考工具书与检索工具书的区别

检索工具书是人们用以报道、存储和查找文献信息的工具，是对文献的特征作简要的记载，它一般是二次文献，主要有目录、索引、文摘等；参考工具书是对具体知识作精要的说明，属三次文献范畴。

检索工具书只提供文献资料的线索，检索者按需要还要根据获得的线索去查原文，从而获取目标信息；参考工具书则提供具体文献资料，检索的结果是目标信息本身，可以直接利用。

（二）参考工具书的特点

参考工具书是书刊资料的重要组成部分，它除了具备普通图书的特点之外，还具有下列特点。

1. 查考性

参考工具书的编纂目的具有查考性。作者编写工具书的宗旨，不在于像普通图书那样供人们体系阅读、提供系统的知识，而是据其汇集的丰富资料供人们查考、解决疑难问题，提供知识和文献线索。例如，字典、辞书仅供查找解决字、词的音、义、形的问题；年鉴、谱表专供查找历史事实线索。

2. 概述性

参考工具书的内容，具有概述性。普通图书是围绕肯定主题、学科或领域，做深入的连贯性的探究，完备地叙述著者看法和创见。而参考工具书则是广采博收论据，旁证博引群书，对所收材料进行合理筛取、精炼，以简明扼要的语言给予表述，揭示有关学科或某一领域的基本事实、概念理论，反映其全面体系的大概情况。

3. 易检性

工具书在内容组织上，特别注重科学的编排形式和检索方法。普通图书一般按自身题目、学科体系，分章节叙述与编排；而工具书编写方式有其特别之处，往往依据一定的条理性序列进行编排，并提供多种检索途径。如《英汉辞书》，每词一条，每条都以英语词汇、音标、解释和词的用法等固定款式编写，并把各个词条、按字母序次加以编排。因此，只要人们了解了参考工具书的体例，知道编排要领，便可方便地检索查阅。

（三）参考工具书的编排

参考工具书有一定的编排组织方式，将大量的文献信息有序化而便于检索。一般是以一种编排方法为主，辅以其他排检方法。读者可以根据自己的需要选择参考工具书，根据音序、形序、分类、主题、关键词等途径检索到有关信息，以至便捷、准确地翻检查阅、释疑解难。参考工具书的编排，一般分为字顺法与类序法两大类。

1. 字顺法

字顺法是根据文字的声韵规律或形体结构来排检单字或复词的方法，又可分为以下两种。

①音序法：按字的读音来编排检索，如汉语拼音字母音序法、汉字注音字母音序法、声部排列法、韵部排列法。

②形序法：按字形来编排检索。常用的有部首法、笔画和笔顺法、号码法（汉字各种笔形变成数字，再把所取的笔形连接成一个号码，然后按号码大小排列汉字。如常用的“四角号码”）。

2. 类序法

类序法是根据一定的学科体系、事物性质、主题范畴、时空观念来排检有关知识内容的方法。具体包括以下几种。

①分类法：是将文献或知识，按学科或按事物性质的系统性排列的方法。该法是书刊资料常用的编排方法，如古代的“经、史、子、集”的四部法、现在的“中国图书馆图书分类法”等。

②主题法：是按既定的主题汇集和编排资料的排检法。它从文献内容中，抽取规范化的自然语言，标引文献中心内容，这些规范语言，按字顺排检。本法使用范围较广，如年鉴、百科全书、《列宁全集索引》等，都以此法排检。

③时序法：按事件、事物发生、发展的时间次第性的顺序加以组排的方法，各种表谱多按此排序。如：历史年表、历表、年谱等。

④地序法 ：按地理区划或行政区划的顺序编排的一种方法，适用于地理及有关地方资料的工具书。

二、传统参考工具书的主要类型

参考工具书因其选材、加工、编排方式不同，答疑解难的范围、角度和要求也不同，形成很多不同的类型。我们通常根据参考工具书的编制特点与功能，将其归纳为：辞书、百科全书、年鉴、手册、指南、图谱、名录等。需要注意的是，随着信息技术的发展，各种电子媒体（主要是光盘版）和网络版的参考工具书也不断涌现并逐步形成了相对完整的工具书书目体系。本节主要从传统印刷型方面介绍一下参考工具书的基本类型。

（一）辞书

辞书为字典与词典的统称，是收录字、词的出版物。其内容在于注释字、词、科技名词术语、缩略语的形、音、义、全称、用法、不同文种的对译等。

现代的字词典，按其收录内容、解释方法及作用等，可分为三大类，即：①语言性字词典，收录语言中的普通字或词语，并解释其读音、意义和用法。如《新华字典》《现代汉语词典》；②专科性字词典，收录各学科的名词术语，并说明其代表的相关专业知识，如《哲学辞典》《体育词典》；③百科辞典，既收录普通词语，为其释义，又收录各学科的名词术语，提供专门知识，如《辞海》《辞源》等。体育类的词典，主要是学科名词术语或定义的解释或不同文种互译对照。

辞书一般包括正文、辅助说明、目录索引和相关说明组成。字典、词典的正文一般按音序字母或字顺排列；辅助说明可以了解该字典、词典的编制目的、使用对象、取材范围、编排方法；目录索引主要是方便查检；字典、词典后面附的参考资料对事实、数据检索很有参考价值。

◆《现代汉语词典》

《现代汉语词典》是由国务院下达编写指示，由国家级学术机构——中国社会科学院语言研究所编写的以推广普通话、促进现代汉语规范化为宗旨的工具书，是我国第一部规范型现代汉语词典，在国内语言界具权威地位。它的两任主编吕叔湘和丁声树，皆为享誉中外的语言学家，它的审订人员均为国内一流的专家和学者。《现代汉语词典》1956 年由国家立项，1978 年初版，历经 1983 年、1994 年、2002 年多次修订，目前最新版为 2005 年的第 5 版（中国社会科学院语言研究所词典编辑室编，晁继周等修订，北京商务印书馆出版）。词典的重点放在现代常用的汉语词语，也会为字作解释，全面正确地执行国家的语言文字规范和科技术语规范是本书的重要原则。编写过程会加入新的词汇并且把不常用的词汇淘汰。五十年来根据语言发展变化和国家颁布的新的语文规范不断精雕细琢，与时俱进，至今已印行 4000 多万册，深受海内外读者的欢迎，是研究、学习与正确应用现代汉语的权威工具书。

◆《体育词典》

本书编委会编，上海辞书出版社 1984 年 1 月出版，32 开，1316 页，是建国后第一部中型体育专科词典。本书共收词目 5220 条，计 142 万余字。包括总类、体育理论、体育运动项目、古代体育、民间体育、运动竞赛、人物、体育组织、院校、场馆、著作、报刊、其他等 9 大类。书末附录有关世界纪录，全国纪录和国际、国内比赛的冠军统计表 23 种，并附有部分人物和场地、器材、技术动作等插图 1104 幅。词目按类排列，正文前有分类词目表，书后有词目笔画索引。此书编撰严谨，内容权威，在出版后很长一段时间里都曾是我国体育研究、教学、训练人员的重要参考工具书。近年来上海辞书出版社于 2000 年出版了陈安槐、陈荫生主编的《体育大辞典》，2008 年出版了姚颂平等编的《大辞海·体育卷》。

其他还有：

人民体育出版社多种双语体育辞典：《日汉体育词汇》（1981 年）、《英汉体育词典》（1985 年）、《俄汉体育词汇》（1994 年）、《汉英体育词汇大全》（1999 年）；台湾商务印书馆 1984 年发行出版的《体育大辞典》；上海辞书出版社 1986 年出版的《中国象棋词典》；高等教育出版社 2000 年出版的《体育科学辞典》；美国斯普林格出版社 1976 年出版的《韦氏体育辞典》等。

（二）百科全书

百科全书是概要记述人类一切知识门类或某一知识门类的大型工具书。

《中国大百科全书·新闻出版》定义为："概要介绍人类一切门类知识或某一门类知识的工具书。供查检所需知识和事实资料之用。但也具有扩大读者知识视野、帮助系统求知的作用。它是一个国家和一个时代科学文化发展的标志。"

百科全书的英文名称是 Encyclopedia，来源于希腊文，约有 2000 年的编纂历史。古希腊学者亚里士多德曾编写过全面讲述当时学问的讲义，被西方奉为"百科全书之父"。中国汉初的《尔雅》，是中国百科全书性质著作的渊源。

中国古代的类书是一种百科全书式的资料汇编。也有学者认为中国明朝的《永乐大典》是最早的接近现代意义上的百科全书。主要区别在于类目下的内容：类书只是抄采前人书上的资料，百科全书是撰稿人写的。

百科全书是典型的三次文献，它由各学科的众多专家撰稿。它的内容注重全、精、新：收录的知识领域完整、信息充足；数据事实精确可靠、编辑出版权威；资料相对新颖。百科全书在规模和内容上均超过其他类型的工具书。其主要作用是供人们查检必要的知识和事实资料，其完备性在于它几乎包容了各种工具书的成分，囊括了各方面的知识。我们可以利用百科全书查阅各学科的概述、专名、术语、世界各国的人物、历史、地理、团体、机构等。百科全书以其释疑解惑的工具书功能以及全面系统地提供知识的教育功能，成为人们求学的"没有围墙的大学"和"精细图书馆"。高质量的百科全书的编纂成为衡量一个国家科学文化发展水平的标志之一。

1. 百科全书的类型

百科全书可以是综合性的，包含所有领域的相关内容，也可以是专科的百科全书，也有一些从某种特定文化或国家观点来讨论广泛议题的百科全书。百科全书按照不同的标准可分为多种类型。

百科全书按照内容范围可分为综合性百科全书和专科性百科全书。综合性百科全书收录的内容广泛、内容覆盖了人类知识的各个方面，比如《不列颠百科全书》《中国大百科全书》等；专科性百科全书收录的内容专属于某一学科或某一领域，比如《中国武术百科全书》。目前全世界出版的大型综合性的百科全书已有 200 多种。

按照地域分，可分为国际、国家与区域性百科全书。国际性百科全书收录了包括全世界各个国家、各个地区的主要知识；国家性百科全书反映的是某一国家的基本情况；而区域性百科全书则反映某一地区的基本情况。

此外，还可以按百科全书的读者对象分为少年儿童百科全书、大学生百科全书、其他读者百科全书。

2. 百科全书的编排

百科全书收录的各种学科体系内容多以条目的形式列举，其编排方式有以下几种：

①按字顺编排。这种编排以小条目字顺为序，类似字典的编排，方便读者快速查找。《简明不列颠百科全书》属于这种编排方式。

②按学科的分类体系编排。这种编排以学科分类的大条目为序，每个条目以专题论文的形式系统全面地介绍这一条目的相关内容。这类百科全书常有分析索引进一步揭示大条目中包含的具体内容，以方便读者的查找使用。

③分类、字顺混合编排。这类百科全书大类按分类编排、小条目按字顺编排。《中国大百科全书》就是按这种混合编排方法编排的。

3. 百科全书举要

◆《不列颠百科全书》

《不列颠百科全书》（Encyclopedia Britannic）又称《大英百科全书》，简称 EB，是当代世界上声誉最高、最有权威性的大型综合性百科全书之一，为著名英语三大百科全书之一［其余两部为《美国百科全书》（简称 EA）、《科利尔百科全书》（简称 EC）］。

《不列颠百科全书》创编于 1768 年，1771 年在苏格兰的爱丁堡首次出版。该书原由英国不列颠百科全书出版社出版，自第 12 版开始，版权全部转入美国的芝加哥大学手里，现由位于美国芝加哥的 Encyclopaedia Britanniaca Inc 出版。《不列颠百科全书》历经两百多年修订和再版，已经发展成当今享有盛誉的 32 册百科巨著。不列颠百科全书由世界各国、各学术领域的著名专家学者（包括众多诺贝尔奖得主）为其撰写条目，其撰稿人包括科学巨匠爱因斯坦、精神分析学家弗洛伊德、语言学家门肯等。该书囊括了对人类知识各重要学科的详尽介绍和对历史及当代重要人物、事件的详实叙述，其学术性和权威性为世人所公认。

◆《中国大百科全书》

《中国大百科全书》由北京中国大百科全书出版社编辑部编辑。是一部提供古今中外各学科、各领域一般知识的、具有权威性的大型综合性百科全书，是世界上规模最大的百科全书之一。由全国各学科的权威人士担任主编，2万余名著名学者、专家撰稿。该书首版从1980年至1994年由中国大百科全书出版社出版，共74册。目前新版的《中国大百科全书（第二版）》是对《中国大百科全书》的修订再版，1995年开始编纂，2009年4月16日正式出版，总计32卷（正文30卷、索引2卷）、6万个条目、约6000万字、3万幅插图、1000幅地图。第二版百科全书知识内容全面更新，从原来一版的大类分卷编法，改为全书条目统编法（按条目的汉语拼音字母顺序排列），从黑白图加彩图插页改进为全书彩印的完美形式。其中的《体育》一卷由300多位体育界专家撰写而成，全卷选收了763个条目，配有1187幅彩色与黑白插图，共计159万字。按体育基础学科、体育史、中国现代体育事业、群众体育、各项运动、国际体育组织与运动会、各国体育概况等门类，全面系统地介绍了古今中外各方面的体育知识，反映了中国的体育科研成果和体育运动实践经验。书中对武术等中国传统体育项目，对中国对世界体育有较大贡献的运动项目，对功勋卓著的教练员、运动员和知名的体育活动家都作了详细的介绍。它既是供读者查阅检索的工具书，又能独立满足体育工作者和爱好者的学习欣赏需求。

◆《奥林匹克运动百科全书》

本书由金瑞德主编，1999年1月中央民族大学出版社出版，是我国第一部全面系统介绍奥林匹克运动的大型工具书。主要内容包括奥林匹克运动的历史变迁，国际奥林匹克委员会及其组织机构，主要国家和地区奥林匹克委员会，奥林匹克运动会，国际单项体育组织，奥林匹克运动竞赛项目、规则及其演变，奥林匹克运动风云人物，奥林匹克运动会冠军成绩，历届奥运会举办城市，与奥林匹克有关的其他活动，奥林匹克运动与中国等。其后还有多种版本的“奥林匹克运动”百科全书陆续出版，其中中国奥林匹克出版社2001年出版的《奥林匹克运动百科全书》全彩版较为有名。

此外，还有《田径运动百科全书（英国）》《体育事业管理百科》《中华武术实用百科》等多种专科性百科全书。

(三) 年鉴

年鉴是按年度连续出版的收录汇辑上年度各行业或某一行业发展成就和事实的资料性工具书。

年鉴编辑单位具有一定权威性，多为政府有关部门，学术团体或研究机构，也有由报社编辑部门或大百科全书出版社编辑出版的。它以当年政府公报和文件，以及国家重要报刊的报道和统计资料为依据，及时汇集了一年内的社会科学和自然科学等领域的重大事件，重要时事文献、科学技术的新进展和统计数据，有些还附有大量图表和插图等。由此可见，年鉴是具有权威性和史料性的一种参考工具书。

年鉴的编纂始于欧洲，英文称 Almanac、Yearbook、Annual。Almanac 和 Yearbook 在内容上是有区别的，Yearbook 一般记载上一年度政治、经济、科学文化方面的大事，而 Almanac 除了收录新资料，还年复一年地保留各种旧记录，具有较典型的小百科性质。世界上有不少年鉴已经连续出版了 100 多年，如创刊于 1868 年美国的《世界年鉴》(The World Almanac and Book of Facts) 等，《老农夫年鉴》(The Old Farmer's Almanac) 是北美现存最古老的年鉴，创始于 1792 年。

年鉴按内容范围有综合性和专科性之分。按其收录的地域范围不同，则有地区性年鉴、国际性年鉴和世界性年鉴等。常用年鉴有：

◆《世界年鉴》

《世界年鉴》(The World Almanac and Book of Facts) 历史悠久，首卷于 1868 年出版。除 1876—1885 年暂停外，至今已有一百多年历史。曾一度用名《世界知识概要》(Compendium of Universal Knowledge)。在编辑体例上，注重大主题编排，散文体叙述方式，且存许多专文。此年鉴简要地介绍了世界各国的历史、政治、经济概况，或用图表加以对比，或对发生重大事件的国家和地区作叙述，并附地图。对于国际组织、社会团体以及军事力量对比也有一定的资料。还有大量地理知识、世界时事以及营养卫生、家庭生活知识等，大量知识性、生活性、趣味性的介绍也增加了它们的实用价值。以美国读者为主要对象，收录的美国材料尤为丰富，被称为美国个人、家庭、学校乃至各国读者的“口袋书”。

◆《中国年鉴》

由新华通讯社《中国年鉴》编辑部编，中国年鉴社（北京）、新中国新闻有限公司（香港）分别出版中英文版，创刊于1981年，是向海内外全面介绍中国各方面情况的综合性年鉴。分中国概况、特载、彩图专辑、大事纪要、分类条目、附录等部分。“分类条目”是全书的主要部分，分类介绍政治、法制、军事、外交、财政金融、科学技术、文教卫生、社会生活等多方面的内容。其中体育部分对我国体育事业的发展状况有较全面的收录。

◆《中国体育年鉴》

《中国体育年鉴》是一部由国家体育总局组织编纂、中国体育年鉴社出版的权威性体育信息工具书，是我国唯一的一部详细、准确、系统记载我国历年体育事业发展情况的年鉴。它的首卷于1964年问世，记载内容从1949年起，至今没有间断。本年鉴采用分类编辑，内容主要有：体育运动大事记，有关体育的文献、法规制度，体育各方面工作和各运动项目综述，各种统计资料，国家体育总局等颁发的各种奖项和荣誉称号名录，群众体育概况，各地体育概况，各项目全国和世界纪录以及各项目国内国际比赛成绩。《中国体育年鉴》由国家体育总局各部门、各省市区体育局、行业体育协会及相关部门提供稿件，准确可靠、系统全面地记载了各年中国体育发展的基本情况，为社会各界，特别是体育系统的管理人员、教练员、运动员、科研人员提供了理论政策指导、地方工作经验以及有关信息和资料，是体育行业人员学习、研究中不可或缺的参考工具。同时，有一些省市体育局也编纂了本地区的体育年鉴，如《上海体育年鉴》《湖北体育年鉴》等，提供了更加具体的地方体育发展信息。

此外，还有《中国足球年鉴》《田径年鉴》《中华体育产业年鉴》多种专科性年鉴。

（四）手 册

手册（Handbook/ Manuals）是以简明、缩写方式提供专门领域内基本的既定知识和实用资料的便捷性工具书。

手册常以叙述和列表或图解方式来表述内容，并针对某一专业学科或专门部门，收集相关的事实、数据、公式、符号、术语以及操作规程等专门化的具体资料，便于查检专门知识与具体实用资料。一般具有叙述简练、信息密集、资料具体和实用性强的特点。一些实用性的工具书，如“指南”“便览”“大全”“小百科”“必备”等，亦属手册之列。由于手册自身具备的实用且便捷等优势，人们对其需求非常旺盛，手册类参考工具书往往出版数量非常多。体育领域同样如此，武汉体育学院图书馆目前就收藏逾500多种体育类手册，如《体育手册》《体育康复医疗手册》《运动生物化学指南》《世界田径大全》《体育运动场地手册》等。

手册分为综合性和专门性两种。

1. 综合性手册

综合性手册提供多领域的基本知识和资料，涉及面较广。如:《当代中国社会科学手册》《世界新学科总览》等。

◆《中华人民共和国资料手册（1949—1999）》

由蒋建华、冯婉蓁、季弘主编，社会科学文献出版社1999年出版。本书是在《中华人民共和国资料手册（1949—1985）》的基础上重新编写的。分中国概况、政治、经济、社会、科技、教育、文化、人物、大事记、港澳台等部分。各部分通过概述、事件、统计数字、表格、单位简介、名录、索引等形式突出资料的特点，力求全面系统、简洁精练。该书资料主要依据《人民日报》《新华每日电讯》（原《新华社新闻稿》）《中国统计年鉴》《中国年鉴》等权威报刊和书籍，以及人民日报社、新华社、中央人民广播电台常年积累的政治、经济、社会、科教文、人物、地区等方面的资料。个别篇章由有关专家撰写而成。资料一般始于1949年10月，止于1998年12月。书后附有“中华人民共和国行政区划地名索引”，供查找各地方的资料。

◆《体育手册》

少年儿童出版社1983年7月出版。这是一本综合性体育工具手册，介绍了古今中外各个方面的体育知识。按夏季和冬季奥运会项目的次序排列，还收编了当时未列入奥运会比赛项目的羽毛球、网球、乒乓球和棒垒球。共收录42个运动项目，每个项目又分为定义、起源及演变、现状及发展趋势等10部分，并附插图348幅。所辑各项成绩资料截至1982年底。1990年5月，少年儿童出版社出版了向韦刘、徐松编著的《体育手册续编》。

2. 专门性手册

专门性手册则是为有关人员提供专门知识和资料，专业针对性强。如：《球迷手册》等。

◆《中华体育竞赛手册》

江苏省体育运动委员会编，江苏人民出版社1986年出版。本书介绍了足球、篮球、排球、乒乓球、羽毛球、网球、手球、棒球、垒球、曲棍球、毽球、田径、游泳、跳水、潜水、水球、花样游泳、体操、艺术体操、技巧、举重、射击、射箭、击剑、自行车、古典式自由式摔跤、中国式摔跤、武术、柔道、拳击、划船、摩托艇、帆船、帆板、滑水、现代五项、航空模型、航海模型、摩托车、无线电测向、跳伞、马术、国际象棋、围棋、中国象棋共45个运动项目。逐项简介其历史概况和发展动向，比赛的场地、器材，比赛的基本规则及方法，比赛注意事项，并汇辑13项条例、规定、制度、守则等。

◆《国家体育锻炼标准手册》

人民体育出版社出版。本手册根据国务院批准、国家体委公布的《国家体育锻炼标准》编写，并随《标准》的变动、补充和修改而重新出版，现已有1975年版、1982年版和1989年版。1975年版由国家体育锻炼标准手册编写组编，内容包括1975年公布的《国家体育锻炼标准条例》，各年龄组的项目标准，各项目的基本技术和练习方法，并配有必要的插图。1982年版由国家体委群体司编著，分两大部分： 1982年公布的《国家体育锻炼标准》及其测验规则、评分表，推行《标准》的联合通知；国内外体育锻炼和测验制度简介，现行《标准》的制定、主要项目的锻炼练习方法，青少年儿童生长发育的特点和体育锻炼的基本原则，实施《标准》的组织管理等。1989年版由国家体育锻炼标准修改工作小组编著，内容包括1989年公布的《国家体育锻炼标准施行办法》及其测验规则、评分表，在各级各类学校推行《标准》的通知，《标准》的修改与研究，评分表的使用方法、几种登记表及使用说明等。可供体育工作者、中小学体育教师和参加《标准》锻炼的广大青少年使用。

手册、年鉴、百科全书的区别：

手册与年鉴，两者所含事实、数据等实际资料均非常丰富。手册提供的是成熟的既定知识和公认的事实、数据等，不涉及当前发展过程中的新知识、新材料；而年鉴则提供发展过程中的知识与动态性资料。因此，手册用来查回溯性的实用资料；年鉴则是当前新信息、新资料的主要来源。

手册与专科性百科全书，两者都是针对某专业领域，提供全面而成熟的知识与资料。手册侧重于汇集专门性的事实、数据等实用资料，一般不注重深入探讨论述；专门性百科全书则强调系统、全面地阐述专门学科知识，而不注重于提供实用资料。

年鉴与百科全书，两者都包含百科性知识和背景性材料。区别在于，年鉴及时提供动态性的最新资料，百科全书则注重系统地提供既定的回溯性资料。

(五) 名 录

名录是提供有关专名（人名、地名和机构名录等）的简要工具书，内容涉及比较广泛。人们可以从名录中查找关于人物生平、机构组织和某一行政区划沿革等信息。

名录是一种事实便览性的工具书，虽只提供有关机构、人物等的简要资料，但能起指引情报源的作用，对沟通信息、促进交流、加强协作提供了很大的方便。名录按收集信息的内容的不同，可分为人名录、地名录和机构名录。

1. 人名录

人名录又称“名人录”，英文为“Who’s Who”。是介绍某一方面人物生卒年、学历经历、荣誉、著作等资料的检索工具。常用人名录有：

◆《体育人名辞典》

樊渝杰编，海天出版社 1991 年出版，是中国体育事业人物志大型检索工具书。

◆《国际名人录》

该书由英国《国际名人录》（International Who’s Who）编辑部编辑出版，创刊于 1935 年。它是一部查找世界当代知名人士的资料型传记工具书，收录人物全，亦较准确。本书每年出版一次，每版均有增补。此书收录范围广，包括世界各国政治、经济、法律、外交、军事、宗教、文艺、科技界等著名人士。著录项有姓名、生年、国籍、专业、学历、家庭、职务、著作、爱好、通讯处等，按姓氏字顺排列。查找当代国际著名体育人物可首先查检这本书。

2. 地名录

地名录是广泛收录经审定的规范化的地方名称，并注明所属的国家、行政区划以及在地图集上的具体位置的工具书。由于学科属性的特点，很少有体育专业的此种文献。

查找地名可首先使用地名录、地图集、地理图册、地名词典等参考工具书，有时还可使用百科词典、专业手册来查检，或者直接查大百科全书，如利用其书后的地名索引当更准确，书中对异地同名的地名及历史地名都有特别注释，以示区别。常用地名录有：

◆《世界地名录》

由萧德荣主编，中国大百科全书出版社1984年出版。该名录收录中外地名近30万个，正文分外国地名和中国地名两部分。外国地名部分收录了中国地名委员会编辑的《外国地名译名手册》和《泰晤士世界地图集（1981年版）》中全部外国地名词条；地图出版社出版的非洲分国地图，美国国家地名局出版的亚洲、美洲分国地名图录和《不列颠百科全书》（简编）中重要地名，也酌量收入。所收外国地名条目一律按罗马字母顺序混合编排，中国地名条目按汉语拼音顺序排列。对条目的解释，外国地名一般包括罗马字母拼写、中文译名、所在地域和地理坐标四项内容；中国地名一般包括汉语拼音、中文地名、地理坐标三项。卷首卷末有附录10种。

◆《地名翻译手册》

本书由萧德荣主编，知识出版社1988年出版。共收录中外地名30万条，正文分外国地名、中国地名两部分，并有若干附录以供参阅。该书收录的地名均以西文名称在前，中文译名列后的形式编排，并按西文字母顺序排列。本书除供编纂百科全书审核地名外，对查找地名也有较大的参考价值。

3. 机构名录

机构名录又叫机构指南，是汇集机构名、人名、地名等专名及与之相关的资料的一种工具书，具有简明、新颖、确实等特点。如：

◆《中国体育组织机构名录》

由中共中央党校出版社2007年出版发行，ISBN为978-7-5035-3709-7。该书由国家体育总局办公厅组织编纂，是落实中央关于政务公开的要求，也是实现体育行政权力公开运行、为百姓打开体育问政窗口和增强体育行政透明度及公信力的一个努力。本名录内容为各省、自治区、直辖市、计划单列市及其地、市、县各级体育机构、行政机关和职能部门的职责、负责人、联系方式等。是检索国内体育行政管理机构信息的重要参考工具。

（六）表谱图录

表谱是以编年或表格形式记载事物发展的工具书，图录是以图像揭示事物的工具书。表谱图录的主要特点是直观形象和简明清晰。

1. 表谱

表谱是采用图表、谱系形式记载事物发展以指示时间概念或谱列历史事实的一种工具书。有年表、历表和专门性表谱。

(1) **年表**

它是查考历史年代和检索历史大事的工具书。分为单纯纪年的纪元年表和纪年又纪事的纪事年表两类，如：

◆《中国历史大事编年》

由张习礼、田珏主编，北京出版社 1986 年版，共 5 卷。本书是一部大型的中国史编年工具书。本书以编年体为主，按时间顺序记叙了先秦、两汉至 1918 年间的中国历史大事。比较全面地反映了我国历史上的政治、经济、文化、科技、民族、宗教、考古、自然灾害、典章制度、中外关系、人民起义等。吸收和利用古今研究成果和近年来的考古发现，纠正了不少史实方面的传统错误。在每一断代之后，均附有帝系表和参考书目。本书是一部科学价值和实用价值都较高的工具书与资料书。

(2) **历表**

它是查考和换算不同历法年、月、日的工具书。不仅可查考历史年代和历史纪元，还可以用于换算中、西等不同历法的年、月、日。如：

◆《中国史历日和中西历日对照表》

由方诗铭、方小芬编著，上海辞书出版社 1987 年版。全表分上、下编和附编。上编从西周共和元年（公元前 481 年）到西汉哀帝元寿二年（公元 1 年），分 5 个表；下编从西汉平帝元始元年（公元 1 年）到民国三十八年（1949 年），分 15 个表；附编主要是"殷历日表" "共和元年前西周历日表"以及"1949—2000 年历日表"。各编均按年编排。书后附有"年号索引"。这部历表充分吸收了前人的经验与成果，并将各家推算异同及失误之处予以注明，是目前较为完备的一部年表。

(3) **专门性表谱**

包括人物表谱和职官、地理沿革表谱，主要用于查考人物生卒年月、官职变化、人事更替，以及不同历史时期地名变化等信息。如：

◆《中国历代人物年谱考录》

由谢巍编撰，中华书局 1992 年出版，ISBN 为：7-101-00582-9。收录 1983 年以前出版的海内外公私所藏及历代文献著录的年谱 6250 多种，谱主 4000 多人。分为 3 个部分：正编、附编和索引。正编按时代、谱主生卒年的先后排列年谱，著录谱主简况、年谱编者、版本、备注及备考等项。对谱主的姓名、字号、籍贯、生卒年均简要叙述，对善本、孤本、稿本等年谱注明收藏者。“备注”与“备考”项对与年谱有关的事项进行说明。附编著录合编年谱、合刊年谱、疑年录、生卒年表等。索引是谱主姓名索引，按姓名笔画顺序排列。是迄今为止收罗最全面、资料最翔实、编排最科学、使用最方便的一本重要年谱目录。

◆《白居易家谱》

是一本从白居易到现在共五十余代的白氏家谱，1980 年 7 月在洛阳白家里找寻出来，1983 年中国旅游出版社出版。原名《乐天后裔白氏家谱》，乐天为洛阳白氏的始祖，传至今共五十四代，各代的婚配、子嗣、昭穆次序，井然不乱，为研究乐天后裔情况，提供了宝贵资料。

2. 图录

图录就是用图形带文字来记载和揭示历史与事物形象的工具书。主要反映各种事物、人物的空间概念和形象概念，又称为图谱、图集、图鉴等。其特点是直观、形象，往往能起到文字叙述难以达到的效果。一般分为两种：地图和图谱。

（1）**地图**

地图是按一定的投影方法和比例尺，将地表事物和现象标绘在平面上，以便反映各种自然和社会景象的地理分布与相互联系的一种工具书。根据内容的不同，地图可分为普通地图、历史地图、专业地图，如：

◆《中华人民共和国地图集》

由中国地图出版社 2005 年出版。本图集由专题图、省（区）图、城市图 3 个图组组成，每一图幅后均有文字说明。其中专题图 30 幅，如《中国政区》《中国人口》《中国民族》《中国地形》《中国气候》等，比较系统地介绍了我国各方面的情况；省（区）图 31 幅，比较详细地介绍了各省（区）的自然要素和社会经济要素；城市图 14 幅，包括 42 个城市，有各省（区）行政中心，主要大城市和著名的风景旅游胜地；文字说明约 10 万多字，并插有统计图表，最后附有《地名索引》。本图集是新中国建立以来公开出版的开本最大、内容丰富、资料较新、图文并茂、印制精美的综合性参考地图集。

（2）**图谱**

图谱是用图像表现事物、文物或人物形象的工具书。由于体育学科特点，图谱类体育图书还是很多的，如《运动解剖学图谱》《中国气功图谱》《女子竞技体操图片选》《足球基本技术图解》《中国古代体育文物图集》《雅典瞬间》《网球技巧图解》等。

◆《中国古代体育文物图集》

由邵文良编著，人民体育出版社 1986 年版。本图集展示了有关古代体育的文物精品，年代上溯先秦，下至明清。其中有重要的古代铭刻资料、古代雕塑或绘画作品，以及器物上的装饰图案等图片 177 幅，分别以不同的形式，从不同的角度反映了射箭、角力、技击、蹴鞠、击球、捶丸、游水和竞渡、围棋和象棋、导引、马术、冰嬉、游戏、百戏共 13 类体育活动真实而生动的情景，具有较高的科学价值和艺术水平，是整理研究古代体育史时不可缺少的实物证据。

（七）工具书指南

由于工具书的种类繁多，数量庞大，对其评价、选择使用是很重要的。为了对其有效地选择使用，可利用各种文献指南，即所谓“工具书的工具书”。工具书指南是向人们介绍已经出版的重要工具书，是了解国内外工具书的重要工具，我们可以利用它查找体育工具书的有关信息。目前世界上较知名的有《工具书指南》（通称 Balay）和《参考材料指南》（通称 Waldord）。

◆《工具书指南》

《工具书指南》通称 Balay，是西方最重要的工具书指南，初版于 1902 年，收录美国、加拿大、英国等英语国家和西欧各国出版的工具书 1.8 万种。除书本式出版形式外，还有磁带版和 CD-ROM。报道内容包括一般工具书、人文学、社会和行为科学、历史和区域研究。

第四章 体育题录、文摘数据库检索

第一节 SPORTDiscus with Full Text

一、SPORTDiscus with Full Text 概述

SPORTDiscus with Full Text（EBSCO 体育运动科学全文数据库，http：//search.ebscohost.com）是由加拿大运动信息资源中心（Sport Information Resource Centre，简称 SIRC）提供的体育、健身、运动及相关学科的最全面的书目数据库，是目前唯一收录全球运动信息的数据库。

SPORTDiscus 收录了国际间与运动、健康有关的各类期刊文献、会议记录、研究报告、专著、学位论文，以及美国俄勒冈大学运动及人体机能国际研究所（International Institute for Sports and Human Performance）收藏的 7000 多种微缩数据，其内容涵盖了 40 多年在健康、体能教育、休闲与娱乐、运动科学方面的研究。

SPORTDiscus 整合了 SIRLS Sports & Leisure、HERACLES 两个知名数据库。前者是一涵盖 2 万多笔有关休闲、娱乐及舞蹈文献纪录的数据库；后者所收录的文献来源包括全法国 15 个以上有关运动与教育的组织，如运动医学保健（Sport Medicine）、运动生理学（Exercise Physiology）、生物力学（Biomechanics）、训练（Training）、心理学（Psychology）、体能教育（Physical Education）、运动科学（Sport Sciences）、舞蹈（Dance）、休闲娱乐（Sports & Leisure）等，涉及到运动医学、护理、运动科学、心理学、行政、运动法规、训练、体育、健康、运动生理学、休闲活动、历史等相关学科。

二、SPORTDiscus with Full Text 检索介绍

SPORTDiscus 库可进行基本检索和高级检索，操作步骤如下：

第一步，进入检索页面；

第二步，选择语言，进入中文检索页面；

第三步，选择检索选项；

第四步，查看检索结果。

在数据库中，可以注册"我的 EBSCOhost"，直接保存所查资料，也可直接添加到文件夹。要保存结果以备将来使用，请确保已登录至个人账户（我的 EBSCOhost）。登录后，结果将保存到该文件夹中，随时均可对其进行检索。

第二节 《全国报刊索引数据库》

一、《全国报刊索引数据库》概述

随着网络应用的普及以及日益增长的市场需求，《全国报刊索引》从 2003 年开始推出网络版《全国报刊索引数据库》。

《全国报刊索引数据库》（以下简称《索引库》，http：//www.cnbksy.com）系国家文化部立项，上海图书馆承建的重大科技项目，集目次库、篇名库、会议库、西文库以及其他专业数据库为一体，收录了自 1833 年至今、时间跨度长达一个半世纪、数据量超过 1500 万条的报刊篇目信息，收录报刊数量达 1.5 万余种（包括港台地区），是查找民国时期和解放初期文献的重要工具，是目前国内唯一揭示中文报刊资源时间跨度最大，报道报刊品种最多的报刊数据库产品。

（一）收录范围广

《索引库》收录了全国自然科学类期刊 6000 多种，报纸 200 余种，基本上

覆盖了全国邮发和非邮发的报刊。内容涉及马列主义、毛泽东思想、哲学、社会科学、政治、军事、经济、文化、科学、教育、体育、语言文字、文学、艺术、历史、地理等各个学科。条目收录采取核心期刊全收、非核心期刊选收的原则，年更新量超过 50 余万条，为目前国内特大型文献数据库之一。

（二）分类科学，著录标准

《索引库》最初是按照上海图书馆自编的《全国报刊资料分类表》分类排列的。其大类类目和类号与《中国图书馆图书分类法》一致，但二级以下类目是根据报刊资料的特点设置的，著录项目仅有篇名、著者、出版项三项。为了进一步增强检索功能和实行分类标引标准化，自 1992 年第 1 期（总 220 期）起，全面改用《中国图书资料分类法》（第三版）标引、编排，2001 年起采用《中国图书馆分类法》（第四版）标引和编排。

（三）两种版本为用户提供更多选择

1990 年《全国报刊索引》改为“哲学、社会科学版”和“自然、科学技术版”两种版本。2002 年“哲学、社会科学版”的年文献报道量达 216119 条，“自然、科学技术版”的年文献报道量为 218127 条，全年文献报道量为 434246 条，两种版本报道的文献数量平均每月约 1.8 万条。用户可根据自己的需要选择订购。

（四）建立网络数据库，服务更便捷

网络版包括社科、科技及 WTO 等专辑，提供有普通检索、高级检索、学科检索、期刊检索、会议检索和专题检索 6 种检索方式，以适应不同层次、不同需求的用户。网站的资料中心有完备的用户手册，如“前台检索”详细介绍了全国报刊索引网站中不同数据库的检索方式，有助于用户方便、准确、快捷地使用本系统。面向用户的个性化系统——“我的工作室”，不仅为注册用户提供其个人的完整信息，如收藏夹、个人资料、检索历史等，用户还可以直接对数据库进行检索或定制服务。

二、《全国报刊索引数据库》的作用

（一）扩大学术交流范围，实现资源共享

随着中国期刊网、万方数据医药信息系统、维普医药信息资源系统等电子期刊全文数据库的上市，《索引库》的传统地位受到严重挑战。《索引库》利用自身拥有的数据库资源多、数据年代长、连续性好等优势，在兼顾一般性服务的基础上，与高校以及公共图书馆共同合作开发了地方性特色数据库，如港台报刊数据库、传统文化数据库、民族数据库及地方特色数据库等。未来可能利用全国各高等院校图书馆丰富的馆藏优势，购买各馆收藏的有关地方性特色文献或拟定开发的某一特色数据库，由上海图书馆统一汇总、研制，为用户不断提供有特色的专题信息服务，达到方便用户查找信息、满足用户需求、扩大学术交流、实现资源共享的目的。

（二）提供课题查新、定题跟踪服务，避免重复建设

一些科研人员由于受科研条件和地理位置等因素的影响，难以查阅所需论文资料，加之目前还不能对所需论文进行索取，所以无法了解国内外本学科的最新研究动态与发展趋势，使得许多科学研究选题缺乏先进性和创新性。而利用《索引库》的优势，主动、定期地对科研课题、项目进行查新和信息跟踪服务就是一种有效方法。通过著者字段，可检索到该著者发表的全部论文，而且随着光盘数据库的不断更新，可以不断地检索到该作者的最新科研成果。主动利用《索引库》进行课题查新和定题跟踪服务，可节省科研人员的时间，避免低水平的重复研究。

（三）开展回溯检索，促进科学发展

科学研究有一个发生、发展的过程，通过对该数据库检索，可以清楚地看到这一过程。如果某段时间内该学科或主题的文献量有了大幅度的增长，则说明该学科的研究取得了重大的突破或进展，或者是其他领域的发展带动了本学科的发

展，从而成为学科研究的热点或重点。利用《索引库》收录期刊最多、最完整，回溯时间最长的优势，可全面、系统地了解某一学科、某一专业和某一课题的研究情况和发展动态。同时《索引库》的出版为编制文摘、综述、述评等二、三次文献奠定了基础。编制文摘、综述首先要了解该学科领域的学术研究论文及水平，然后进行精选、归纳整理和评述。一些研究传统文化和传统学科的专家，在编制一些专题目录、索引和著书时，也经常要了解本学科、本专业课题的历史沿革和发展动态，他们利用《索引库》就能很快查找到所需要的文献资料。

三、《全国报刊索引数据库》的检索

《索引库》有多种检索方法，如普通检索、高级检索、期刊检索、学科检索、会议名检索和专题数据库检索，详细方法本书略去。

第三节　全国高等教育文献资源保障系统

一、全国高等教育文献资源保障系统概述

中国高等教育文献保障系统（China Academic Library Information System，简称 CALIS，http://www.calis.edu.cn），是经国务院批准的我国高等教育“211 工程”总体规划中两个公共服务体系之一。作为国家经费支持的中国高校图书馆联盟，CALIS 的宗旨是，在教育部的领导下，把国家的投资、现代图书馆理念、先进的技术手段、高校丰富的文献资源和人力资源整合起来，建设以中国高等教育数字图书馆为核心的教育文献联合保障体系，实现信息资源共建、共知、共享，以发挥最大的社会效益和经济效益，为中国的高等教育服务。

CALIS 平台反映了 CALIS 集成的信息资源与信息服务，是面向全国高校用户的统一服务平台，以全方位、个性化方式提供综合信息服务。CALIS 门户提供了多库检索、馆际互借、参考咨询、教参信息、代查代检、课题咨询用户培训、个性化服务等服务。

①多库检索：多库检索系统能够对分布在本地和异地的各种异构资源提供统

一的检索界面和检索语言，提供多种检索方式，包括简单检索、高级检索、二次检索等。已完成了近 100 个国内外电子资源数据库的配置工作。

②馆际互借：读者直接通过网上提交馆际互借申请，并且可以实时查询申请处理情况。

③参考咨询：咨询员可不受时间、地点的限制，在网上解答读者的疑问。运行初期的虚拟参考咨询系统的中心知识库有 2 万条以上经过组织整理的问答记录。

二、全国高等教育文献资源保障系统平台资源介绍

CALIS 有高校自建资源，如：书刊联合目录、中文学位论文、西文期刊目次、电子教参书籍、学术网站导航、高校特藏资源、外文学位论文、百万电子图书等资源库等，其界面如图 4–1 所示。下面介绍几个主要资源。

图 4–1 CALIS 界面

（一）书刊联合目录

CALIS 联机合作编目中心（http://opac.calis.edu.cn）是中国高等教育文献保障体系的两大服务中心之一，是全国“211 工程”100 所高校图书馆馆藏联合目录数据库，是 CALIS 在“九五”期间重点建设的数据库之一。它的主要任务是建立多语种书刊联合目录数据库和联机合作编目、资源共享系统，为全国高校的教学科研提供书刊文献资源网络公共查询，支持高校图书馆系统的联机合作编目，为成员馆之间实现馆藏资源共享、馆际互借和文献传递奠定基础。

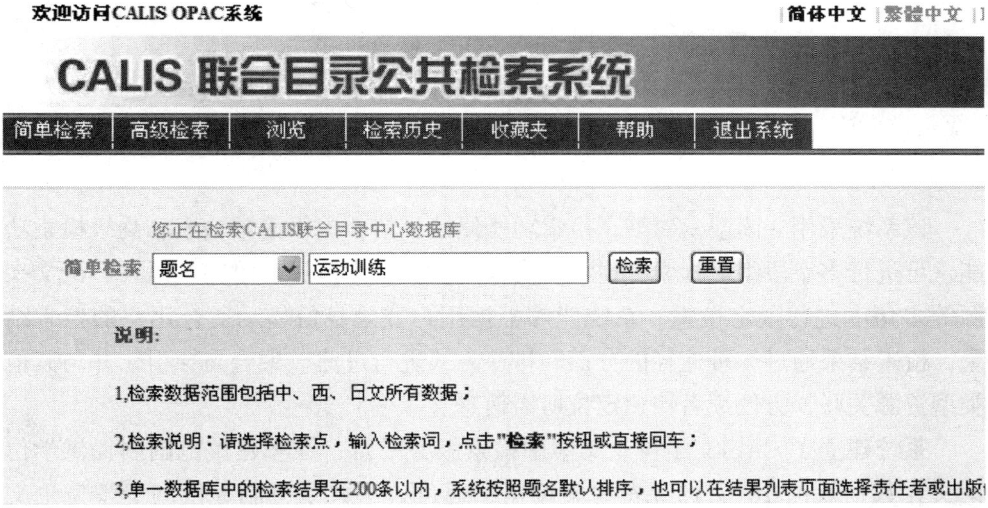

图 4-2　CALIS 联合目录公共检索系统

（二）学位论文

CALIS 学位论文文摘数据库（http：//etd.calis.edu.cn）是高校间开展文献传递的重要基础数据库之一，其界面如图 4-3 所示。2003 年 9 月，“CALIS 学位论文全文数据库”项目正式启动，清华大学图书馆作为项目牵头单位负责项目的组织实施。至 2011 年底，收录博、硕士学位论文数据逾 384 万条，其中中文数据约 172 万条，外文数据约 212 万条，数据持续增长中。

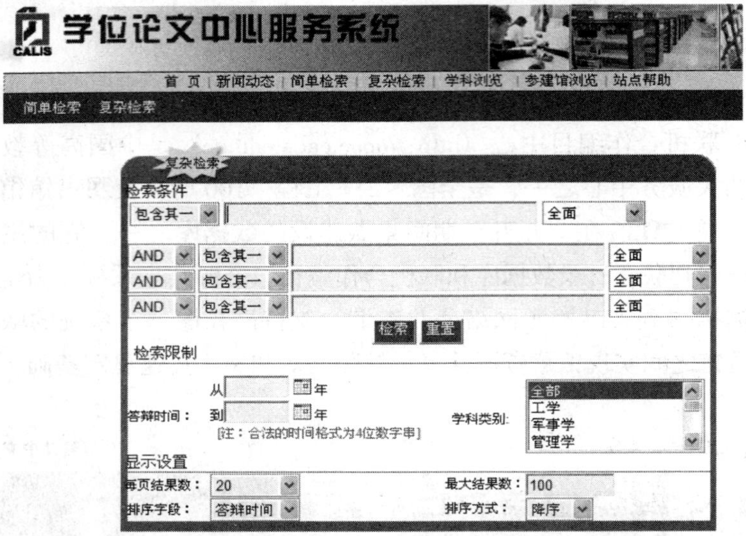

图 4–3 CALIS 学位论文中心服务系统

该系统采用 e 读搜索引擎，检索功能便捷灵活，提供简单检索和高级检索功能，可进行多字段组配检索，也可从资源类型、检索范围、时间、语种、论文来源等多角度进行限定检索。系统能够根据用户登录身份显示适合用户的检索结果，检索结果通过多种途径的分面和排序方式进行过滤、聚合与导引，并与其他类型资源关联，方便读者快速定位所需信息。

系统建立了 CALIS 学位论文集中检索服务平台，在参建馆范围内提供学位论文元数据及前 16 页的免费检索浏览，通过公平共享机制提供网上学位论文全文服务。在参建馆之外，通过认证、结算机制提供学位论文信息的检索和全文服务。

检索后的结果，从中链接，可看到作者的基本信息、文摘、论文的前 16 页等。

（三）外文资源

1. 西文期刊目次（CCC）

CALIS 西文期刊目次（CALIS Cuerrent Contents of Western Journals，简称 CCC 系统，http://ccc.calis.edu.cn），是 CALIS 中心买断 EBSCO 公司 2.4 万种外文

期刊自 1999 年至今的篇名目次数据，加注国内三大系统馆藏和世界著名的 9 种二次文献数据，并可以链接一次文献数据库和图书馆联机公共目录查询系统（Online Public Access Catalogue，简称 OPAC）以及文献传递系统的一个外文期刊服务平台。是 CALIS 中心推出的一个集各图书馆馆藏西文期刊，引进目次数据库和全文数据库为一体的综合服务体系，报道期刊目次和馆藏详细信息，提供文献传递与电子全文链接（仅限于资格论证学校）。其界面如图 4-4 所示。

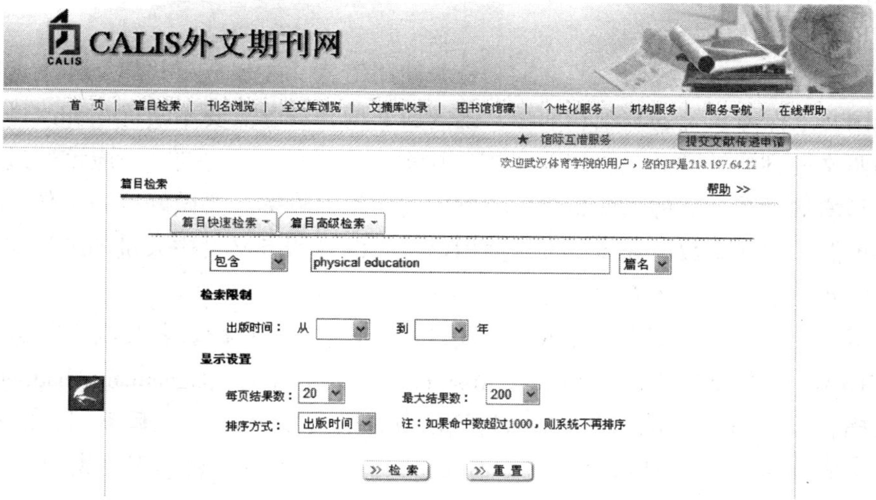

图 4-4　CALIS 西文期刊目次系统页面

CCC 数据库收录了 2.4 万种学术类西文期刊近 1000 万条篇名目次数据，每周更新一次，每年增加新出版期刊目次数据 200 万条，目前已覆盖 1999 年至今，并力求在国内图书馆的共同努力下，回溯至 1900 年；CCC 还提供与世界 9 种著名二次文献的期刊收录数据比对及揭示，对二次文献收录数据的揭示率非常高；CCC 还收录国内图书馆（包括高校、科研单位和公共图书馆）的西文期刊馆藏数据，并根据每年的收藏情况对数据进行更新，使国内图书馆的馆藏资源成为联网资源，满足不同图书馆之间进行互借和传递的需求；CCC 还提供与 20 个已在国内联盟采购的电子全文期刊数据库的全文链接（大约 8000 种期刊），起到一站式检索的目的和功能。

（1）CCC **功能**

第一，强大的报道、揭示功能。以二次文献报道为主要内容的 CCC 服务平台，迅速即时报道现今世界上2.4万种学术类西文期刊的篇名目次，它覆盖了国内现订购纸本期刊的80%以上，涵盖了文、理、工、农、医等各个学科。与国内已引进的二次文献库比较，报道数量最大。

第二，提供有效的文献获取方式。CCC服务平台加注了馆藏项目和电子全文的标识，读者能清楚地知道纸本期刊的馆藏地点，比较方便地通过CALIS文献传递系统获得所需要的文献。通过CCC服务平台提供的链接功能，读者可以直接链接到电子全文期刊全文（本馆必须购买了电子全文期刊）。

（2）CCC的作用

第一，有助于掌握国内西文期刊资源使用信息。文献资源共建是建立地区乃至全国文献保障系统的基础和前提，国内西文期刊资源需要不断优化和改进（我国的西文期刊的馆藏总品种仅为美国一所著名大学的1/3左右），应该通过压缩复本和增加优秀新品种来提高全国范围内的文献保障率。要做好这一工作，就必须尽可能多地掌握数量繁多的资源使用信息。CCC服务平台中大量的统计信息就会帮助我们掌握这些必需的信息。

第二，提供外文期刊订购的参考信息。CCC揭示9种著名二次文献数据库（AGRICOLA 农业文摘，Biological Abstracts 生物学文摘，Chemical Abstracts 化学文摘，Current Contents 现刊篇名目次，Engineering Index 工程索引，INSPEC 科学文摘，Medline 医学文摘索引，Science Citation Index 科学引文索引，Social Science Citation Index 社会科学引文索引）的期刊收录信息。著名二次文献数据库出版公司的专家们对来源期刊的选择，会为改订或补订期刊的工作提供一定的参考。

第三，代为维护各馆的联机公共目录查询系统（OPAC）和电子期刊导航工作。CCC目前已经准备好1.6万余种西文期刊的机读编目格式标准（MARC）数据，并争取覆盖全国所有高校的馆藏，从而形成大家企盼已久的全国集中编目（纸本加电子）、集中维护、完全透明、可自行下载的全国西文期刊联合目录，免除图书馆编目和维护的烦恼，免除因为电子全文期刊数据库的增删调整以及订购期刊的变化，给OPAC和电子期刊导航维护工作带来的压力。

（3）CCC的价值

第一，促进西文期刊文献资源共享，提高现有馆藏的利用率。使用CCC，将使全国高校图书馆的受益大大增加，尤其对于西文期刊资源比较缺少的学校，将是一个极大的支持。

第二，有利于各馆做好自己的服务工作，提高图书馆为教学科研服务的作用和地位。CCC 所提供的二次文献与一次文献的链接，纸本期刊与电子期刊的整合，信息查询与全文索取的一站式处理，都为进一步开展信息服务工作提供了很好的解决方案。

图 4–5　CASHL 页面

2.中国高校人文社会科学文献中心（CASHL）

中国高校人文社会科学文献中心（China Academic Social Sciences and Humanities Library，简称 CASHL。http://www.cashl.edu.cn）是在教育部的统一领导下，本着“共建、共知、共享”的原则和“整体建设、分布服务”的方针，为高校哲学社会科学教学和研究建设的文献保障服务体系，是教育部高校哲学社会科学“繁荣计划”的重要组成部分，也是全国性的唯一的人文社会科学文献收藏和服务中心，其最终目标是成为“国家哲学社会科学资源平台”。

CASHL 的建设宗旨是组织若干所具有学科优势、文献资源优势和服务条件优势的高等学校图书馆，有计划、有系统地引进和收藏国外人文社会科学文献资源，采用集中式门户平台和分布式服务结合的方式，借助现代化的网络服务体系，为全国高校、哲学社会科学研究机构和工作者提供综合性文献信息服务。

进入 CASHL 首页，如图 4–5 所示：

文献查询中，可通过期刊、图书、文章、数据库等进行检索。

第四节 美国《科学引文索引》和《社会科学引文索引》数据库

一、美国《科学引文索引》数据库

《科学引文索引》（Science Citation Index，简称 SCI）是美国科学情报所（Institute for Scientific Information，简称 ISI）于 20 世纪 60 年代出版发行的一种面向全部科学技术领域的综合性引文索引，编辑工作于 1961 年开始，1963 年正式出版。

开始 SCI 仅收录重要科学期刊 613 种，编辑周期为年刊，1965 年起改为季刊。1979 年起又进一步改为双月刊，并出版年度累计索引和 5 年累计索引。1980 年以后，SCI 每年摘录的期刊论文与引文的数量大幅上升，比创刊时增加了好几倍。例如：1982 年 SCI 收录来源期刊 3246 种，摘录来源文献 548375 篇，引文 8490049 条。1989 年，摘录来源文献 559399 篇，引文 11131262 条。

1973 年，ISI 又出版了《社会科学引文索引》（Social Science Citation Index，简称 SSCI）。1978 年，又扩大包括艺术和人文科学文献，出版了《艺术与人文科学引文索引》（Arts & Humanities Citation Index ，简称 A&HCI）。自 1976 年以来，又增加了《期刊引用报告》（Journal Citation Report，简称 JCR）。

1997 年，ISI 继出版光盘版 SCI CDE 之后，又出版网络版 Web of Science，使用户足不出户，即可轻松检索 ISI 的三大引文数据库：科学引文索引扩展版（Science Citation Index Expand）、社会科学引文索引（Social Science Citation Index）、艺术与人文科学引文索引（Arts & Humanities Citation Index）。同时，利用其独特的检索机制和强大的交叉检索能力，将包括学术期刊、技术专利、会议录、研究基金、互联网资源等在内的各种学术信息资源连接整合在一起，提供自然科学、工程技术、生物医学、社会科学、艺术与人文科学等多个领域的高质量学术信息。通过这一强大的学术信息资源整合体系——ISI Web of Knowledge，可以帮助用户迅速而有效地获取全球最重要的学术科研信息，广泛地了解世界科技发展的动态和变化，准确地评估分析各个学科研究领域中科学发现的影响和趋势。

目前，ISI 从全球 91000 多种学术期刊和快速增长的电子出版物中，精心选择了大约 8600 种最重要和最有影响力的期刊，其中 70%为自然科学和工程技术，20%为社会科学，10% 为艺术与人文科学，内容涵盖了各学科领域的高质量信息内容。同时还收录了 5000 种精选书刊和 12800 个会议录信息。Web of Science 每年摘录来源论文 1340000 篇，引文 25290000，构成一个集文摘、引文、索引于一身的，独特而强大的信息资源体系。

SCI 的功能主要体现在两方面：文献检索和引文分析与评价。SCI 创办的初衷是提供一种综合的文献检索工具。它为用户查找文献提供了 4 种途径：引文途径、著者途径、主体途径和团体途径。这 4 种途径组成了一个严密易用的检索系统，用户不需要具备专业的检索知识和技能就能方便快速地查到各个学科的文献。不过，尽管其编制的初衷是一种检索工具，但是 SCI 至今仍然具备如此强大生命力，似乎应该归因于它的引文分析与评价功能。总的来说，其引文分析与评价功能主要体现在下述 5 个方面：①对科研成果的评价；②对科技人才的评价；③对科研机构的评价；④对科学出版物的评价；⑤对科学学科本身的评价。由于 SCI 数据库具有学科全面、学术影响大、覆盖国家广泛等特点，因而其收录检索的期刊和论文常分别被称作国际主流期刊和国际主流科学。刊物或论文被 SCI 收录和引用在一定程度就反映了该刊物或论文具有较高的学术水平和较大的国际影响力。

另外，通过引文分析法还可以进行学科结构和学科关系以及科学发展史的研究。从某学科内部期刊、文献的引文所反映的主题相关性，可以了解某一学科的结构。从不同学科期刊、文献引用的网状和链状关系，可以揭示各学科之间的关系。并且，通过 SCI 可以展现某项目或事件的发生和发展，揭示某思想或方法的改善、扩充和修正等，了解各领域的前沿问题，从而得到完整的科学发展史，并预测未来的发展方向和热点问题。

SCI 的选刊标准涉及诸多因素，其范围从质量到数量，主要包括：①期刊最基本的出版标准，主要包括出版的实时性，符合国际编辑规范，通过同行评议等；②编辑内容，主要用来评选新刊；③刊物的国际性，但也注意保持地区间的平衡；④引文分析，利用论文被引用的次数进行评估，但也不过分依赖这些数据，而是注意正确的应用和分析，对不同类型的刊物采用不同的评估指标。从 SCI 的选刊标准和方法可知，SCI 对期刊的遴选是通过严格评议和学术民主进行的，因而被其收录的期刊和论文往往具有较高的学术水平和国际影响力。因此，从期刊和论文被 SCI 收录来评价其质量在一定程度上是可行的。

SCI 对被评价对象“质”的衡量主要是通过引文分析的一系列指标来进行的。从引文分析的机理以及实际的应用情况来看，用其评价被评对象的“质”具有很大可行性。被评对象被引用的越多，就表明其影响力越大，学术水平越高。事实也表明，用引文分析进行评价与通过同行评议、实践检验等进行评价，其结果具有很大的吻合性。尤其是随 SCI 一起编辑出版的《期刊引用报告》（Journal Citation Report，简称 JCR）提供了期刊评价的影响因子、快速引用指数、被引次数、引用次数等数据，并且具有按时出版、数据容易获得等优点，使其在对期刊的评价中得到了广泛的应用。

二、美国《社会科学引文索引》数据库

美国社会科学引文索引（Social Sciences Citation Index，简称 SSCI）为 SCI 的姊妹篇，亦由美国科学信息研究所创建，是目前世界上可以用来对不同国家和地区的社会科学论文的数量进行统计分析的大型检索工具。1999 年 SSCI 全文收录 1809 种世界最重要的社会科学期刊，收录报道并标引了 2684 种社会科学期刊，选择收录（Selectively Covered）期刊为 1300 多种。

SSCI 涉及人类学、考古学、地区研究、商业与金融、传播学、犯罪与监狱、人口统计学、经济学、教育学以及特殊教育、环境研究、人类工程学、种族研究、家庭研究、地理学、接待、休闲、运动与旅游、卫生政策、护理、老年医学、健康与康复、药物滥用、科学史与科学哲学、劳资与劳动、信息科学与图书馆学、国际关系、法律、法医学、语言学、管理科学、运筹学、计划与发展、政治学、精神病学、心理学、伦理学、公共管理、社会学、城市研究、运输、女性研究等学科。

有许多学科的期刊如《信息与管理》（INFORMATION & MANAGEMENT）、《国际地理信息科学杂志》（INTERNATIONAL JOURNAL OF GEOGRAPHICAL INFORMATION SCIENCE）、《农业经济学评论》（REVIEW OF AGRICULTURAL ECONOMICS）、《护理科学进展》（ADVANCES IN NURSING SCIENCE）、《环境与资源年评》（ANNUAL REVIEW OF ENVIRONMENT AND RESOURCES）、《美国生物伦理学杂志》（AMERICAN JOURNAL OF BIOETHICS）、《数理社会学杂志》（JOURNAL OF MATHEMATI-

CAL SOCIOLOGY）、《药物服用与滥用》（SUBSTANCE USE & MISUSE）、《大脑与语言》（BRAIN AND LANGUAGE）、《运输科学》（TRANSPORTATION SCIENCE）、《美国行为精神病学杂志》（AMERICAN JOURNAL OF ORTHOPSYCHIATRY）、《国际运动心理学杂志》（INTERNATIONAL JOURNAL OF SPORT PSYCHOLOGY）、《生物学与哲学》（BIOLOGY & PHILOSOPHY）、《科学史》（HISTORY OF SCIENCE）、《澳大拉西亚衰老研究杂志》（AUSTRALASIAN JOURNAL ON AGEING）、《美国自然人类学杂志》（AMERICAN JOURNAL OF PHYSICAL ANTHROPOLOGY）、《科学与技术问题》（ISSUES IN SCIENCE AND TECHNOLOGY）、《认知心理学》（COGNITIVE PSYCHOLOGY）、《体育管理杂志》（JOURNAL OF SPORT MANAGEMENT）、《数理人口研究》（MATHEMATICAL POPULATION STUDI）被 SCI 和 SSCI 共同收录。

第五节 中文社会科学引文索引

一、中文社会科学引文索引概述

在 SCI 的推动下，我国建立了各种引文数据库，在一定程度上提供了科学评价所必需的大量数据。例如，中国科技信息研究所从 1987 年开始建立了中国科技论文与引文数据库，对我国学者所发表论文及被引数量进行了多指标的各个方面的统计分析，每年公布一次统计结果；中国科学院文献情报中心于 1995 年编制出版了《中国科学引文索引》（第一卷），后来又制作和发行了它的光盘版，为科学评价提供了一种大型的可供广泛利用的数据来源工具；南京大学中国社会科学研究评价中心研制开发的《中国社会科学引文索引》（1998）光盘于 2000 年 5 月出版发行，又编辑出版了《中国社会科学研究计量指标——论文、引文与期刊引用统计（1998 年）》（简称“社科指标”）一书，这为社会科学评价提供了必要的工具。并且，中国也利用这些数据源进行了一些实质的科学评价实践，我国的科学评价事业逐步发展和成熟起来。

其中由南京大学研制的中文社会科学引文索引（英文全称为 Chinese Social Sciences Citation Index，简称 CSSCI）是国家、教育部重点课题攻关项目。

CSSCI遵循文献计量学规律，采取定量与定性评价相结合的方法从全国2700余种中文人文社会科学学术性期刊中精选出学术性强、编辑规范的期刊作为来源期刊。该项目成果填补了我国社会科学引文索引的空白，达到了国内领先水平。

（一）CSSCI的检索功能

作为我国人文社会科学主要文献信息查询与评价的重要工具，CSSCI提供了多种信息检索途径。来源文献检索途径：篇名、作者、作者所在地区机构、刊名、关键词、文献分类号、学科类别、学位类别、基金类别及项目、期刊年代卷期等。被引文献的检索途径：被引文献、作者、篇名、刊名、出版年代、被引文献细节等。优化检索：精确检索、模糊检索、逻辑检索、二次检索等。检索结果按不同检索途径进行发文信息或被引信息分析统计，并支持文本信息下载。

（二）CSSCI的评价功能

对于社会科学研究者，CSSCI从来源文献和被引文献两个方面向研究人员提供相关研究领域的前沿信息和各学科学术研究发展的脉搏，通过不同学科、领域的相关逻辑组配检索，挖掘学科新的生长点，展示实现知识创新的途径。

对于社会科学管理者，CSSCI提供地区、机构、学科、学者等多种类型的统计分析数据，从而为制定科学研究发展规划、科研政策提供科学合理的决策参考。

对于期刊研究与管理者，CSSCI提供多种定量数据：被引频次、影响因子、即年指标、期刊影响广度、地域分布、半衰期等，通过多种定量指标的分析统计，可为期刊评价、栏目设置、组稿选题等提供科学依据。CSSCI也可为出版社与各学科著作的学术评价提供定量依据。

科学引文索引是从文献之间相互引证的关系上，揭示科学文献之间的内在联系。通过科学引文索引数据库的检索与查询，可以揭示已知理论和知识的应用、提高、发展和修正的过程，从一个重要侧面揭示学科研究与发展的基本走向；通过科学引文索引数据库的统计与分析，可以从定量的视角评价地区、机构、学科以及学者的科学研究水平，为人文社会科学事业发展与研究提供第一手资料。

CSSCI数据库已向社会开展网上包库服务。目前，教育部已将CSSCI数据作为全国高校机构与基地评估、成果评奖、项目立项、名优期刊的评估、人才培养等方面的重要指标。CSSCI 数据库已被北京大学、清华大学、中国人民大学、复旦大学、国家图书馆、中科院等 100 多个单位包库使用，并作为地区、机构、学术、学科、项目及成果评价与评审的重要依据。教育部在 2003 年 1 号文件中指出：要建立科学公正的评审制度和评价体系，加快中文社会科学引文索引系统的建设。在教育部直接指导下，南京大学正以创新的精神、改革的姿态，开拓创新，造就精品，使 CSSCI 走向全国、走向世界，成为我国人文社会科学评价领域的标志性工程。

二、CSSCI 检索介绍

CSSCI 主要从来源文献和被引文献两个方面向用户提供信息。

（一）来源文献检索

来源文献检索主要用来查询本索引所选用的源刊的文章的作者（所在单位）、篇名、参考文献等。其检索途径有：论文作者、篇名（词）、作者机构、作者地区、期刊名称、机构名称、标引词、学科类别、基金项目以及年代等 10 余项。

（二）被引文献检索

被引文献检索主要用来查询作者、论文、期刊等的被引情况。其检索途径有：被引作者、被引篇名、被引出处和其他被引信息。

第六节 读秀学术搜索

一、读秀学术搜索概述

读秀学术搜索（http://www.duxiu.com）是全球最大的中文文献资源服务平台。它是超星公司在 2006 年在超星数字图书馆基础上开发的又一项中文文献数据库产品，由海量中文图书资源组成，能为用户提供深入图书内容的书目和全文检索，以及部分文献的试读，读者通过阅读文献的某个章节或通过文献传递来获取他们想要的文献资源，是一个真正意义上的知识搜索及文献服务平台。

读秀学术搜索系统拥有270万种中文图书资源，占1949年以来出版图书的95%以上，其中190万种图书原文已经全文数字化，提供有限制全文阅读。有2亿条目次，6亿页全文，可在知识产权允许范围内直接提供原文阅读，含有各类学科图书能够满足不同领域读者的专业需求，并每年以10万种以上图书的速度更新。同时还拥有报纸、学位论文、期刊、专利、标准、视频等元数据。此外读秀还与Metalink结合，提供外文文献搜索。Matelink整合了目前国内高校主要购买的100多个外文数据库的元数据，文献类型有图书、期刊、论文、标准、专利等。中外文文献元数据总计1.7亿条。

读秀学术搜索系统的资源主要是图书，另外集成了业界领先搜索引擎内核，突破一般检索模式，实现全文检索、图书、期刊、报纸、学位论文、会议论文、专利、标准、视频9个主频道的垂直检索，并提供人物、网页、工具书解释、词条、新闻、图片、地图等多个相关检索，当读者执行任何一种方式的垂直检索时，与之相关的其他频道的检索结果在网页右侧为用户一一呈现，使用户在最短的时间内获得最深入、最准确、最全面的文献信息。读秀系统基于内容的检索和知识点式的管理，成为研究型用户全新的知识查找工具。

二、读秀学术搜索检索介绍

（一）图书检索

选择图书频道，在检索框下方选择检索途径，可以是全部字段、书名或作者，之后在检索框中输入关键词，点击“中文文献搜索”，读秀将为用户在海量的图书数据资源中进行查找，如果希望获得外文资源，可点击“外文文献搜索”。同时还可以通过搜索框右侧的高级检索来做更精确的组配查询。

在检索结果页面中，可以通过三种方式缩小检索范围：①通过左侧的“年代和学科”聚类；②通过上方的“在结果中搜索”；③通过每本图书的“查看相关分类结果”的分类链接（高级检索结果仅能通过此方法缩小）。同时可以通过右侧多面检索快速浏览其他频道的检索结果（高级检索结果无此功能）。

从检索结果页面点击书名或封面进入到图书详细信息页面，关于本书的题名、作者、页数、封面、出版社、出版时间、主题词等详细信息将一一罗列。点击具有超链接功能的文字，可直接在图书频道中检索该文字，以便查找相关图书。

可以点击相应的试读部分进行试读（包括版权页、前言页、目录页、试读页）或从本馆馆藏纸本借阅、电子全文阅读、申请文献传递、文献互助平台、区域图书馆馆际互借来获取所需要的图书内容。在本馆没有本书的情况下，读秀提供了推荐购买功能。另外，还可以查看有哪些用户收藏了此书，点击用户名即可进入对方的个人图书馆。

（二）全文检索

选择全文检索频道，在检索框中输入关键词，然后点击“中文文献搜索”，将为用户在海量的图书数据资源中，围绕该关键词深入到图书的每一页资料中进行信息深度查找。在检索结果页面，点击标题或“本页阅读”即可查阅文献。检索的关键词已在文献中高亮显示，方便用户快速阅读文献。“文字摘录”可快速识别文献中的文字，“本页来源”可查看该页文献资料的出处、作者等信息。

此外，读秀学术搜索还提供了视频和期刊等其他搜索，在此不再详述。

三、读秀学术搜索的图书获取

（一）整合馆藏文献资源

读秀学术搜索系统将图书馆馆藏书目检索系统和镜像的电子图书馆系统的全部图书数据进行了对接。用户在读秀系统检索图书，不仅可以对读秀里的图书进行部分章节的试读，同时还可以了解此图书是否在馆藏有纸本，及电子版全文信息，真正实现了馆内纸本图书、电子图书的联合查询。同时读秀系统还实现了馆内中外文电子期刊数据库的整合，主要包括中国知网、中文科技期刊数据库、万方数据、IEEE、EBSCO、NSTL 订购电子期刊、WorldSciNet、PAO、Springer Link、Wiley InterScience、Elsevier、JSTOR 等数据库，这些数据库中将期刊论文与读秀学术搜索系统里的期刊论文置于同一平台下，用户对同一主题词进行检索时，将获得该知识点所有来源期刊论文信息，并直接获取馆藏有阅读权限的期刊论文全文内容。

（二）高效快捷的文献传递

针对馆藏有限而用户需求无限的难题，读秀学术搜索系统为用户提供高效快捷的文献传递服务。读秀的文献传递不同于一般的图书馆服务，打破传统信息传递方式，其特色在于由机器自动接受文献传递申请，通过用户提请的E-MAIL自动进行文献传递，因而信息的获取速度得到极大的提高。目前通过网上参考咨询方式合理传递电子文献资源，已经被证实是合理利用图书馆数字资源的一种模式，读秀图书部分试读和读秀参考咨询传递文献既尊重版权，又方便了读者，使读者能在最短的时间内获得最大信息量的文献资源，促进了知识和文化的传播。

（三）其他获取途径

读秀除了提供上述文献获取途径外，还提供区域内各联盟馆所有资源（中外文纸本和电子图书、期刊论文）的整合搜索，完整揭示资源在各馆之间的分布情况，方便读者和参考咨询员确定获取途径，并利于联盟馆今后资源采购；帮助区域内各联盟馆纸本图书的馆际互借；有助于区域内联盟馆电子资源的文献传递，实现电子资源共享，并通过协作减轻经费与需求的矛盾。

读秀提供推荐采购功能，用户可以将馆藏没有收录的图书，推荐图书馆购买纸本或电子版。读秀还提供文献互助平台，对无法获取的文献资源，可以提请到读秀论坛中，等待论坛中会员的帮助。此外还提供网上书店购买推荐功能，对主要的网上书店如当当网、蔚蓝网等提供图书报价对比，及链接地址，方便用户直接登录网上书店购买图书。

第五章　体育期刊论文全文数据库检索

第一节　中国期刊全文数据库

一、中国期刊全文数据库概述（http://www.cnki.net）

国家知识基础设施（National Knowledge Infrastructure，NKI）的概念，由世界银行于1998年提出。中国知识基础设施工程（CNKI）是以实现全社会知识资源传播共享与增值利用为目标的信息化建设项目，由清华大学、清华同方发起，始建于1999年6月，在《中国学术期刊（光盘版）》（CAJ-CD）和中国期刊网（CJN）全文数据库建设的基础上研制开发出一项规模更大、内容更广、结构更系统的知识信息化建设项目。经过多年努力，采用自主开发并具有国际领先水平的数字图书馆技术，建成了世界上全文信息量规模最大的“CNKI数字图书馆”，为全社会知识资源高效共享提供最丰富的知识信息资源和最有效的知识传播与数字化学习平台。此平台统称为“CNKI中国知网”。

目前，CNKI中国知网从初期的中文全文电子期刊服务平台，已经发展成为整合了包括中文学术期刊、博硕士学位论文、会议文献、报纸等多种文献类型，覆盖理工、社会科学、电子信息技术、农业、医学等广泛学科范围的综合性服务系统。其核心数据库包括以下几个：中国期刊全文数据库，中国博士学位论文全文数据库，中国优秀硕士学位论文数据库，中国重要会议论文全文数据库，中国重要报纸全文数据库，中国图书全文数据库等。

中国期刊全文数据库是CNKI中国知网的核心产品和服务。它是目前世界上最大的连续动态更新的中文期刊全文数据库，收录了国内9437种重要期刊，以学术、技术、政策指导、高等科普及教育类为主，同时收录部分基础教育、大众科普、大众文化和文艺作品类刊物，内容覆盖自然科学、工程技术、农业、哲学、医学、人文社会科学等各个领域，全文文献总量超过4000万篇。产品分为十大专辑：理工A、理工B、理工C、农业、医药卫生、文史哲、政治军事与法律、教育与社会科学综合、电子技术与信息科学、经济与管理。十大专辑下分为168个专题和近3600个子栏目。收录年限从1994年至今（大部分刊物回溯至创刊，最早回溯至1915年）。产品主要形式有WEB版（网上包库）、镜像站版、光盘版、流量计费等。CNKI中心网站及数据库交换服务中心每日更新，各镜像站点通过互联网或卫星传送数据可实现每日更新，专辑光盘每月更新，专题光盘年度更新。

二、中国期刊全文数据库检索方法

该系统作为一个大型的全文检索系统，从CNKI首页登录或从有授权使用中国学术期刊网的单位的镜像分站点登录，进入中国期刊全文数据库检索界面，如图5–1所示。

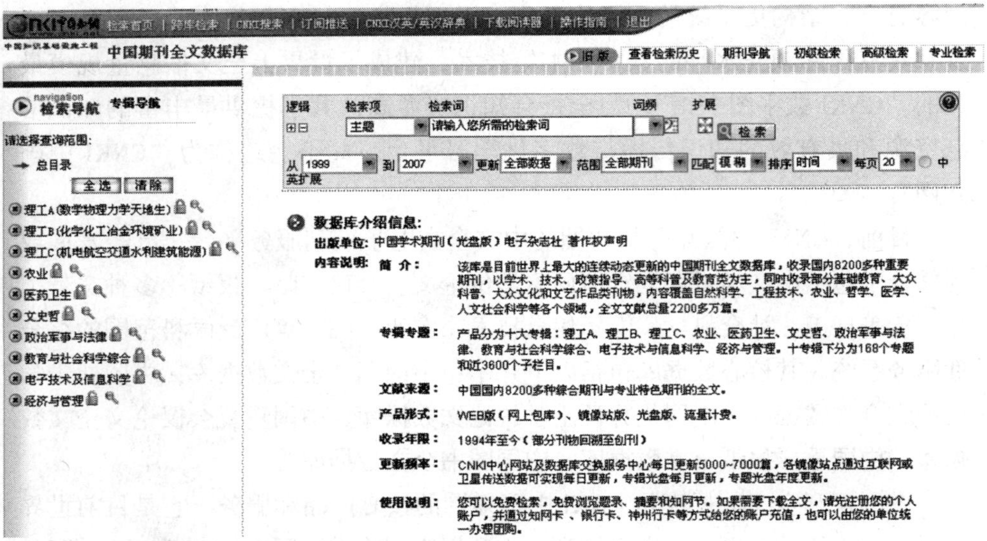

图5–1 中国期刊全文数据库检索界面

中国期刊全文数据库支持布尔逻辑检索，有专辑导航、初级检索、高级检索、专业检索、期刊导航 5 种检索方式。

（一）专辑导航

中国期刊全文数据库以“专题数据库”的形式设计，将各学科、各门类的知识分为 168 个专题，兼顾各学科之间的内在联系、交叉渗透，分层次对知识按其属性及相互从属关系进行并行或树状排列，逐级展开到最小知识单元。专辑导航的目的是就以 CNKI 文献专辑系统的 10 个专辑类目为导航类目，即十大专辑导航系统导出（自动检索出）数据库中的相关内容，提供浏览和下载。

在检索时，可以通过专辑导航逐步缩小范围，最后检索出某一知识单元中的文章。例如，利用专辑导航，“教育与社会科学综合→体育→体育理论→运动训练、运动竞赛”，就可以检索出运动训练、运动竞赛的相关文献。

（二）初级检索

初级检索是系统默认的检索方法。初级检索是一种简单检索，能进行方便快捷的查询，但检索结果有很大的冗余。本库所设的初级检索包括简单检索和多项单词逻辑组合检索。简单检索只需在进入初级检索界面后，选取检索项，输入检索词，确定检索范围，最后点击“检索”按钮即可。多项单词逻辑组合检索是指通过增加逻辑检索行，选择多个检索项，在每个检索项之间使用并且、或者、不包含（即布尔逻辑算符）进行项间组合的检索方法。

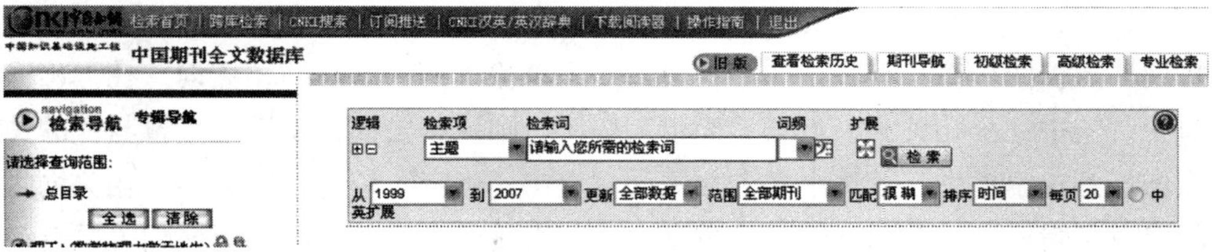

图 5-2 初级检索区

初级检索使用方法与步骤如下：

①选取检索项。检索项也可称为检索字段，系统默认主题字段，可供选择的检索字段还有篇名、关键词、摘要、作者、第一作者、单位、刊名、参考文献、全文、年、期、基金、中图分类号、ISSN、统一刊号。

②输入检索词。在“检索词”文本框里输入。检索词为文章检索字段中出现的关键单词，当检索结果按相关度排列时，其出现的词频越高，文献记录越靠前排列。因此，如需要，可在检索词文本输入框后选择希望出现的词频次数（范围为1~9，空白即为1，表示至少出现1次，以此类推），进行词频控制。

③确定检索范围。

确定时间范围：系统默认1979到检索当时，收录年限从1979年至今；

确定期刊范围（收录范围）：系统默认全部期刊，还有EI来源期刊、SCI来源期刊、核心期刊三个选项；

确定数据范围：系统默认全部数据，还可选取最近一周、最近一月、最近三月或最近半年的更新数据；

确定专辑范围：系统默认全部专辑，可根据检索涉及的学科范围在十大专辑168个专题中进行单选或多选。

④选择匹配方式和排序方式。

匹配方式有模糊和精确，模糊指检索结果中包含检索词或检索词中的词素，精确指检索结果完全等同。当选择精确时，可进行中英文扩展。

排序方式有三种：时间（检索结果按时间逆序排列）、无（检索结果按时间顺序排列）、相关度（检索结果按词频、位置的相关程度从高到低顺序排列）。

⑤其他可进行的操作。

逻辑：点击“＋”增加一逻辑检索行；点击逻辑“－”减少一逻辑检索行。可进行多项单词逻辑组合检索。

扩展：在检索项为主题、篇名、摘要、参考文献、全文时，可对检索词进行扩展。点击图标，将弹出一个窗口，显示以输入词为中心的相关词。在弹出窗口中，选中一个相关词，点击“确定”按钮，则该相关词自动以“逻辑与”的关系增加到检索框中；若选中多个相关词，点击“确定”按钮，则该多个相关词之间以“逻辑或”的关系增加到检索框中；若直接点击某相关词，则该相关词自动进入检索框并取代原先所输入词所需要的检索词。如：选择检索项“主题”，输入检索词“健美操”，点击，弹出一个窗口：

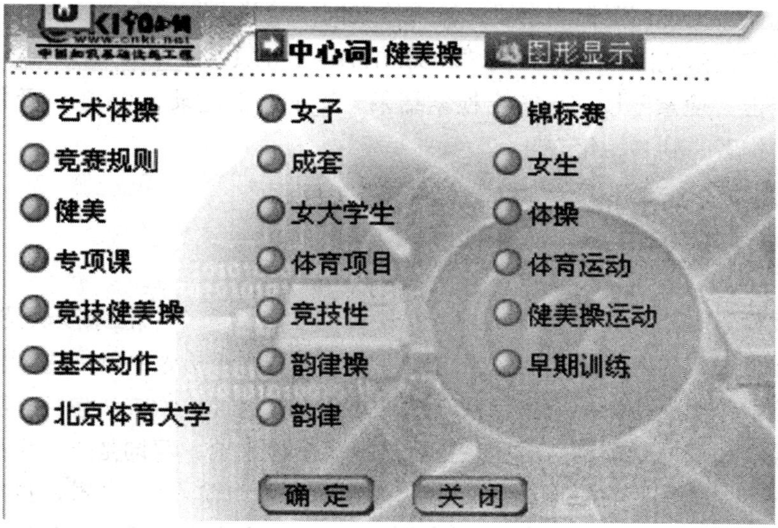

选中“竞赛规则”，点击“确定”按钮，则出现：

选中“竞赛规则”和“锦标赛”，“确定”，则出现：

直接点击“韵律操”，则检索框内的“健美操”变为“韵律操”。

⑥点击“检索”按钮，得出检索结果。

检索示例：检索 2006 年至 2007 年这两年关于健美操的相关期刊论文。

检索步骤如下：

①登录中国知网，进入中国期刊全文数据库，系统默认为初级检索方式；

②选择“关键词”检索字段，输入检索词“健美操”；

③确定检索范围：选择年代“2006.01.01—2007.12.31”，其他默认；

④点击“检索”按钮，得出检索结果。显示命中记录1281条，及每条记录的篇名、作者、刊名、年/期。

（三）高级检索

高级检索是指在指定的范围内，按一个以上（含一个）检索项表达式检索，这一功能可以实现多表达式的逻辑组配检索。利用高级检索系统能进行快速有效的组合检索，优点是命中率高，查询结果冗余少。这种检索方法包括多项双词逻辑组合检索和双词频控制。多项是指可选择多个检索项；双词是指一个检索项中可输入两个检索词（在一个检索项后的两个输入框中输入）；逻辑是指每一个检索项之间可使用逻辑组配检索；双词频是指每个检索项中的两个检索词可分别使用词频、扩展词等。

高级检索界面使用方法基本同于初级检索，只是需要对各检索项和检索词之间进行逻辑关系的选择，检索项之间的逻辑运算符包括并且、或者、不包含，检索词之间的关系指同一检索项中两个检索词之间的关系，包括并且、或者、不包含、同句、同段。

检索示例：检索2000—2007年在篇名中包含“运动心理学”，并且包含“综述”或“述评”或“进展”的期刊论文。

检索步骤如下：

①进入“高级检索”；

②在专辑导航中点击“全选”；

③使用三行逻辑检索行，每行均选择检索项“篇名”，并输入检索词“运动心理学”；

④选择“关系”中的“并且”；

⑤在三行中的第二个检索词框中分别输入“综述”“述评”“进展”；

⑥选择三行的项间逻辑关系为“或者”；

⑦选择时间段：2000—2007；其余默认；

⑧点击“检索”，结果显示共有5条记录。

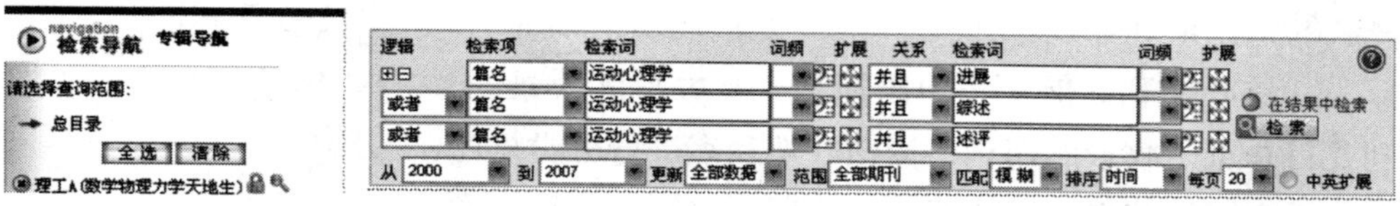

图 5-3　高级检索示例

（四）专业检索

专业检索比高级检索功能更强大，但需要检索人员根据系统的检索语法编制检索式进行检索。适用于熟练掌握检索技术的专业检索人员，故本书略去。

（五）期刊导航

中国期刊全文数据库目前收录期刊总计 9437 种，1232835 期，共计文章 40075016 篇。内容覆盖自然科学、工程技术、农业、哲学、医学、人文社会科学等各个领域，收录期刊大部分回溯至创刊，最早的回溯到 1915 年，如 1915 年创刊的《清华大学学报（自然科学版）》《中华医学杂志》。利用期刊导航，读者可直接浏览期刊基本信息，按期查找期刊文章。

期刊导航包括以下 10 种导航系统，每个导航系统均可使用首字母导航、直接查看全部期刊、选择检索项（刊名、ISSN、CN）输入检索词检索、分类检索 4 种方式进行检索。检索结果提供 3 种显示方式供选择：图形方式、列表方式、详细方式，以及拼音正序或拼音倒序的辅助功能。

①专辑导航：按照期刊内容知识进行分类，分为十大专辑，下分 168 个专栏和近 3600 个子栏目；

②数据库刊源导航：按收录到国内外其他数据库情况分类；

③刊期导航：按出版周期分类；

④出版地导航：按期刊出版地分类；

⑤主办单位导航：按期刊主办单位分类；

⑥发行系统导航：按期刊发行方式分类；

⑦期刊荣誉榜导航：按期刊获奖情况分类；

⑧世纪期刊导航：回溯 1994 年之前出版的期刊；

⑨核心期刊导航：将中国期刊全文数据库收录的、2004 年被“中文核心期刊要目总览”收录的期刊，按核心期刊表进行分类排序；

⑩中国高校精品科技期刊：按期刊的知识专辑分类。

中国期刊全文数据库共收录体育类期刊 95 种。想了解其中哪些是核心期刊，可通过核心期刊导航中的分类检索，显示“体育（16）”，即体育类有 16 种核心期刊。

中国高校精品科技期刊共有 52 种期刊，其中《上海体育学院学报》入选。

利用刊名检索，检索词的匹配方式默认为模糊检索。如检索刊名中含有“运动”一词的期刊，可进入期刊导航中的专辑导航，选择检索项为“刊名”，输入检索词“运动”，点击“检索”，则结果显示如图 5–4。

图 5–4 期刊导航检索项检索结果示例

在结果显示的 4 条记录中，若要继续查看《中国运动医学杂志》，则直接点击该刊名即可。在结果页面中，包含以下信息：

期刊基本信息：包括刊名、英文刊名、主办单位、出版周期、出版地、语种、ISSN、CN、邮发代号、创刊年，以及被其他检索系统或刊物收录情况（如此刊为 ASPT 来源刊，中国期刊网来源刊，2004 年度核心期刊）。

刊期列表：中国期刊全文数据库收录的该刊所有刊期，点击即可进入某期阅读；

本刊检索：可在本刊内检索所需论文，检索方法同初级检索；

同类期刊：列举系统中所收录的本刊同类期刊。

（六）在结果中检索（二次检索）

不管是初级检索还是高级检索，在一次检索后可能会有很多记录是用户所不期望的文献，这里可在一次检索的基础上进行二次检索。在中国期刊全文数据库中，二次检索就是在结果中检索，这一功能设在实施检索后的检索结果页面。在结果中检索是指在前一次检索结果的范围内进行检索，可多次进行，这样可以逐步缩小检索范围，使检索结果越来越接近自己的需求。

在前次检索结果的页面，如需进行二次检索，输入新的检索词，选择检索项，选中“在结果中检索”，再点击“检索”即可。

例如，在前面所述初级检索示例中，得到1281条记录，如果想从中检索出关于健美操动作的记录，则在初级检索的结果页面，选择检索项“关键词”，输入检索词“动作”，选中“在结果中检索”，再点击“检索”按钮，得到结果29条记录。如果要在这29条记录中，找出关于健美操动作编排的记录，则可继续进行二次检索。在上面的结果页面，检索项不变，重新输入检索词“编排”，选中“在结果中检索”，再点击“检索”按钮，最后得到检索结果2条记录。

当然，我们也可以将上述的初级检索及两次二次检索直接用高级检索来完成，得到完全一致的检索结果。

（七）检索结果的处理

1. 知网节

提供单篇文献的详细信息和扩展信息浏览的页面被称为“知网节”，也即细览页。它不仅包含了单篇文献的详细信息如题名、作者、机构、来源、时间、摘要等，还是各种扩展信息的入口汇集点。这些扩展信息通过概念相关、事实相关等方法提示知识之间的关联关系，将整个CNKI平台上的文献资源编织成纵横交错的文献网络、知识网络，达到知识扩展的目的，有助于新知识的学习和发现，帮助实现知识获取、知识发现。

在检索结果页面上点击每一文献题名，就可以进入知网节，获得文献的详细内容和相关文献信息链接。主要的链接有：参考文献、共引文献、二级参考文献、相似文献等。

如在上述结果页面中点击其中一条记录的篇名《竞技健美操成套动作编排设计的发展趋势及对策研究》，即可进入这篇文章的知网节，如图 5-5 所示。

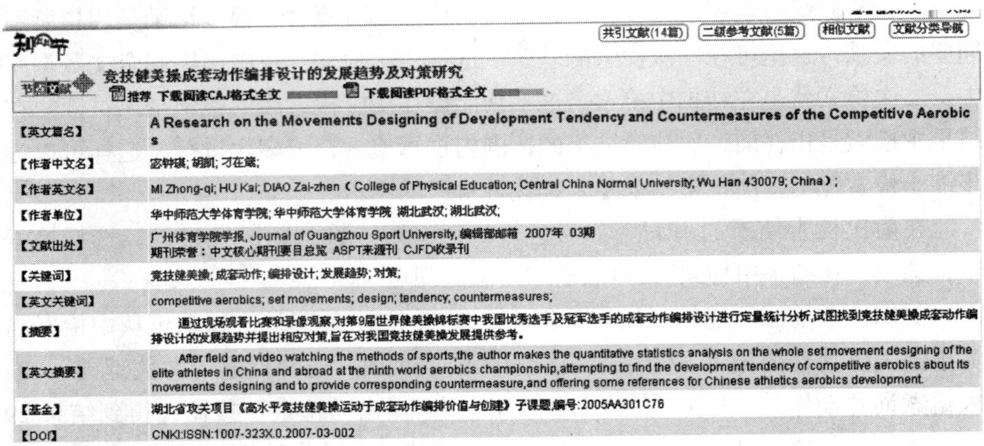

图 5-5　知网节实例

参考文献反映了本文研究工作的背景和依据。共引文献（也称同引文献）是与本文有相同参考文献的文献，与本文有共同研究背景或依据。二级参考文献是本文参考文献的参考文献，进一步反映本文研究工作的背景和依据。相似文献是通过动态聚类算法得到的与本文相关的其他文献。这些扩展信息以及本文的特征信息中存在大量的链接点，使用户通过一篇文献的检索得到大量的相关文献，这是一般检索所达不到的。

2. 下载浏览全文

中国期刊全文数据库的文献有两种格式，一是 CAJ 格式，使用中国知网专用全文格式阅读器——CAJViewer 全文浏览器进行阅读，目前已升级到 7.0 版本，CAJViewer 7.0 也可以浏览 PDF 格式；另一种是 PDF 格式，PDF 即 Portable Document Format 文件格式，它是电子发行文档的事实上的标准，使用 Adobe Acrobat Reader 对 PDF 文件免费查看、阅读和打印，目前通用的是 Adobe Reader 7.0。进行全文浏览，必须事先安装 CAJViewer 7.0 或 Adobe Reader 7.0，中国知网提供了以上两种浏览器的下载安装。如点击首页上方的“下载阅读器”或在知网节点击下方的 **CAJViewer 7.0** 均可进入下载中心。

在文献的知网节，点击“下载阅读 CAJ 格式全文”“下载阅读 PDF 格式全文”可分别下载两种格式的全文，其中 CAJ 格式为系统所推荐。

点击下载图标后，系统将出现一个提供“打开”或“保存”按钮的窗口。点击“保存”，则系统会引导用户在特定的路径下保存文献全文。点击“打开”，当系统安装有 CAJ 浏览器时，则系统先打开浏览器，再打开文献，可在此页面浏览文献，如认为需要保存可点击页面左上方的“文件”下的“另存为”保存文件。

（八）CNKI 知识搜索

CNKI 知识搜索是一种简单易操作的检索工具，利用它可以方便地检索 CNKI 系列资源，并可方便地获取相应文献的相关信息。

下面以 CNKI 全文文献搜索为例做简单介绍。

CNKI 全文文献搜索包含近 9437 种期刊 / 杂志，共 500 所大学研究院所博士硕士论文，15634 种学术会议论文集，500 种重要报纸文章，实时数据更新。数据涵盖自然科学、工程技术、医学、农业、生物、文学、历史、哲学、政治、经济、法律、教育等领域的最新科技文献资料。全文搜索可以供用户从标题、作者、摘要、全文等任意位置搜索 CNKI 文献，从引文、时间、作者、文献类型等角度多维展现搜索结果，同时进行知识聚类，包括词聚类与文章聚类，并通过引证文献、相似文献等文献链接将用户代入其知识网络。

如在 CNKI 知识搜索中利用全文文献搜索检索“网球”。点击“搜索”，结果如图 5-6 所示。

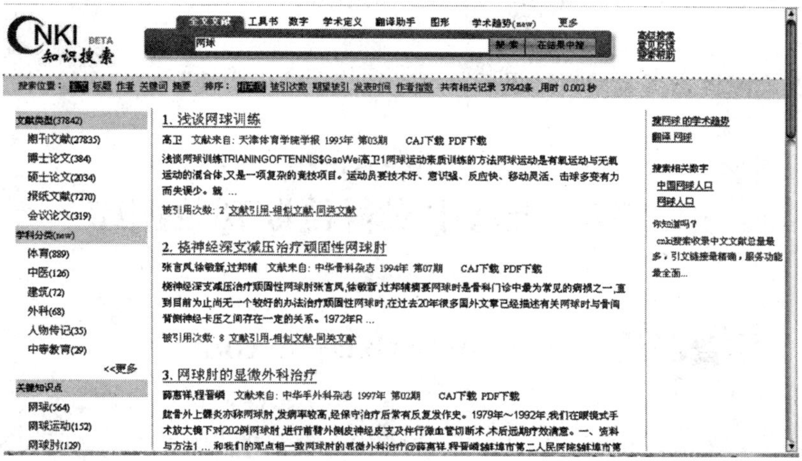

图 5-6　全文文献搜索“网球”结果显示

搜索结果说明：

搜索位置：系统提供了全文、标题、作者、关键词、摘要 5 种位置，相当于检索字段（检索项）默认搜索位置为“全文”，即在全文字段检索“网球”。用户可根据需要选择字段得到不同的检索结果。

排序：系统提供了多种个性化排序方式，可以根据需要自由调整。默认排序方式为“相关度”，即文献按匹配检索词的程度排序。还有被引次数排序，即文献按被引用次数排序，反映了文献被传播利用的情况；期望被引排序，即文献未来一段时间内被引用情况的预测排序，是系统自动计算的参考值；发表时间排序，即文献按发表的时间排序，最新发表文献排在最前列；作者指数排序，即文献按作者在学科领域内的知名度排序，是系统自动计算的参考值。

搜索结果聚类：系统根据输入的搜索词和搜索结果自动生成文献类型聚类和知识聚类。如文献类型，学科分类、关键知识点等。可以点击相应的文献类型或者知识聚类词汇查看搜索结果。

文献信息链接：搜索结果提供相似文献链接、同类文献链接、文献引用链接、文献来源链接，方便查看更多的文献信息。点击文献标题可进入 CNKI 知网节。还提供了文献 CAJ 与 PDF 两种格式全文的下载链接。

CNKI 知识搜索为全文文献提供了高级搜索，可以指定搜索的限定条件，例如限定文献作者、标题、摘要、文献来源等，系统将返回符合限定条件的精确搜索结果。

可以在全文文献的搜索框直接输入检索条件进行高级检索，在搜索限定条件后加上“:”，然后输入搜索词即可。输入的搜索条件可以自由组合，中间以空格分开。

全文文献搜索得到搜索结果后，可进行“在结果中搜”的二次检索。

第二节　维普中文科技期刊数据库

一、维普概述（http://oldweb.cqvip.com）

重庆维普资讯有限公司的主导产品《中文科技期刊数据库》是经国家新闻出版总署批准的大型连续电子出版物，收录了国内公开出版的 1.2 万余种期刊，含中文核心期刊 1800 多种。《中文科技期刊数据库》（全文版）又名“维普资讯中文期刊专业文章”，简称“中刊库”，除收录自然科学期刊文献外（1989 年至今），兼收社会科学期刊文献（2000 年至今）。

二、维普中文期刊数据库检索方法

（一）进入数据库

通过检索入口直接进入数据库，如图 5-7 所示。

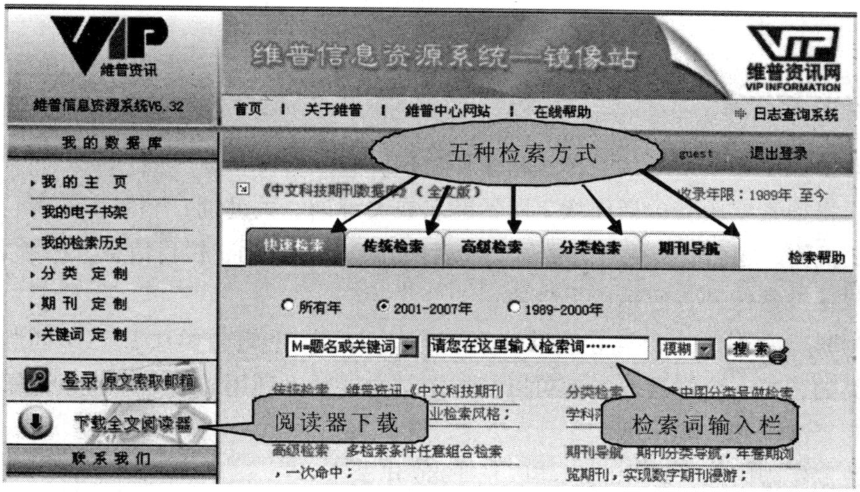

图 5-7　数据库界面

注意：为了正常下载和阅读维普资源，必须预先下载并安装维普浏览器或 PDF 浏览器。

（二）检索方式

1. 快速检索

直接在如图 5-7 所示的搜索输入栏中输入需要检索的内容，单击“搜索”按钮，即可进入结果页面，显示检索到的文章列表。

进入简单搜索页后，可以进行范围、年限、显示方式的选定，还可以在下面选择重新检索、在结果中检索、在结果中添加、在结果中去除等二次检索项，从而更加准确地锁定所需要的数据。

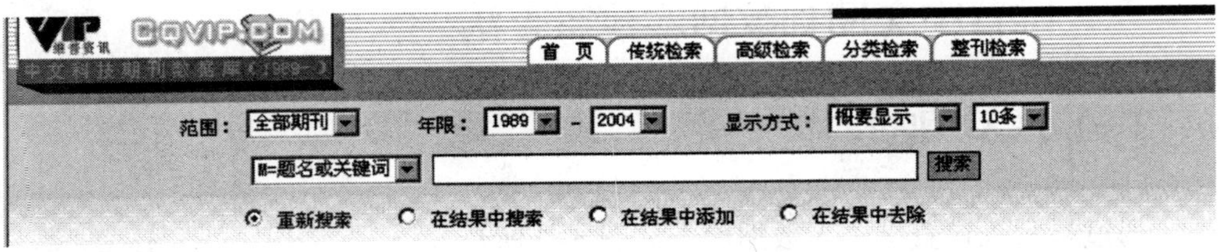

图 5-8 快速检索

2. 传统检索

点击如图 5-7 所示的“传统检索”按钮，进入传统检索界面。

选择检索字段：包括任意字段、题名或关键词、关键词、刊名、作者、第一作者、机构、题名、文摘、分类号、作者简介、基金资助、栏目信息、参考文献。

限定检索范围，包括以下内容：

学科类别限制：分类导航系统是参考《中国图书馆分类法》（第四版）进行分类的，每一个学科分类都可以按树形结构展开，利用导航缩小检索范围，进而提高查准率和查询速度。

数据年限限制：数据收录年限从 1989 年至今。

期刊范围显示：可按照重要期刊、核心期刊、EI 来源期刊、SCI 来源期刊、CA 来源期刊、CSCD 来源期刊、CSSCI 来源期刊检索。

检索式和复合检索：简单检索直接输入检索式；复合检索分为二次检索和直接输入检索式两种情况。二次检索是在一次检索的检索结果中运用“与、或、非”进行再限制检索。

需要注意的是，在“检索式输入框”右侧提供的“模糊”和“精确”查询功能在选定关键词、刊名、作者、第一作者和分类号这五个字段进行检索时才生效。

3. 分类检索

点击如图 5-7 所示的“期刊导航”按钮，进入分类检索界面。

分类检索页面相当于提前对搜索结果做个限制，用户在搜索前可以对文章所属性质做个限制。如果用户不勾选任何分类，则此次操作是搜索全部记录。

4. 高级检索

点击如图 5–7 所示的“高级检索”按钮，进入高级检索界面。

高级检索可以严格对检索条件进行限制，最大程度地提高了“检准率”，其中标题 / 关键词、刊名、分类号、作者、第一作者、机构、文摘可与“或与非”组合，从而更精准地定位所需资源，确保一次检索就能最大程度找到相关资源。

右边所有按钮均可以实现相对应的功能。只需要在前面的输入框中输入需要查看的信息，再点击相对应的按钮，即可得到系统给出的提示信息。

点击“再限制条件”按钮，以便进一步地减小搜索范围。

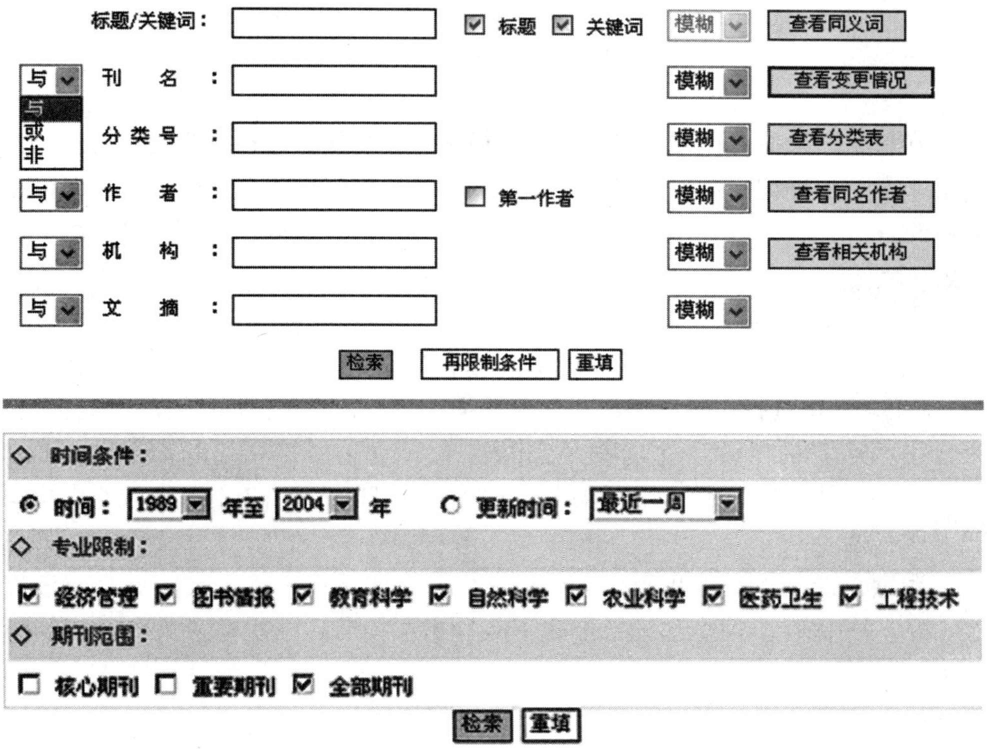

图 5–9　高级检索

5. 整刊检索

整刊检索页以 3 种搜索方式来查看所需期刊。

(1) **期刊搜索**

如果知道准确的刊名或 ISSN 号，在输入框中输入刊名或 ISSN 号，点击搜索，即可进入期刊名列表页。只需点击刊名即可进入期刊内容页。

(2) **按字母顺序查**

点击字母 A，即可列出以拼音字母 A 为首字母的所有期刊列表。

(3) **按学科查**

点击下面的学科分类，即可列出该学科分类下的所有期刊的刊名。

(三) 结果处理

1. 标记

在每条结果前的小方框内打“√”做标记，以便只选择想要的篇目进行打印和下载，但标记只对“下载题录”有效。若检索结果不止一个页面，可以逐页标记。

2. 保存、打印

题录：在结果显示页面，先选择记录范围，有“当前记录”“标记记录”“全部记录”供选择，然后点击“下载题录”，利用维普浏览器的保存和打印功能。注意保存和打印的三个选项功能相同。

全文：利用维普浏览器的存盘、打印功能，可以选择保存打印当前页、当前篇、所有篇。

注意：选择当前篇和所有篇结果一样，只能保存一篇论文，保存多篇论文必须逐一保存。用全部记录方式下载检出文摘时，一次性最大条数限制为 100 条。

第三节　万方数字化期刊全文数据库

一、万方数据资源系统概述（http://www.wanfangdata.com.cn）

万方数据资源系统是中国唯一完整的科技信息群，它是北京万方数据股份有限公司在中国科技信息研究所的全部信息服务资源的基础上建立起来的，形成以科技信息为主，集经济、金融、社会、人文信息为一体，实现网络化服务的信息资源系统。

系统汇集中国学位论文文摘、会议论文文摘、科技成果、专利技术、标准法规、各类科技文献、科技机构、科技名人等近百个数据库，其上千万的海量信息资源，被整合为科技信息系统、数字化期刊、企业服务系统三大子系统和一个科技动态板块。既有全文型的信息资源，如期刊全文、法规全文，也有文摘题录型的信息资源，如学位论文、会议论文、科技文献等，还有科技和商务动态等信息组成的动态信息资源。

数字化期刊系统包括数字化期刊全文数据库和数字化期刊刊名数据库。

数字化期刊全文数据库是万方数据资源系统的重要组成部分，由万方数据自主建设，以中国数字化期刊群为基础，整合了中国科技论文与引文数据库及其他相关数据库中的期刊条目部分内容，基本包括了我国文献计量单位中自然科学类统计源刊和社会科学类核心源期刊。不仅是我国首家网上期刊的出版联盟，而且是核心期刊测评和论文统计分析的数据源基础。该库内容采用国际流行的 HTML 格式和 PDF 格式制作上网，整体数字化期刊遵循电子期刊以刊为单位的原则，按理、工、农、医、人文排列，交叉入类、刊名查询，符合用户的阅读习惯，以多角度、全方位地进入期刊主页浏览，具备了网上期刊资源门户的特征。截至 2011 年 12 月，数据量接近 1900 万条。

数字化期刊刊名数据库是万方数据资源系统数字化期刊系统的重要组成部

分，也是由万方数据自主建设。它集我国文献计量单位中自然科学类统计源刊和社会科学类核心源期刊的刊物详细介绍信息于一体，构成了基于互联网上的中文电子期刊的基础。该库不但使用户能深入了解相关刊物，还有助于用户迅速在庞大的数字化期刊群中找到关注的期刊，并引导用户以刊的方式快速浏览各刊期的目录信息，并调取所关注的全文。

二、数字化期刊全文数据库检索方法

在万方数据资源系统首页点击“数字化期刊”进入期刊全文检索系统。

（一）经典检索

检索步骤如下：

①选择检索字段。检索字段有：论文标题、作者、作者单位、刊名、年、期、关键词、摘要、PDF 全文。

②输入检索词。在文本框中输入检索词。

③限定年度范围。可在 1982 年至检索当时范围内选择任意所需时间段进行检索。

④点击“检索文章”按钮执行检索。

检索示例：检索 2006 年和 2007 年题名中含有“体育产业”的文章。

检索步骤：按上述介绍步骤进入数字化期刊数据库检索界面，选择检索字段“论文标题”，输入检索词“体育产业”，限定年度范围：2006—2007，点击“检索文章”。

如果有两个以上检索条件（含两个），则可以通过检索字段选择框前的“＋”“－”按钮增加或删除检索条件框，并选择逻辑运算符确定检索词之间的关系。系统提供的逻辑运算符为“与”“或”“非”，分别代表布尔逻辑运算的逻辑与、逻辑或、逻辑非运算。

检索示例：检索 2006 年以来题名中含有“体育产业”和“奥运会”的文章。

检索步骤略。检索结果如图 5-10 所示。

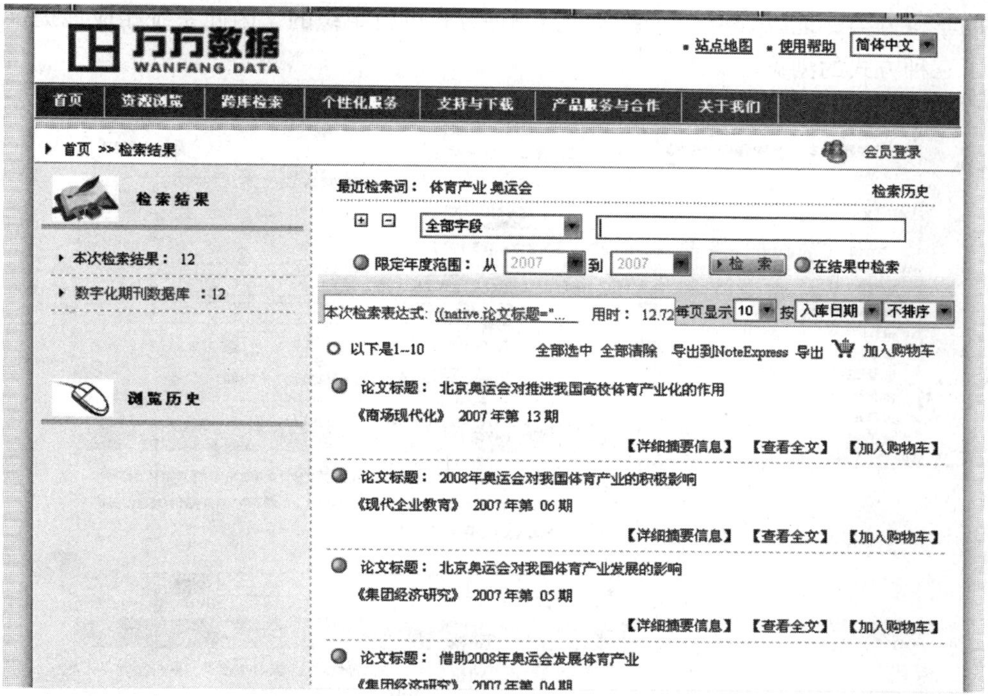

图 5–10　经典检索示例结果

在检索结果页面，如对检索结果不满意，可进行“在结果中检索”的二次检索，检索方法同 CNKI 中国知网的二次检索，此处不再赘述。

（二）专业检索

专业检索同 CNKI 中国知网的一样需要检索人员根据系统的检索语法编制检索式进行检索，适用于熟练掌握检索技术的专业检索人员。此处略去。

（三）期刊浏览

在万方数据资源系统首页点击“资源浏览”中的“按期刊浏览”，或点击“数字化期刊”均可进入期刊浏览，如图 5–11 所示。该系统的资源主要是按期刊的学科分类、地区分类、首字母分类三种方式进行组织的，因此系统相应地提供了三种方式的浏览。

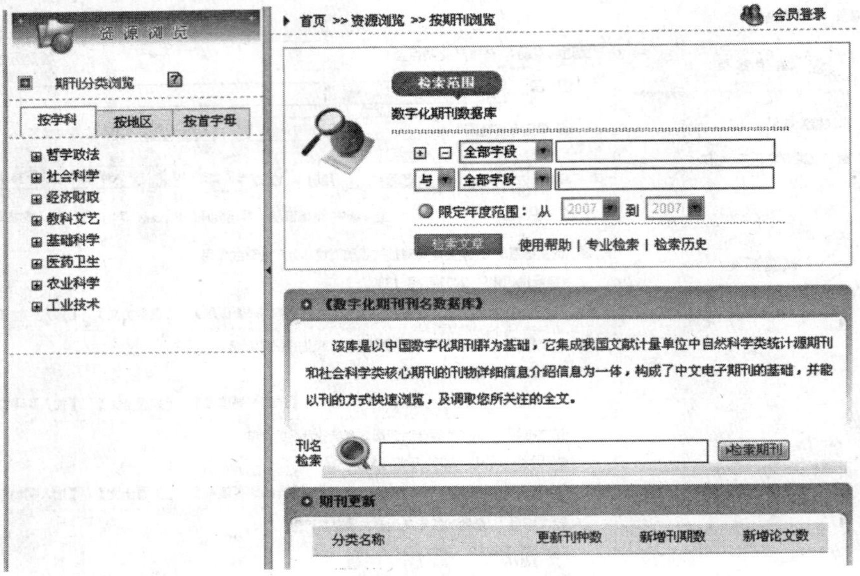

图 5-11 期刊浏览界面

期刊浏览界面被分成四个区，左边为期刊的分类导航区，右边为期刊全文数据库检索区、期刊刊名数据库检索区、期刊更新信息区。

期刊的分类导航区分别可以按学科、按地区、按首字母浏览期刊，均为树状结构。点击类目前的“+”即可展开类目，直接点击类目名称，则期刊更新信息区会变为该类目下所有系统收录期刊的列表。如果该类目为树状结构中最小级别类目，则期刊列表也会出现在该类目名称下。

按学科分类，包括哲学政法（317 种）、社会科学（618 种）、经济财政（527 种）、教科文艺（1314 种）、基础科学（837 种）、医药卫生（1134 种）、农业科学（533 种）、工业技术（2037 种）八个大类，共计 7300 多种期刊（数据截至 2011 年底）。点击“教科文艺”前的“+”展开类目，再点击展开类目中的“体育”，体育类有 40 种期刊。

按地区浏览，即按期刊的发行地，将期刊分别列在全国除台湾、港澳地区的 31 个行政区划下，点击某个地区即可显示该地区所有期刊列表。如点击“上海”，可以看到，上海地区共有期刊 443 种。

按首字母浏览，系统显示期刊按首字母排列的分类树，点击某个字母即可显示该字母的所有期刊列表。如点击“B”，可以看到，首字母为 B 的期刊有 169 种。

点击浏览结果页面期刊列表中的刊名链接，即可进入期刊概览页。如点击上例中学科浏览结果页面体育类期刊列表中的“体育文化导刊”，即进入该刊的概览页。

期刊概览页面显示了期刊的基本信息和期刊列表。期刊基本信息包括：中文名称、英文名称、出版周期、刊物简介、主管单位、主办单位、地址、邮编、网址、ISSN、国内刊号、邮发代号、主编、电话、E-mail 等信息，还有期刊主要栏目介绍及获奖情况等。刊期列表对期刊按年和期的分类，点击年期列表中的“查看全部”按钮，将显示该期刊的所有年期信息。点击进入某一期后，将显示期刊目录，其中篇首信息是免费信息，PDF 全文是付费信息。

点击“PDF 全文”则出现用户登录界面，需要登录付费后方可使用。

期刊概览界面还提供了在本刊中检索的功能区，如在《体育文化导刊》检索关于体育旅游的文章，可选择“关键词”字段，输入检索词“体育旅游”，点击“检索”。

在此界面，同样可进行“在结果中检索”的二次检索。

在期刊浏览界面的期刊全文数据库检索区上文已做详细介绍，期刊更新信息区显示期刊的更新信息，主要是按学科浏览时，显示各学科的更新刊种数、新增刊期数和新增论文数。

在期刊刊名数据库检索区，可以进行期刊刊名的快速检索，包括精确检索和模糊检索。如检索刊名中含有“体育”的期刊，即可进行模糊检索，在刊名检索输入框中输入“体育”，点击“检索期刊”。如检索《北京体育大学学报》，即可进行精确检索，刊名检索输入框中输入“北京体育大学学报”，点击“检索期刊”。检索结果如图 5-12 所示。

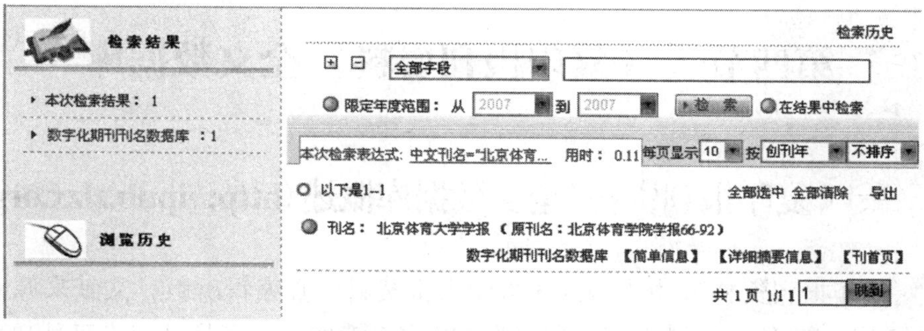

图 5-12　精确检索举例结果

在检索结果页面，如有需要，均可进行刊名的二次检索（在结果中搜索），检索字段有刊名、ISSN、CN、主办单位。

（四）检索结果的处理

1. 细览页

在检索结果页面点击某条记录的论文标题或标题下的“【详细摘要信息】”即可进入文章的细览页。细览页提供了文章的详细信息，如数据库名、题名、作者、刊名、关键词、摘要等，还提供了各相关信息的入口链接（热链HotLink），通过热链可以链接到各字段相关信息页面。细览页面还可以选择不同的显示模式。

2. 全文浏览与下载

万方数据资源系统的期刊全文大多为 PDF 格式，可在细览页点击“阅读器下载”，或进入首页→支持与下载→下载专区，下载安装阅读软件 Acrobat Reader V7.0。

点击细览页或检索结果页面论文标题下的“【查看全文】”，即出现用户登录界面。

登录后（初次登录需要先进行注册，成为系统会员），出现付费界面，可通过手机支付或银行卡支付两种方式进行单篇付费。也可以通过首页→个性化服务→购卡，事先购买万方数据检索阅读会员卡 / 充值卡，自主在万方数据资源系统中生成预付费新账户或向已有预付费账户中充值。

付费成功后，即可进行全文浏览或下载。

第四节 《复印报刊资料》全文数据库

一、《复印报刊资料》全文数据库概述（http://ipub.zlzx.org）

《复印报刊资料》由中国人民大学书报资料中心编辑出版；文献来源于国内公开发行的 4500 多种报刊；划分为 110 多个专题，大多是月刊或双月刊，极少数是季刊；各专题下设全文复印内容和题录索引内容。它是国内最有影响的社会科学专题文献资料库。《复印报刊资料》全文数据库收录自 1995 年以来《复印报刊资料》中的文献全文，约 30 万篇。原分为政治、经济、教育、文史四大类，从 2007 年开始，增加理工类专题，类目下按年度或季度细分，内容涵盖人文社会科学各个领域及部分自然科学领域。主要类目有政治学与社会学类、法律类、哲学类、文学与艺术类、教育类、经济学与经济管理类、历史类、文化信息传播类。

二、数据库检索方法

数据库提供分类导航、基本检索和高级检索。

（一）分类导航

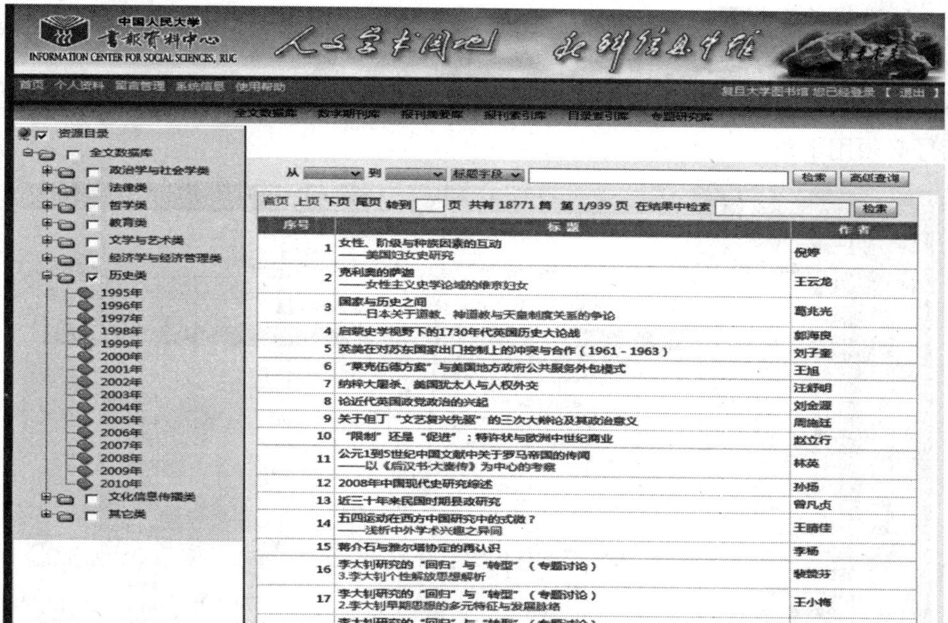

图 5-13　分类导航

在当前检索结果内，再给出检索条件进行检索，缩小文献范围。

检索举例：朝鲜战争对日本的影响；

分类导航——历史类；

标题字段——朝鲜战争；

在结果中检索——日本。

（二）基本检索

进入数据库后的默认界面即为基本检索界面。利用基本检索系统能进行快速方便的查询，适用于不熟悉多条件组合查询的用户。该查询的特点是方便快速，执行效率较高，但查询结果有比较大的冗余，会检索出一大批检索者所不期望的结果。如果能在结果范围内再检索则检索命中率会大大提高。

检索举例：在政治学与社会学类中查找有关邓小平理论与马列主义关系的文献，要求提高相关度。

①选择分类目录；

②选择检索年限；

③选择标题字段；

④输入检索式：邓小平 * 理论 *（马克思 + 马列 + 列宁）。（注：运算符与括号必须用半角）

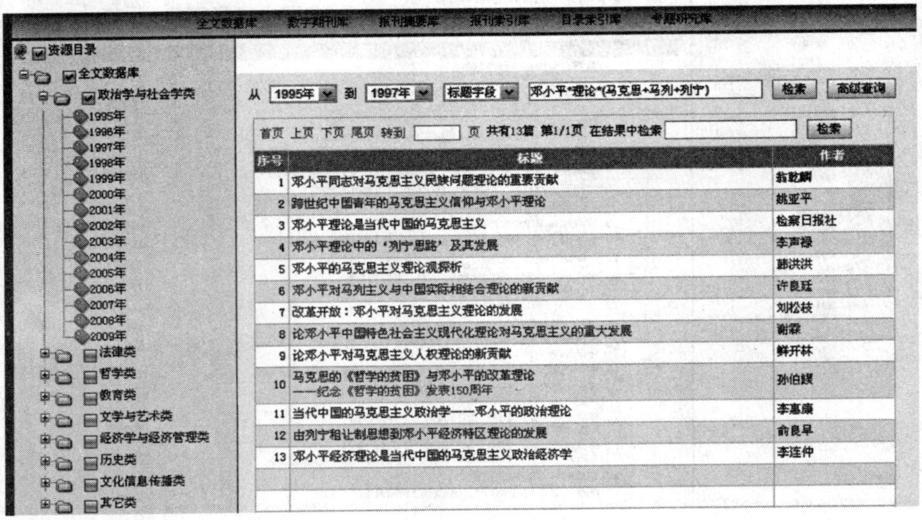

图 5–14　基本检索示例

（三）高级检索

即将多种检索途径的多个查询条件组合起来进行复合查询。通过单击“高级查询”按钮，在检索显示区将出现高级查询条件输入列表界面。利用高级检索系统能进行快速有效的组合查询，优点是查询结果冗余少，命中率高。对于命中率要求较高的查询，建议使用该检索系统。高级检索能满足较复杂的检索需求。

高级检索举例：李邦友于 2003 年撰写的“恶意透支型信用卡诈骗研究”一文。检索方法如图 5-15 所示。

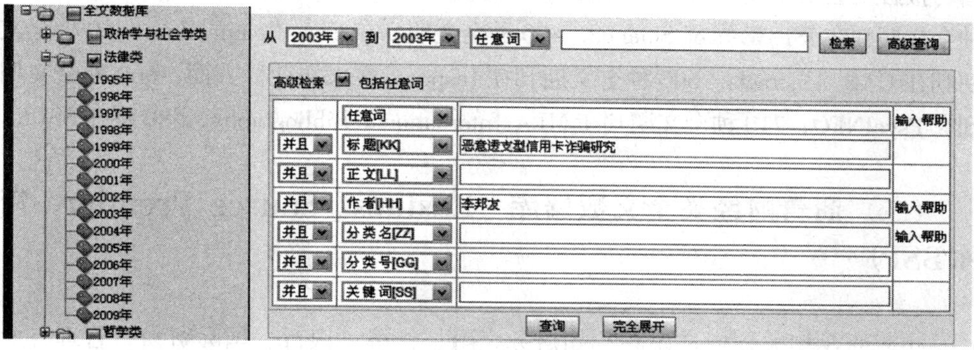

图 5-15　高级检索示例

第五节　EBSCO 数据库

一、EBSCO 数据库概述（http://www.ebscohost.com）

EBSCO 是一个具有 60 多年历史的大型文献服务专业公司，提供期刊、文献定购及出版等服务，总部在美国，19 个国家设有分部。开发了近 100 多个在线文献数据库，涉及自然科学、社会科学、人文和艺术等多种学术领域。

EBSCOhost 平台包括多个子数据库，收录情况大致如下。

（一）综合学科学术参考类（商学除外）全文数据库（Academic Search Premier，简称 ASP）

数据库是针对于学术机构与科研院所专力打造的全文数据库，是目前全球最权威并且涵盖学科范围最丰富的全文数据库之一，涵盖多元化之学术研究领域，包括：人类学、化学、医药、科技、工程、教育、艺术、文学、语言学、政治、信息科学、妇女研究、护理、人文社会研究等。共计逾 10100 种索引及摘要，逾 6100 种的全文期刊（最早回溯至 1975 年）。

其中 5100 种为专家评审（peer-reviewed）及 553 种非期刊类全文出版物（如书籍、报告及会议论文等）。特别的是 ASC 有近 2800 种全文期刊收录在 Scopus，2000 种全文期刊在 ISI-Web of Science，400 种全文期刊在 E. I. Compendex，830 种全文期刊在 CAB Abstracts，600 种全文期刊在 Inspec；在人文社科方面，660 种全文期刊在 PsycINFO，710 种全文期刊在 MLA International Bibliography，580 种在 SSCI。

（二）商管财经类全文数据库（Business Source Premier，简称 BSP）

涵盖商业相关领域之议题，如财务金融、经济、银行、国际贸易、管理、业务营销、商业理论与实务、房地产、产业报道等。收录期刊数 9680 种以上刊物的索引及摘要，其中逾 8770 种的出版品有全文资料，部分全文期刊可回溯至 1965 年或更早，其中包括 Harvard Business Review 回溯至 1922 年，Quarterly Journal of Economics 回溯至 1886 年。该数据库包含 2.2 万份全文出版物，其中 1143 种同行评审全文期刊，部分回溯至创刊，138 本专著书籍，2922 份 SWOT分析，数千份来自 Datamonitor、EIU、ICON、OECD、CountryWatch 等机构的案例分析、经济报告、评论、研究、市场研究报告、产业报告、公司信息等。

（三）多学科全文数据库（MasterFILE Premier）

收录近 1750 种普通参考出版物全文，全文信息虽远可追溯至 1975 年。还收录了近 500 本参考工具书（包括世界年鉴在内）的全文、近 8.6 万本传记的全文、10 万多份第一手文献全文，以及由 40 多万张相片、地图和旗帜组成的图片集等，几乎包罗万象。数据每日更新。

(四) 历史参考中心 (History Reference Center)

收录2400多部参考工具书、百科全书以及纪实性著作 (non-fiction books) 的全文、135 种主流历史杂志的完整全文 (cover to cover fulltext)、6.1万多份历史文献、5.7万篇历史风云人物的传记 (biographies or historical figures) 和11万余幅历史照片、地图，以及80多个小时的历史性录像。

(五) 传播与大众传媒全文数据库 (Communication & Mass Media Complete，简称CMMC)

CMMC又译“大众传播学暨应用外文全文资料库”，收录350种全文期刊以及660多种期刊的索引和摘要 (其中，460多种期刊的所有文章全部收录；200多种期刊有选择地收录)。

此外，EBSCOhost平台还包括许多子数据库，诸如：美国经济协会电子数据库 (EconLit)、就业与从业专辑 (又读“职业技术全集”，Vocational and Career Collection)、职业教育专辑 (Professional Development Collection)、美国教育资源信息中心数据库 (ERIC，全称Educational Resource Information Center)、美国医学文献数据库 (MEDLINE，其前身为《医学索引》)、护理与医疗全文库 (CINAHL Plus with Full Text)、报纸资源库 (Newspaper Source)、地区商业新闻 (Regional Business News)、图书馆与信息科技文摘库 (Library Information Sci ence & Technology Abstract，简称LISTA)，等等，详见EBSCOhost的子数据库选择界面。

二、EBSCO数据库检索方法

(一) 基本方法和技术

1. 数据库的选择

可以对单个数据库进行检索，也可以同时选择多个数据库进行检索，同时对多个数据库进行检索可能会影响某些检索功能或数据库的使用。单个数据库检索时，只需点击这个数据库的名称。也可以在这个数据库前的方框内打钩，然后按“继续”按钮。对多个数据库进行检索，在所有同时检索的数据库前的方框内打钩，然后按“继续按钮。

2. 检索方式

包括基本检索（basic search）、高级检索（advanced search）、关键词检索（Keyword）、主题词检索（Subjects Terms）、出版物检索（Publications）、索引词表检索（Indexes）、图像检索（Images）、引文检索（Cited References）。

3. 常用检索技术

（1）布尔逻辑检索

布尔逻辑算符：and，or，not，优先级（“()”），在默认情况下，逻辑运算的顺序为从左到右。如果要改变逻辑运算的优先级次序，则需要使用“()”。括号可以嵌套，比如查询气候变化方面的文献：climate and（change or variation）。

（2）位置算符

N：Near 算符，表示两个检索词为相邻关系，两个词之间不能插入任何词，但词序可以颠倒。Nn：词序可换，最多可间隔 n 个单词。

W：With 算符，表示两个检索词紧挨着，词序不能颠倒，中间不能有其他词，但可以有空格和标点符号。Wn：词序不可换；最多可插入 n 个单词。

（3）截词检索

* 只用于词尾，可代替无限个字符。

? 只用于词中替代 1 个或 0 个字母。

（4）字段检索：字段代码 + 空格 + 检索词

AB（Abstract）——文摘

AU（Author）——著者

AN（Access Number）——记录号

IS——ISSN

GE——地理标识

SO（Journal name）——刊名

SU（Subject）——主题词

TI（Title）——题名

TX（All text）——所有字段

KW（Keyword）——著者提供关键词

注：对有运算符的检索式进行字段限制时要用括号括起检索式。

例：kw（clone or cloning）

ti anti-terrorism

au david and ti programm*

4. 检索条件修饰区

限制条件：

①全文（full text）

②有参考文献（reference available）

③学术期刊 专家评定的（scholarly journals）

④出版日期（Publication Date）

⑤出版物（Publication）

⑥出版类型（Publication Type）

⑦页数限制（Number Of Pages）

⑧文章中是否有图（Articles With Images）

扩展条件：

①也检索相关检索词（Also search for related words）

②在全文范围内检索（Also search within the full text of the articles）

③自动添加检索词（Automatically "And" search terms）

（二）基本检索

提供一种简捷的检索方式。在检索框中输入检索词或检索策略，然后单击"search"。允许使用布尔逻辑检索、截词检索、字段限制检索、位置算符检索。在限制检索区可进一步限定或扩大检索结果。

检索举例：查找发表在法学期刊上，篇名中出现领土国际法的期刊文献（全文）。

检索过程如下：

输入：ti（international law and territor*）；

选择 peer reviewed；

限定发表在刊名（Publication）含 law 的期刊；

出版物类型为期刊（Periodical），限定为全文（Full Text）。

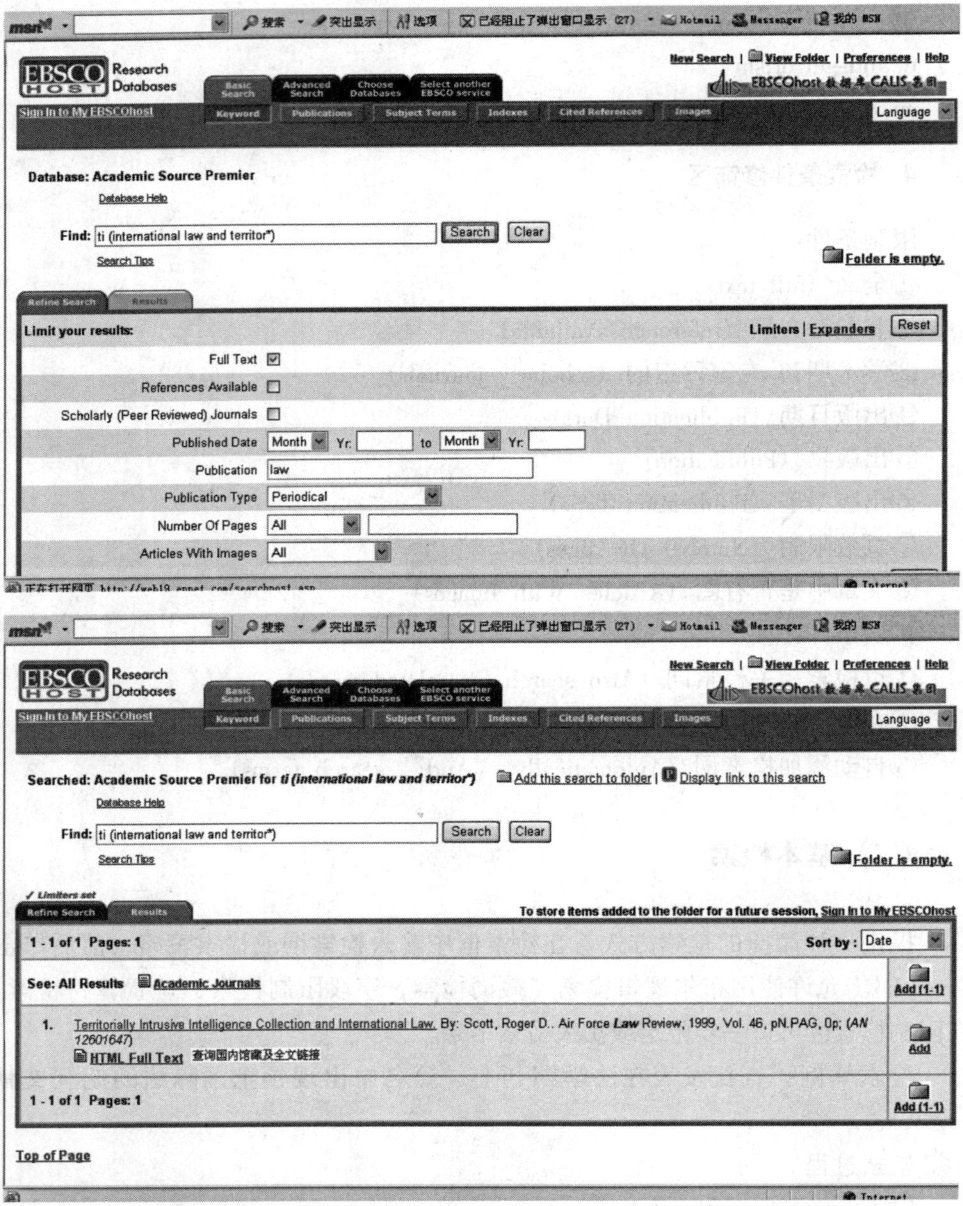

图 5–16　基本检索示例

（三）高级检索

输入区增设了检索字段代码表。提供多个检索入口使用下拉菜单可以直接选择逻辑组配关系，使检索更加便捷、准确。在一个输入框中同样可以使用逻辑运算等检索技术。修饰区增加了文献类型（Document Type）选项和封面故事（Cover Story）。封面故事是在期刊封面上注重介绍的文章。通常封面故事是在期刊出版当时发生的比较重要的事件或比较重要的文章。选择此选项则只在封面故事中进行检索。

检索示例：检索 2000 年到 2005 年发表的有关转基因玉米方面的全文文献。

检索词：玉米（maize，corn，mealie）和转基因植物（transgenic plants）

逻辑关系：（maize or corn or mealie）and transgenic plants

限制字段：All Text

refine search 区：Full Text

publication date：from 2000 to 2005

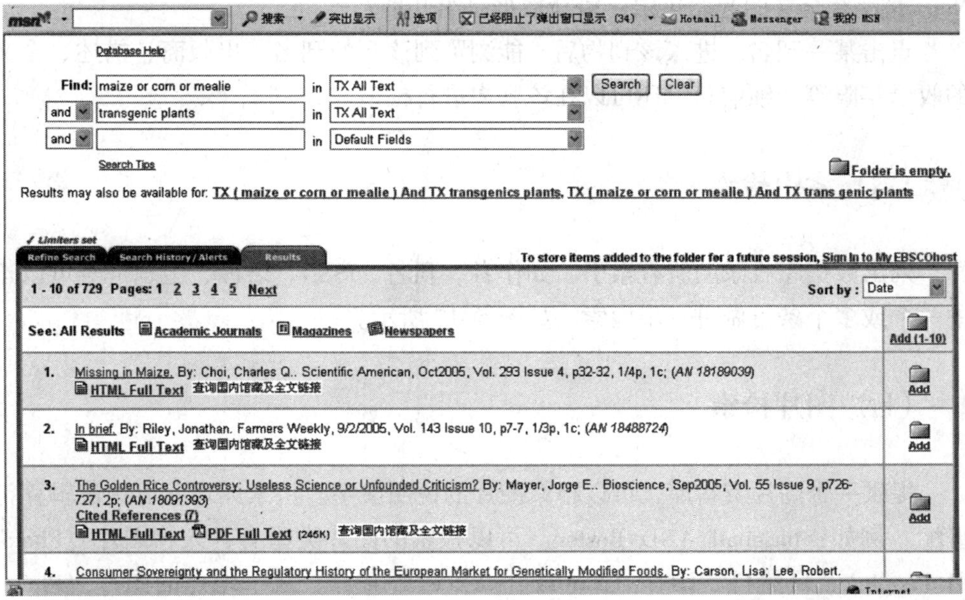

图 5–17　高级检索示例

（四）检索历史

可以查看自己检索的历史记录。

（五）出版物浏览

1. 检索某一出版物中的文献

选定特定的出版物，点击 ADD 添加到输入框中进行检索。

2. 浏览出版物

①按字母顺序浏览；
②按主题词和描述词浏览；
③任意词匹配：匹配期刊名称中的任意词。

例：查找刊名中含有 neurology 的期刊，并查看期刊 European Journal of Neurology 有全文的起始年限，最新数据是第几期？

点击某一刊名，进入该刊物后，能浏览到该刊的刊名、出版商、描述、全文的收录年限等详细信息。还可以在该刊内进行检索。

（六）索引检索

列出数据库收录的所有索引，如作者、刊名、ISSN、语种、主题词等可以选中一个或多个条目做进一步检索。如图 5-17 所示。

（七）图片检索

提供一个图片资料库，可以检索图片的说明文字。检索词之间可用逻辑算符组配。例如：baseball AND Boston。可以检索的图片类型有：人物图片（Photos Of People）、自然科学图片（Natural Science Photos）、某一地点的图片（Photos Of Places）、历史图片（Historical Photos）、地图（Maps）、国旗（Flags）。

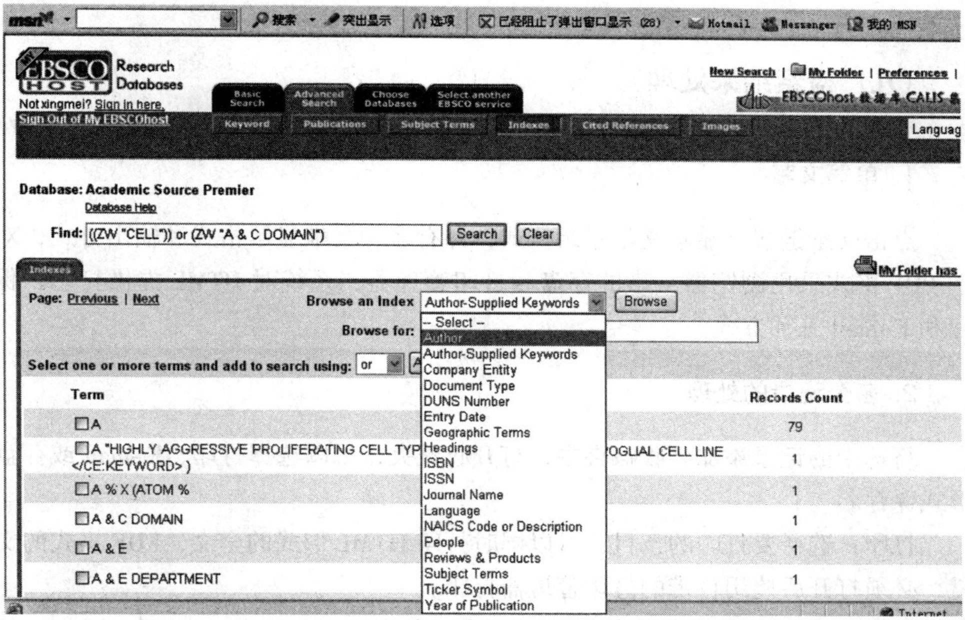

图 5–18　索引检索

（八）检索结果

1. 检索结果列表

①文献数目：列出命中记录数、现在显示的记录范围、翻页按钮

②文献类型：命中记录的文献类型

③文献信息：这一区域显示文章的信息：文章题名、作者、来源、出版时间、卷、期、页码范围、总页数、参考文献等

2. 全文情况

这一区域显示数据库中收录这篇文章的全文的情况。全文的格式可能有：HTML、PDF，link to full text。还提供了国内馆藏查询功能。

（九）检索结果处理

1. 单篇文献

点击文献链接，显示文献题录格式，并有多种文献显示格式和输出方式，对于 PDF 格式采用浏览器自带的存盘和打印管理器，系统对 HTML 提供打印、保存和 E-mail 三种方式。

2. 多个记录的处理

将选中的记录添加到收藏夹中，打开收藏夹，可以选择打印、E-mail 或存盘形式保存。

打印：选择要打印的条目，可以同时打印 HTML 形式的全文，FDF 格式的文献，必须打开后使用自带的打印管理器打印。

保存：除了保存选定的条目外，还可以保存文献的链接，以便以后打开使用。存盘后的内容将显示在浏览器页面，需利用浏览器的“另存为”，保存到自己所需的路径下。

第六章 体育学位论文的检索

学位论文集中反映了学校的教学、科研成果，是广大师生十分重视、学术研究中十分重要的信息资源，尤其是博士、硕士论文，是不同于一般期刊或图书文献的高水平的文献资料，对于研究和跟踪世界最新科学前沿有着不可替代的作用。对学位论文的要求学术性是第一位的，不同于一般的学术论文。一般的学术论文只要求有一定的创见，几千字即可。而学位论文则是对本科生或研究生多年学习成果及科研能力的检验，要体现其多年积累的学术科研水平，对其选题有相关的规定。学位论文一般把本学科的基础理论知识与最新发展动态系统地结合在一起，既反映学科发展过程，又揭示了未来发展趋势。一篇学位论文的完成不仅凝结着研究者及导师的双重心血，还有严格的评审制度，有很高的科研价值。学位论文结构严谨、观点明确。结构严谨体现在章节安排、段落层次及上下文衔接等方面；观点明确体现在资料收集时间较长、选题慎重、观点成熟。国内大学一般本科生学位论文 1 万字左右、硕士生 2 万 ~ 5 万字、博士生 5 万 ~ 10 万字。学位论文一般不公开出版、公开出售，属于灰色文献，获取比较困难。下面介绍几种检索国内外学位论文的常用数据库。

第一节 CNKI 中国知网的学位论文数据库

一、CNKI 中国知网学位论文数据库概述（http://www.cnki. net）

目前，CNKI 中国知网共有两个学位论文数据库——中国博士学位论文全文数据库（下文简称“博士论文库”）、中国优秀硕士学位论文全文数据库（下文简称“硕士论文库”）。截至 2011 年 12 月 31 日，前者收录了博士学位论文约 16.9 万篇，后者收录了硕士学位论文约 131 万篇。这些学位论文分别来自 401 家博士培养单位（以中国大陆地区为主。目前，除了中国大陆的博士学位论文，还收录了极少数海外博士学位论文，详见“学位授予单位导航”）和中国大陆地区的611家硕士培养单位。学科范围覆盖了人文社会科学与自然科学的各个分支学科领域。收录年限从1984年至今，以1999年以后为主。

二、检索方法

检索前，首先需点击中国知网首页的“进入总库检索”按钮（或链接），进入“中国学术文献网络出版总库”，选择需要检索的数据库。

如果单独选择一个数据库进行检索，“博士论文库”与“硕士论文库”的检索方式几乎完全相同，主要有标准检索、专业检索、分类导航浏览。其中，标准检索、分类导航浏览较为常用和实用。如图6-1所示。

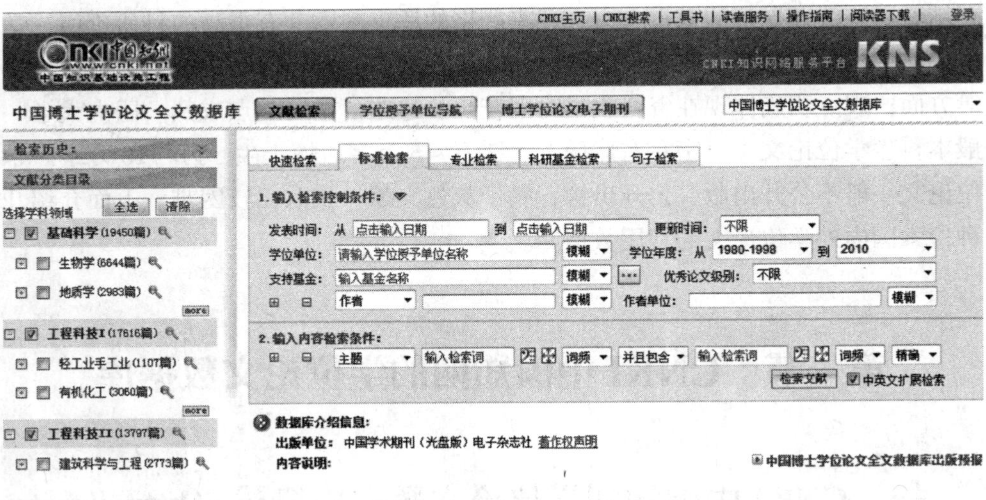

图6-1　博士学位论文数据库

如果同时选择“博士论文库”和“硕士论文库”，则可进行跨库检索（既可以标准检索、专业检索、分类导航浏览，还可以高级检索）。

此外，快速检索、简单检索虽然也可使用，但是，基于实用原则，不拟推荐。

具体检索方法与“中国学术期刊网络出版总库”大同小异，可参考第五章的有关介绍。

三、全文的阅读与使用

在检索结果界面（图 6-2），点击论文标题，可以进入“节点文献”界面。在该界面，可以对论文进行分页下载、分章下载、整本下载，或者在线阅读。

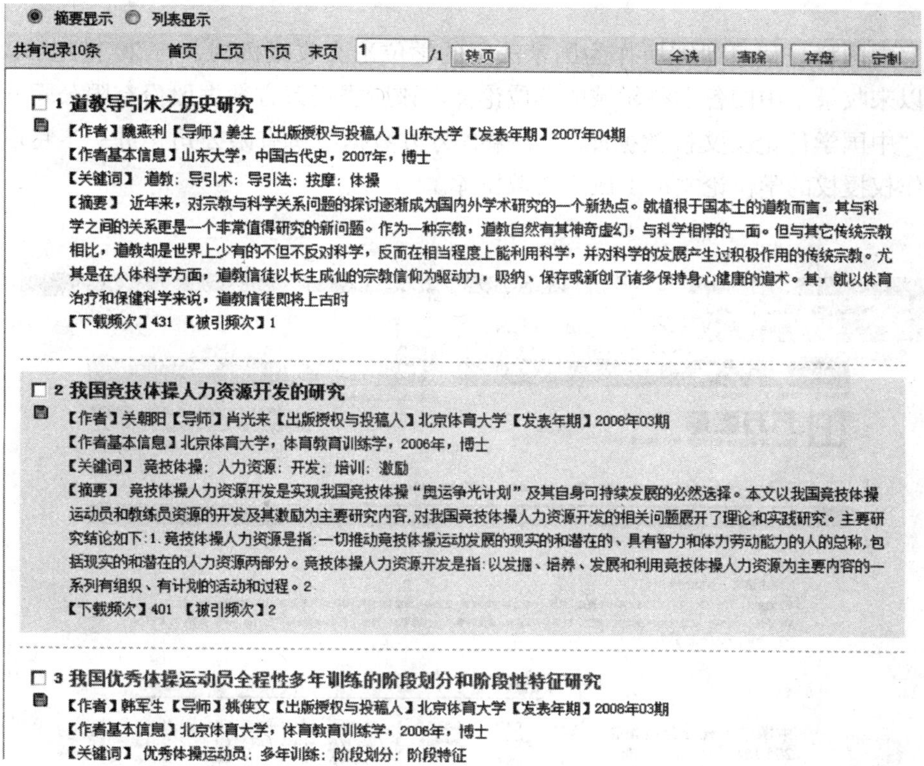

图 6-2　博士学位论文检索结果

注意，阅读中国知网的学位论文全文（NH 文件）须先下载并安装最新版本的 CAJViewer 软件（目前版本为 CAJViewer 7.1.2）。整本下载的全文（NH 文件)，可在任何安装好最新版本的 CAJView 软件的计算机上阅读。双击 NH 文件图标即可打开全文。

第二节　万方学位论文全文数据库

一、万方学位论文全文数据库概述（http://www.wanfangdata.com.cn）

中国科技信息研究所作为国家法定的学位论文收藏机构，自 20 世纪 80 年代以来收录了中国各学科领域的学位论文。该所委托万方数据股份有限公司开发了“中国学位论文文摘数据库”，后来，万方数据股份有限公司又进一步将取得著作权授权的学位论文加工成全文数据库。

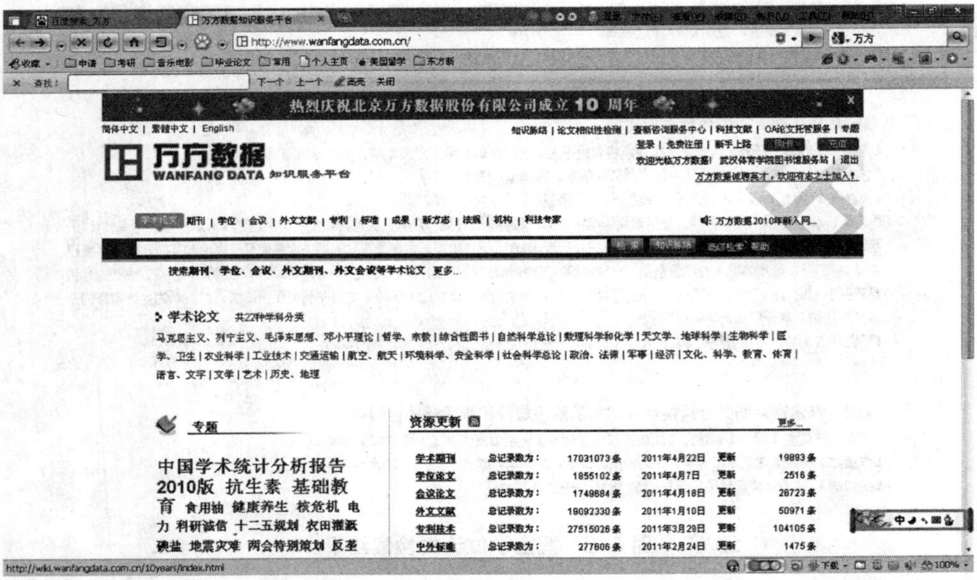

图 6–3　万方学位论文全文数据库

二、检索方法

（一）检索技术

"模糊"：表示所输检索词在所选字段任一位置出现。

"精确"：一般表示所输检索词与所选字段内容完全相同，库中所提供的检索字段均支持"精确匹配"。

"前方一致"：表示所选字段内容以所输检索词开头。

（二）检索方式

万方数据知识服务平台的中国学位论文全文数据库可分为按学科、专业和学校所在地检索。

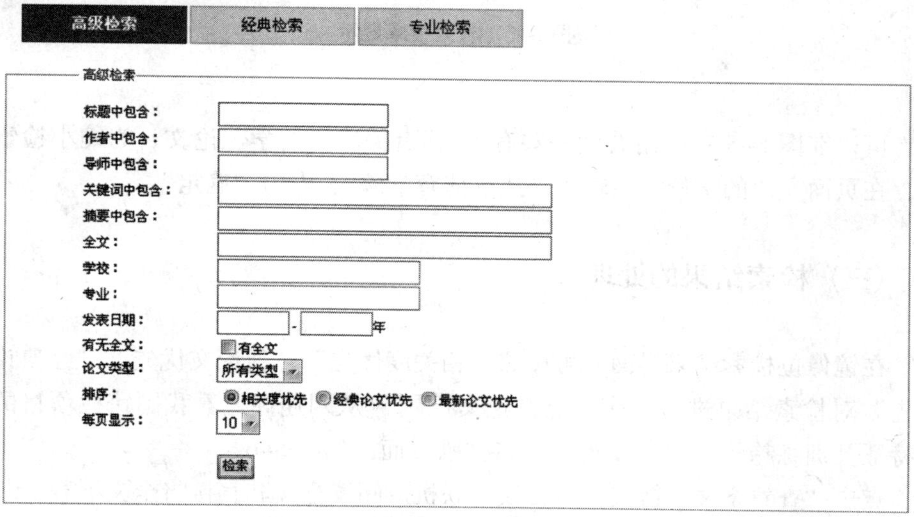

图 6-4　基本检索区

进入高级检索页面，可以看到除高级检索之外，还有经典检索、专业检索。

下面以高级检索为例，检索一篇有关“跨栏”主题，学校是“武汉体育学院”的文章。

在“标题中包含”一栏中输入“跨栏”，点击“检索”。得到结果如图 6–5 所示。

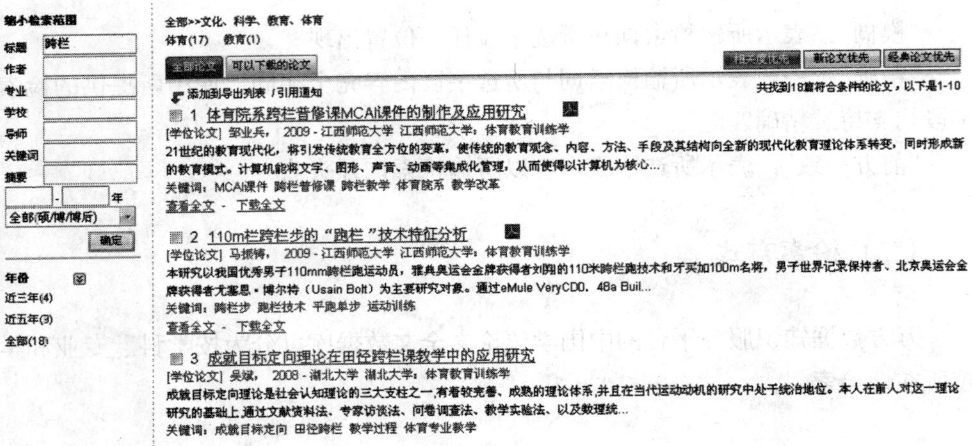

图 6–5　检索结果显示

可以在图 6–5 右上角看到一共有 18 篇有关跨栏的学位论文，为缩小检索范围，在页面左边的学校一栏输入“武汉体育学院”，点击“确定”。

(三) 检索结果的处理

在镜像位检索结果界面，可按照“相关度优先”“新论文优先”“经典论文优先”对检索结果进行排序。点击论文标题《从刘翔夺冠看我国跨栏项目的发展特征及训练趋势》进入该论文节点文献页面，如图 6–6。

点击“查看全文”链接，可在线（联机）阅读全文和直接将全文下载。

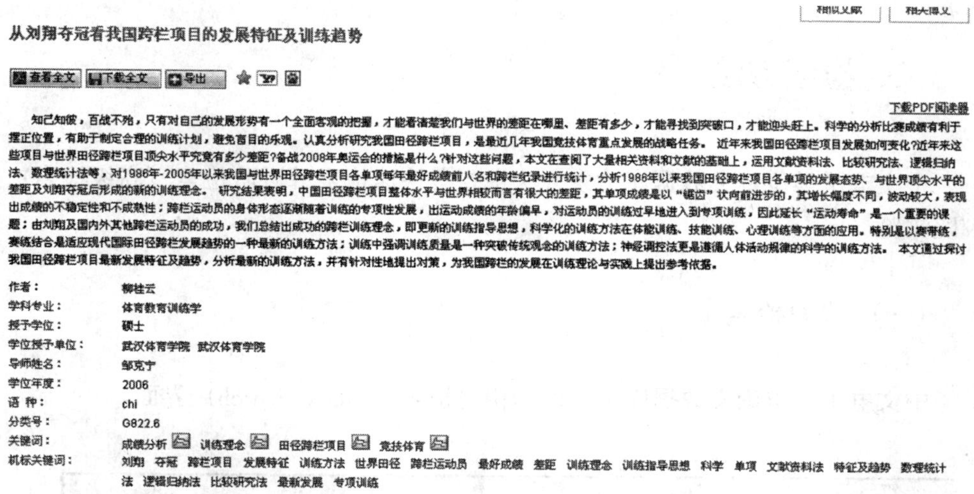

图 6–6　节点文献

第三节　中文电子学位论文数据库

一、中文电子学位论文数据库概述（http://www.cetd.com.tw/ec）

中文电子学位论文数据库（Chinese Electronic Theses and Dissertations Service，简称 CETD）是华艺数位股份有限公司于 2004 年所推出整合台湾博、硕士论文于单一平台的学术性数据库。中文电子学位论文数据库针对全球超过 15 亿以中文为主要读写媒介的读者，提供以中文为主要文字语言的整合学位论文全文服务。中文电子学位论文数据库收录学位论文时以中文为主要语言类别，目前收录台湾地区 19 所大专院校和香港大学的博、硕士论文。其中，书目记录 6 万余条，全文近 5 万篇。

二、检索方法

中文电子学位论文数据库检索方法主要有快速检索、进阶检索（高级检索）、校院浏览。

（一）快速检索

中文电子学位论文数据库主页即为快速检索（Quick Search）界面。

图 6–7 快速检索

快速检索将同时在以下检索字段中进行检索：论文篇名、作者、学校、系所、指导教授、关键词、摘要、参考文献。

检索方法：在检索条件输入框中直按输入一个检索词，例如，“system”，然后，点击“检索”按钮。注意：如果是中文检索词必须是繁体字（网上免费“汉字简体繁体转换”系统可将简体字转换成繁体字，如 http://www.aies.cn）。

检索条件输入框内也可输入多个检索词，检索词之间须用规定的连接组配符号连接，从而进行布尔检索。例如："词 + 李后主"。详见表 6–2。

表 6–2　中文电子学位论文数据库的连接组配符号

连接组配符号	功能（含义）	示例
空格加上加号（+）	布尔逻辑"与"（AND）	词 + 李后主
空格加上减号（–）	布尔逻辑"非"（NOT）	唐诗 – 词

检索结果如图 6–8 所示。

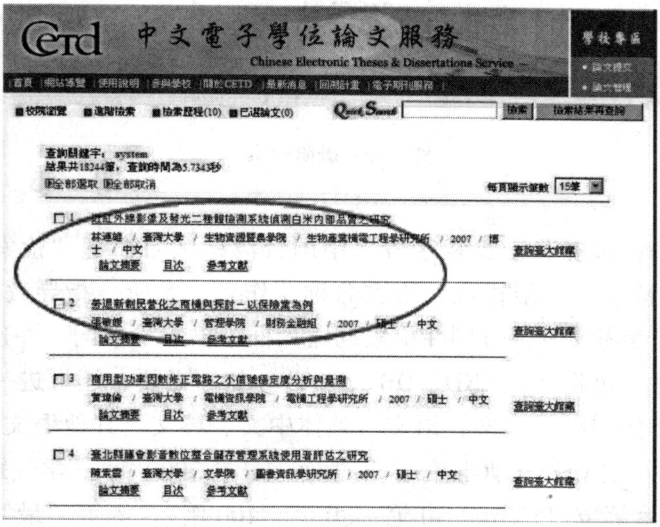

图 6–8　检索结果

"检索结果再查询"，在 system 检索结果界面上再键入关键字"网络"，将可得到更精确的查询结果。

（二）进阶检索

中国港台地区习惯把"高级检索"称为"进阶检索"。点击主页左上角的"进阶检索"链接，即可进入"进阶检索"界面。

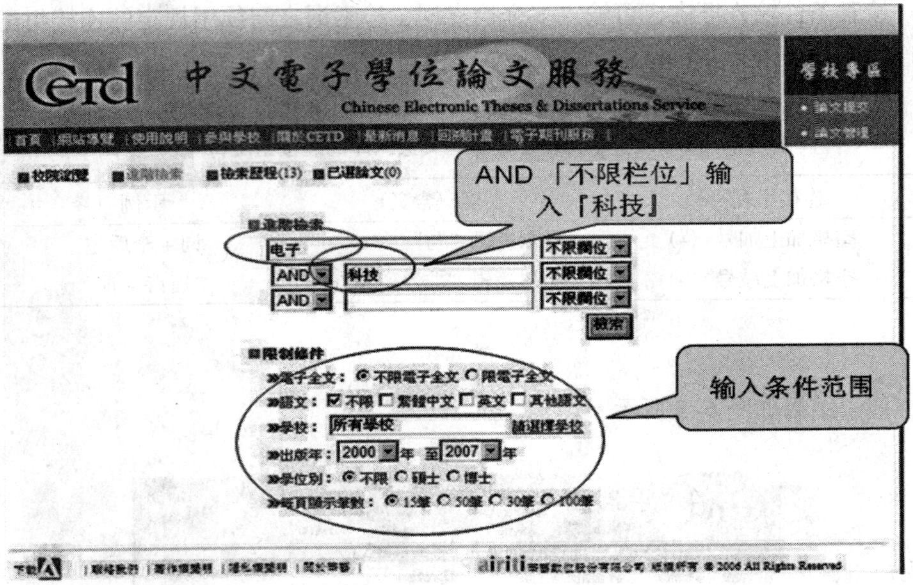

图 6–9　进阶检索

检索方法：选择若干检索字段（中国台湾地区习惯把“检索字段”称为“栏位”），可选项：不限栏位、论文名称、作者、系所、指导教授、关键词、摘要、目次、参考文献，分别在检索词输入框中输入检索词，并选择检索词之间的逻辑关系（可选项：AND、OR、NOT）。如有必要，还可进一步设定其他限制条件，诸如限电子全文，语文（繁体中文、英文、其他语文），学校（可从弹出的列表中选择若干所学校），出版年（最早 2000 年）、学位别（硕士、博士），每页显示笔数（15 笔、50 笔、30 笔、100 笔），等等。最后，点击“检索”按钮即可。

（三）校院浏览

点击主页和进阶检索界面的左上角的“校院浏览”，即可进入“校院浏览”界面。可进行树状浏览。浏览方法：逐层点击“校院别”下方某校名、某校所用的某学院名（乃至某学院下属的某研究所名），页面右侧随即出现相关的记录。例如，台湾大学——法律学院。

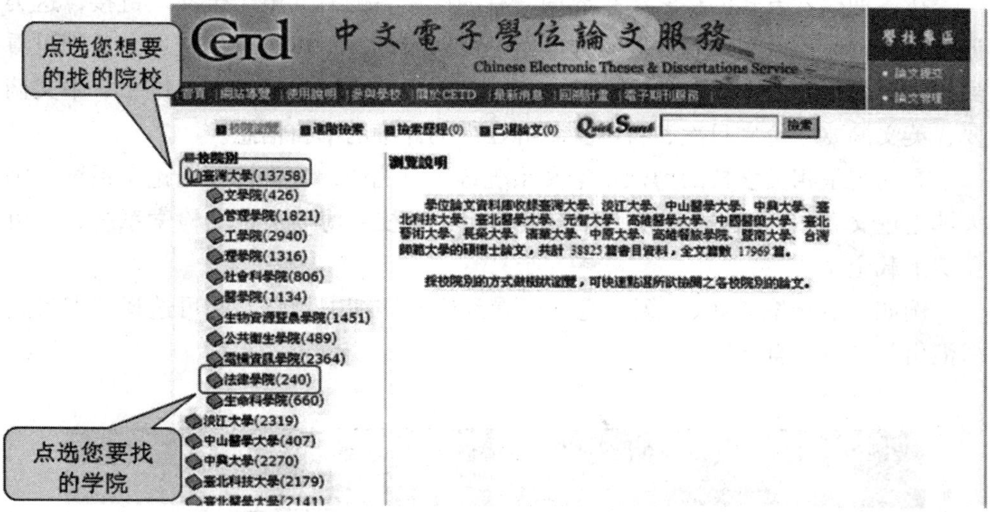

图 6-10　校院浏览

（四）检索结果的利用

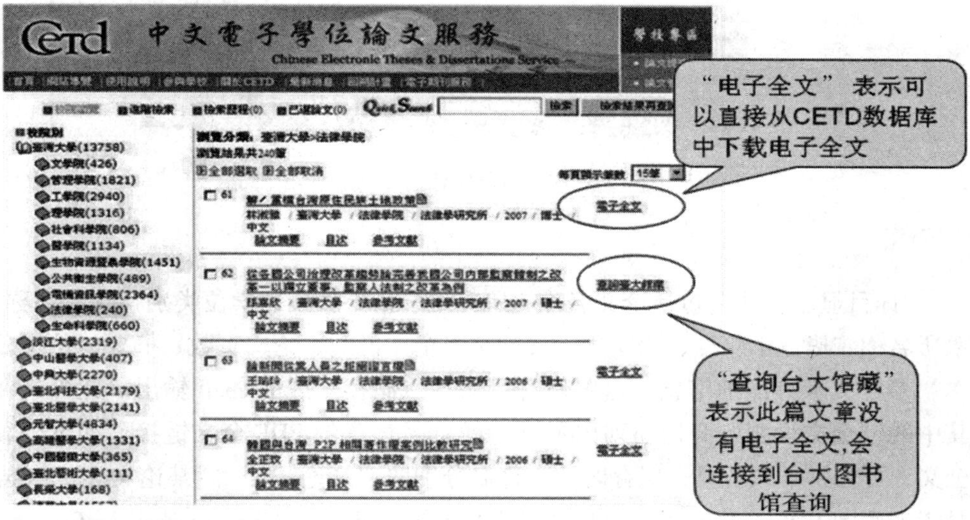

图 6-11　下载全文

在各种检索方式的检索结果界面，有的论文右侧有“电子全文”链接，这类记录，只有订购数据库者才能打开电子全文。未订购者可点击论文题名后则可看到包括论文名称（中文）、论文名称（英文）、中文关键字、英文关键字、中文摘要、英文摘要、论文目次、参考文献等在内的详细的书目信息。

有的则是相关学校的博硕士论文系统链接（例如，政大博硕士论文系统、师大博士论文系统），这类记录，可链接到相关学校的博硕士论文检索系统，并可免费下载全文。

例如，点选图 6-12 中第一笔，可看到论文详细书目资，并可选择“书目资料汇出”“电子全文”。

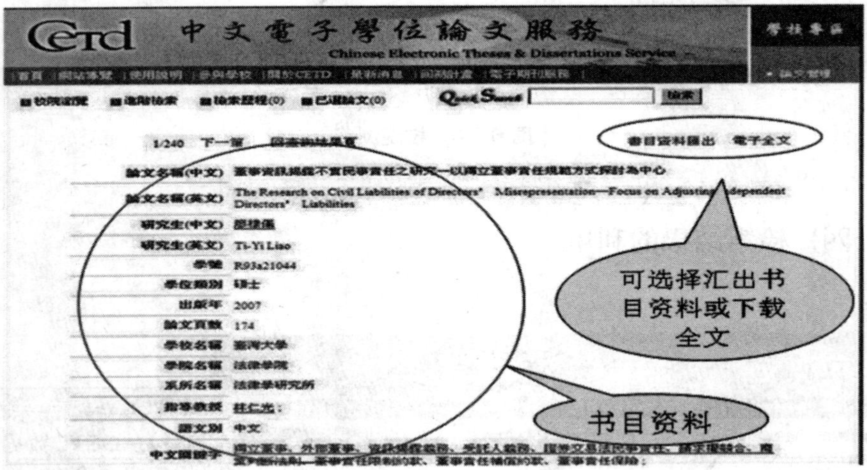

图 6-12　书目信息

“详目显示区块”包括论文名称、研究生、指导教授、学位类别、学校名称、系所名称、毕业学年度、语文别、关键字、全文说明、论文页数、摘要、论文目次、参考文献等详细信息。这些信息可保存（储存）或 E-mail 输出。此外，在其中的“全文说明”旁边还列出了第一章 ~ 第 N 章的 PDF 全文链接。如欲下载全文，可分别下载各章，保存时，文件名分别取“某论文 1”“某论文 2”之类。对于加密的 PDF 文件，可先利用解密软件解密，再用 Adobe Acrobat Professional 之类的软件将多个文件合并为一个。提醒，必须合法、合理使用。

第四节　其他常见学位论文数据库

一、国家图书馆博士论文资源库（http://res4.nlc.gov.cn/home/index.trs?channelid=3）

国家图书馆学位论文收藏中心是国务院学位委员会指定的全国唯一负责全面收藏和整理我国学位论文的专门机构，也是人事部专家司确定的唯一负责全面入藏博士后研究报告的专门机构。20 多年来，国家图书馆收藏博士论文达 20 万种。此外，该中心还收藏有部分大陆高等院校的硕士学位论文、台湾博士学位论文以及部分海外华人、华侨的学位论文。

为了便于永久保存，国家图书馆正在进行学位论文全文影像数据的建设。

目前，国家图书馆博士论文资源库可提供 19 万余种博士论文的详细书目信息（包括详细的中文摘要、外文摘要、目录信息等在内），并可在线阅读前 24页全文。

检索方式包括简单检索、高级检索，并可进行二次检索（即在结果中检索）。

在检索结果界面，点击论文题名，即可进入该学位论文的详细书目信息界面。在书目信息界面，可以进行关联检索，也可打开阅读详细的中文摘要、外文摘要；点击“目录”或“浏览”按钮，则可查看该论文完整的目录，或浏览前 24 页全文。

二、国家科技图书文献中心中文学位论文数据库（http://www.nstl.gov.cn/NSTL）

目前，国家科技图书文献中心的中文学位论文数据库主要收录了 1984 年至今中国大陆高校、研究生院及研究院所发布的硕士、博士学位论文和博士后研究报告的题录信息（绝大部分记录包含文摘）。学科范围涉及自然科学各专业领域，并兼顾社会科学和人文科学。数据每季更新。

三、香港大学学位论文在线（http://sunzi1.lib.hku.hk/hkuto/index.jsp）

（一）概述

香港大学学位论文在线（Hong Kong University Theses Online，简称 HKUTO）收录了香港大学 1941 年以来的博士和硕士论文（香港大学的第一篇学位论文记录是 1928 年的，然而，1928—1941 年的学位论文在第二次世界大战期间遗失了），共 1.75 万多条记录，其中，1.5 万多篇可查到电子版全文。内容涉及人文、教育、社会、医学和自然科学等多学科，其中许多论文的研究主题与香港有关，或者主要是关于香港的。这些学位论文大多是用英文撰写的，有的是用英文和中文撰写的，还有一部分是纯粹用中文撰写的。香港大学学位论文在线几乎收录了香港大学所有的学位论文。极少数未被收录的论文可能收藏于香港大学的院系资料室内。

网上注册并预付款后，可网上订购电子版全文，24 小时内发至电子信箱。

（二）检索方法

香港大学的学位论文，可直接利用香港大学论文在线进行检索，亦可间接通过国际学位论文数字图书馆网、eThesys 等检索系统进行检索。截至 2009 年 4 月 18 日，国际学位论文数字图书馆网收录了香港大学 16088 条学位论文记录，其中包括 13996 篇 PDF 格式的全文；截至 2009 年 4 月 14 日，eThesys 收录了香港大学 17046 条学位论文记录，其中包括 13996 篇 PDF 格式的全文。香港大学学位论文在线的检索步骤如下。

首先，选择检索字段，可选项包括 Any Where（全部字段）、Title（标题）、Author（作者）、Subject（主题），并输入检索词。然后，限定检索范围（Limit the search by），包括时间范围（Date）、系或学科（Dept/Program）、学位（Degree）、语种（Language）。默认为全选。

必要时，再选择检索结果的显示方式（Return Results）：每页显示记录条数，可选项为 10、20、50；记录显示程度，可选项为完整显示（Full）、简要显示（Brief）；排序方式，按年份（Year）、按标题（Title）、按作者（Author）。最后，点击“Search”按钮。

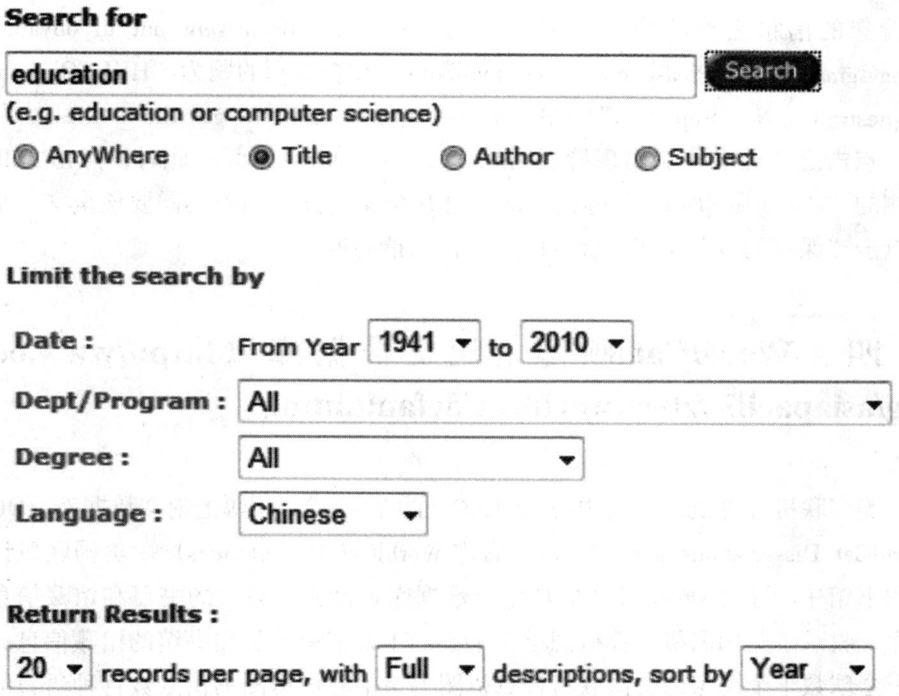

图 6–13　检索示例

（三）下载全文

对于在香港大学之外的用户（non–HKU Users），在检索结果（Full Display）界面，点击 Fulltext 右侧的“Complete Thesis”链接，系统将自动出现版权确认（CopyrightAcknowledgement）界面，请认真填写表格。填写内容包括：在用途栏（Intended purpose ofuse）中，填写“for purposes ol scholarship or research”（用于学术研究）之类；选择你目前所在的国家（Country where you are now）；回答“你是怎么发现这篇论文的？”（How did youdiscover this thesis）；填写你

自己的电子信箱（E-mail）；在“please enter these charactersexactly as you see them”旁边输入系统随机显示的附加码。填好表格，点击“I agree”（我同意）按钮。

如果表格填写无误，系统随即返回提示：一封电子邮件已发至某某信箱，请查看您的信箱之类的提示（例如：An email has been sent out to ouyangwu-meng@gmail. com. Please checkyour mailbox）。在您收到的题为“HKUTO e-thesis Request—Do Not Reply”邮件中，有一“please click to get the e-thesis.”链接，点击之，会又一次出现检索结果（Full Display）界面。此时，点击 Fulltext 右侧的“Complete Thesis”链接，即可打开全文阅读。如确实需要该全文，请及时点击“保存副本”按钮，保存时，文件名请另取。

四、WorldCat 硕博士论文数据库（http://www.oclc.org/asiapacific/zhcn/worldcat/default.htm）

美国联机计算机图书馆中心（OCLC）的 WorldCat 硕博士论文数据库（OCLC WorldCat Dissertations and Theses，简称 WorldCat Dissertations）由美国联机计算机图书馆中心于 2006 年开发成功。该数据库是世界上最大的书目和馆藏信息数据库，收录了美国联机计算机图书馆中心的 1 万多家成员图书馆的馆藏信息，收录了全球数十个国家的美国联机计算机图书馆中心成员图书馆的数百种语言的硕士、博士学位论文（主要来自于欧美的几千所大学），共有学位论文记录 800 多万条，其中，全文约 160 万篇（将近 20%），内容涉及各学科领域。

该数据库通过 IP 地址控制访问。订购单位的用户，可直接下载该数据库所收录的论文全文（不另收取费用）；对于该数据库未收录全文的那些学位论文，可通过美国联机计算机图书馆中心馆际互借系统获取（收费）。

五、国际学位论文数字图书馆网（http://www.ndltd.org/find）

国际学位论文数字图书馆网（Networked Digital Library of Theses and

Dissertations，简称 NDLTD，又译“国际博硕士论文数位图书馆”）是一个开放的属于联盟性质的电子化学位论文项目（ELectronic Thesis and Dissertation，简称 ETD）。1991 年美国弗吉尼亚理工大学（Virginia Polytechnic Institute and State University）发起了该项目，旨在创建一个支持全球范围内的博士、硕士论文电子化的数字图书馆，实现学位论文网上提交、标引、储存、传播、检索及获取全文的“一条龙”。

目前，国际学位论文数字图书馆网仍属起步阶段，正在系统地收录各成员单位的博士、硕士学位论文（已有约 190 所高校以及近 30 个研究机构加盟），截至 2009 年 4 月 11 日，已收录学位论文记录 76.8 万多条（包括 PDF 全文 19.4 万多篇，约占记录总数的 25.3%）。

国际学位论文数字图书馆网将加盟的各成员单位各自开发的博士、硕士论文数字图书馆系统加以整合，提供了一个统一入口，用户只需提交一次检索词，即可同时检索众多 ETD 项目成员单位的站点。但是，国际学位论文数字图书馆网尚未提供完整的数据库及单一检索界面，因此，具体的检索策略以及论文全文是否开放免费浏览（或需付费订购）等，均须视个别系统而定。

有两个各具特色的平台均可供浏览或检索国际学位论文数字图书馆网收录的电子化博士、硕士论文。

VTLS Visualizer（ETD search and discovery system powered by VTLS）：该平台可直接检索；也可按语种（Language）、洲（Continent）、国家与地区（Country）、时间（Date，可选 21 世纪或 20 世纪）、文件格式（Format）、来源机构（Source Institution）等进行浏览；还可以进行二次检索（Refine this search）。检索结果可按相关度（Relevance）、论文标题（Title）或公布日期（Publication Date）排序。建议将检索与浏览结合起来使用。网址为 http://www.ndltd.org/find。

Scirus ETD Search（ETD search and discovery system powered by Scirus）：该平台包括基本检索（Basic Search）和高级检索（Advanced Search）两个区域。在高级检索区域，可选择题名（Title）、作者（Author）、关键词（Keywords）、摘要（Absctract）、格式（Format）、语种（Language）等检索字段，并可限定检索结果的学科范围。网址为 http://www.ndltd.org/serviceproviders/scirus-etd-search。

国际学位论文数字图书馆网可免费获得论文的题录和详细摘要，有相当部分的论文可以得到 PDF 格式全文（约占记录总数的 25.3%）或其他格式的全文。

六、国外其他著名门户网站型学位论文检索系统

（一）加拿大学位论文门户网站（http://collectionscanada.ca/thesescanada/index-e.html）

加拿大学位论文门户网站（Theses Canada Portal，又称 Theses Canada），可在线检索加拿大部分大学 1965 年至今的学位论文，其中，1998 年之后的部分学位论文可全文下载。

（二）澳大利亚数字化学位论文项目（http://adt.caul.edu.au）

澳大利亚数字化学位论文项目（Australian Digital Theses Program 或 Austra1asianDigital Theses Program，简称 ADT）可检索澳大利亚 40 多所大学的学位论文，部分可下载 PDF 全文。

第七章　体育电子图书检索

第一节　电子图书概述

一、电子图书的概念

电子图书（electronic book，简称 e-book）也称数字图书　（digital book），在最新出版的《辞海》和《中国大百科全书》都没有这样的词条，只有电子出版（Electronic Publishing）的词条，定义为：大众文化传播活动的一种，利用计算机技术将图、文、声、像、影以及动画等内容信息经过编辑加工后，通过编辑或多媒体著作工具，按特定的数据结构和相应的控制信息组织起来，以数字代码的形式存储在磁、光、电等载体上，通过计算机或具有类似功能设备的内嵌解码器交互式回放，以记载、传播、积累和普及科学文化知识，进行思想和信息交流（《中国大百科全书》，2009）。从狭义的角度可以理解为电子图书。电子图书，可简单地解释为：通过文字、图画、声像或其他符号，将各种知识、信息、思想和技艺存储在磁、光、电等载体上，并借助计算机或类似设备阅读利用的记录。

二、电子图书的特点

电子图书拥有与传统书籍许多相同的特点：包含一定的信息量（文字量、彩页等）；其编排按照传统书籍的格式以适应读者的阅读习惯；通过被阅读而传递信息等。但电子图书是在传统图书的基础上借助现代技术发扬光大的，它拥有许多与传统书籍不同的或者是传统书籍不具备的特点：信息量大、占用空间小（一张 700MB 的光盘可以代替传统的 3 亿字的纸质图书)；可读性强，图文声像并茂(多媒体阅读)；利用率高，检索方便快捷；成本较低，可复制，改版便利等。

三、电子图书的类型

电子图书一般有两种类型，一是指 e-book，与纸质版相对应的图书电子版，一般在 PC 机上阅读；二是指专门阅读电子书的掌上阅读器，目前这种阅读器很受欢迎，一种便携式的手持电子设备，专为阅读图书设计，它有大屏幕的液晶显示器，内置上网芯片，可以从互联网上方便地购买及下载数字化的图书，并且有大容量的内存可以储存大量数字信息，一次可以储存大约 30 本传统图书的信息，特别设计的液晶显示技术可以让人舒适地长时间阅读图书。

无论哪一种电子图书都由三要素构成：①e-book 的内容，它主要是以特殊的格式制作而成，可在有线或无线网络上传播的图书。②电子书的阅读器，它包括桌面上的个人计算机，个人手持数字设备（PDA)，以及专门的电子设备，如“翰林电子书”。③电子书的阅读软件，即相应的文件格式。不同类型的电子图书都要相应的阅读方式。

第二节　电子图书的主要提供者

一、超星电子图书（http://www.ssreader.com）

超星公司成立于 1993 年，是我国专业的数字图书馆技术服务商和数字图书馆解决方案提供商。经过多年的技术研发和经验积累，被公认为我国数字图书馆行业中的第一品牌。而且超星拥有国内最大、最先进的图书资料数字化生产线，年加工能力为 20 余万种图书以上。丰富的资源积累、领先业界的加工技术、一流的数字化生产线，保证了超星数字图书馆资源丰富、全面和更新。

2000 年公司创办“超星数字图书馆”品牌，建立了全国最大的中文数字图书馆，包含图书资源近百万种，涵盖中图法 22 大类，包括文学、历史、法律、军事、经济、科学、医药、工程、建筑、交通、计算机、环保等。而且数据更新快，新书数据上架周期短。丰富的图书资源不仅能够满足用户不同的专业需要，而且能随时为用户提供最新、最全的图书信息。

超星公司长期致力于纸张图文资料数字化技术及相关应用与推广，开发了易用、经济的 pdg 数字图书格式，为国内外图书馆、档案馆和出版社数字化提供了成熟的整体解决方案。目前，由全国各大图书馆采用超星 pdg 格式制作的数字图书超过 10 亿页，成为通用的数字图书格式之一；同时超星数字图书馆是中国电子图书制定标准委员会的成员。

（一）超星数字图书馆

图 7–1　超星数字图书馆首页

超星数字图书馆分为免费图书馆、会员图书馆和电子书店。免费图书馆提供了数万种电子书免费在线阅读。会员图书馆需要注册成为会员，并购买读者卡后使用，按照所购买读者卡的类型享受提供的不同服务。

（二）超星百万图书包库站

超星百万图书包库站拥有 100 多万种电子图书数据资源，其中 2000 年后的新书近 40 万多种。资源是数据库的根本，充足的资源可以满足读者查全、查新的基本需求，更快捷地找到所需要的资源。

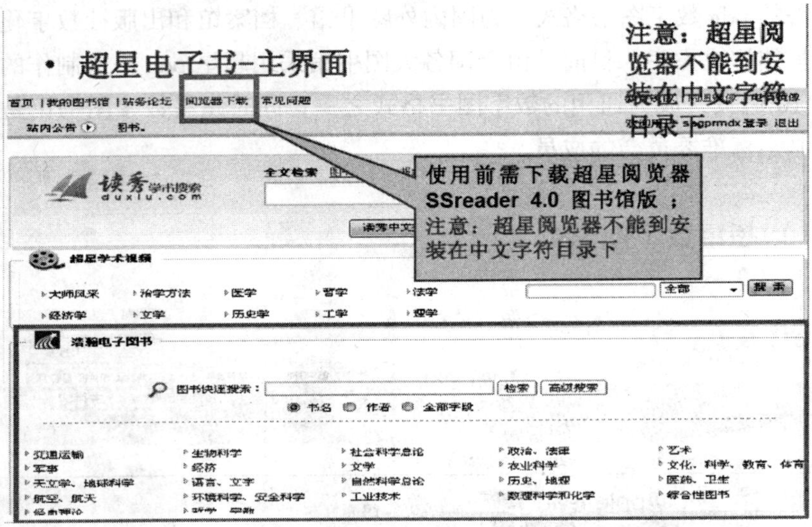

图 7-2 超星百万图书包库页面

二、书生之家（http://edu.21dmedia.com）

书生之家数字图书馆是建立在中国信息资源平台基础之上的综合性数字图书馆。书生之家数字图书馆集成了图书、期刊、报纸、论文、CD 等，从载体上说囊括了印刷版、光盘版、网络版等各种载体的资源。收录入网出版社 500 多家、期刊 7000 多家、报纸 1000 多家。每年收录新出版中文图书 3 万多本，期刊文献 60 万篇，报纸文献 90 万篇。下设中华图书网、中华期刊网、中华报纸网、中华资讯网和中华 CD 网等子网。资源内容分为书（篇）目、提要、全文三个层次。提供全文、标题、主题词等十种数据库检索功能以及 CN-MARC 格式数据套录功能，提供印刷版书报刊、光盘数据库以及其他数据库的网上订购功能，还为会员单位提供定制化的资源数字化加工服务。简言之，书生之家数字图书馆是集数据库应用平台、信息资源电子商务平台与资源数字化加工服务平台三位一体的综合性数字图书馆。

书生之家数字图书馆的图书分以下类别：文学艺术 A、文学艺术 B、计算机、通信与互联网、经济金融与工商管理 A、经济金融与工商管理 B、语言文化教育体育、教材教参与考试 A、教材教参与考试 B、生活百科、少儿图书、综合性图书与工具书、法律、军事、政治外交、社会科学、哲学宗教、历史地理、科普知识、知识信息传媒、自然科学、农业科学、医药卫生、一般工业技术、矿业工程、冶金与金属、石化与能源动力、电工技术、轻工业与手工业、电子、电信与自动化、其他工业技术、建筑、交通运输与环境。

书生之家远程服务器现有约 40 万册电子图书，以 1999 年以后出版的图书为主，学科范围覆盖了人文社会科学与自然科学的各个分支学科领域。

图 7–3　书生之家首页

三、方正阿帕比（Apabi）数字图书馆（http://ebook.lib.apabi.com）

方正阿帕比数字版权保护系统的应用范围涵盖了出版社、图书馆、网站、政府、报社等多种行业，包括网络出版、数字图书馆、电子公文等多种业务。基于方正 Apabi DRM 的网络出版系统，自 2001 年 4 月推出以来，已经有 300 家出版社用户、300 家图书馆（室）用户、10 家网上书店用户、3 家手持阅读器合作厂商、100 多万注册读者，主要用户包括电子工业出版社、机械工业出版社、清华大学出版社等国内最大的出版社，北京大学图书馆、清华大学图书馆、上海市图书馆、浙江省图书馆等高校和公共图书馆，以及国务院办公厅、宁夏回族自治区政府、中国兵器工业集团公司等政府和企业，用户遍及全国各地以及马来西亚等部分海外华人地区。至今，全球超过 4000 家机构正在使用阿帕比数字资源，其中高校用户 1400 家。

基于方正 Apabi DRM 的网络出版系统，自 2001 年 4 月推出以来，已经有近 400 家出版社用户、300 多家图书馆（室）用户、10 多家网上书店用户、3 家手持阅读器合作厂商、100 多万注册读者，在销电子图书 70 万种（2006 年后的新书占 70%）。每年以 10 万种数量持续增长。教参书以每年 2 万种数量持续增长。

四、NetLibrary 电子图书（http://www.netlibrary.com）

OCLC（Online Computer Library Center，Inc.），即联机计算机图书馆中心，总部设在美国的俄亥俄州，是世界上最大的提供文献信息服务的机构之一，它是一个非营利的组织，以推动更多的人检索世界上的信息、实现资源共享并减少使用信息的费用为主要目的。NetLibrary 处在美国科罗拉多州波尔德尔市，于 1999 年成立，是世界上向图书馆提供电子图书的主要提供商。NetLibrary 于 2002 年 1 月 25 日成为 OCLC 联机计算机图书馆中心的下属部门。目前，世界上 7000 多个图书馆通过 NetLibrary 存取电子图书，其中包括哥伦比亚大学、斯坦福大学、加州大学伯克莱分校，以及世界上其他成千的大小图书馆。NetLibrary 是 OCLC 的下属公司，目前提供 400 多家出版社出版的 6 万多种电子图书，并且每月增加约 2000 种。这些电子图书覆盖所有主题范畴，约 80%的书籍是面向大学程度的读者。NetLibrary 数字图书馆为外文电子图书全文库，覆盖社会科学和自然科学的所有学科。

大多数 NetLibrary 的电子图书内容新颖，近 90%的电子图书是 1990 年后出版的。界面友好，可以使用中文、英文、日文等多个语种转换界面，使图书浏览和检索更为便捷；多数电子书联机阅读时无需下载阅览器，但需要使用 5.5 和更高版本的 Microsoft Internet Explorer。部分电子书是 PDF 格式的，必须首先安装 Adobe Reader 6.0 以上版本。

从2003年起，由上海图书馆牵头，联合近20家高校图书馆、公共图书馆以及研究机构集团购买了OCLC NetLibrary的部分电子图书；2004年，由北京大学图书馆领头，中国高等教育文献保障系统（CALIS）文理中心与OCLC NetLibrary合作，向全国高校图书馆提供NetLibrary电子图书服务。

第三节　网上免费电子图书的获取

一、免费电子图书的类型及其特点

按照电子图书制作的稳定性和规范性，笔者将免费电子图书分为公司型和个人型。公司型是指有统一的宗旨，有明确的计划，其电子图书的制作一般比较稳定，定期增加一定的数目，而且大多有精美的封面，有图片，有目录等，如E书时空、亦凡公益图书馆、新浪网读书栏目等。而个人型主要是指基于兴趣爱好和与人共享的目的，将自己平时收集的图书（一般是已经不受版权保护的文学作品）以手工键入的方式放在网上，或是将自己在网上收集的电子图书集中在自己的网站上。这种电子图书一般没有精美的装饰，只是简单的HTML网页。同时由于多是网友手工键入，所以其中不可避免地会有错别字。

按照电子图书的免费程度可分为完全免费电子图书、部分电子图书免费和电子图书的部分章节免费阅读。完全免费的电子图书一般由一些具有公益性网站或网友的个人网站提供，如E书时空、亦凡公益图书馆、北极星书库。一些数字图书馆或是电子图书生产商免费提供其部分电子图书给用户，但是一般不提供最新推出的电子图书，如中国数字图书馆。一些出版社为了推销自己新出版的图书或是电子图书，一般都会在网站上提供自己图书的电子版或电子图书部分章节的免费下载或是免费阅读，如多家出版社授权新浪网、新华网提供其出版的小说等的电子版的连载。同时网上的电子图书网站还可以根据其收集或制作的电子图书的范围分为综合性电子图书网站和专业性图书网站，前者如超星数字图书馆，后者如免费医学网站FreeBooks4Doctors（http://www.freebooks4doctors.com）。网上免费电子图书的格式以HTML格式居多，也有一些是其他格式，如E书时空的电子图书可执行文件EXE格式，北极星书库采用自编软件制作了Windows Help（HLP）或Windows HtmlHelp（CHM）格式的电子图书。

二、网上免费电子图书的来源

网上免费电子图书的来源多种多样，有公益性机构，有商业机构，也有个人，大致可分为以下几类。

（一）图书馆

图书馆是保存和传播人类文明的重要机构，图书馆适应信息社会发展的需要，同时也为了更好地保存历史文献，许多图书馆对馆藏资源进行了部分的数字化，但是由于版权的限制，目前工作开展得还不是很顺利，只能对一些不受版权保护的图书进行部分的数字化。

1. 北京语言文化大学图书馆 （http://www.lib.blcu.edu.cn）

该馆分古典小说、古典文集、古典诗集对图书进行了数字化，如《孙子兵法》《孔雀东南飞》，其格式是 HTML。该馆力图向图书的数字化方向发展，使读者在任何一台联网计算机上都能看到全文图书，但由于版权问题，所以目前只能提供一些古典的图书。多上全文图书并加入分类检索是该馆下一步的工作。

2. 弗吉尼亚图书馆 （http://www.lib.virginia.edu/indexes/authent.html）

该馆提供两种形式的资源，一种是在电子中心的电子图书、图像和其他数据库，可免费获得，这些资料或者已不受版权限制，或者是由该大学自己制作，基本上对所有人免费。另一种只有该校的师生员工才可以获得。目前的数字图书馆主要由国家投资建设，在收费的同时提供部分免费电子图书。

3. 中国数字图书馆（http://www.d-library.com.cn）

中国数字图书馆于 2000 年 4 月 18 日正式运营，隶属于中国国家图书馆，依托中国国家图书馆丰富的馆藏资源和国家数字图书馆工程资源建设联盟成员的特色资源、借助遍布全国的信息组织与服务网络，建立起目前我国规模最大数字图书馆。

由图书检索引擎、中国数图浏览器、后台服务管理、后中国数字图书馆拓扑图台用户管理构成，适用于公共图书馆、高校图书馆、智能化社区等局域网用户。

中数图所有的数字图书均按中图法严格分为22大类，内容覆盖经济、文学、历史、医药卫生、工业、农业、军事、法律等各个门类，形成了相当的规模和体系。

（二）出版社

一些非营利性的出版社，其经济目标是收支平衡，他们主办的网站，出于传播科学知识，方便研究与教学，建构、加强科学共同体等目的，往往允许用户出于非营利性目的使用其网上资源。对于其他出版社来说免费电子图书的下载实际上能起到很好的宣传作用，能激起读者的阅读欲望和购买欲望。正是基于这方面的考虑，2003年许多出版社提供其畅销书的免费下载，出版社的免费电子图书一般为出版社新近出版的图书，但是一般只提供其中部分章节的免费下载阅读。电子书和在报纸上的“连载”在宣传上有异曲同工之处。读者阅读了部分章节，很可能对整本书产生兴趣，从而成为纸质图书的购买者。

1. 人民体育出版社（http://www.sportspublish.com）

人民体育出版社成立于1954年1月1日，是新中国成立的第一家体育专业图书出版社，也是目前国内唯一的国家级体育专业出版机构。出版了一大批经典的体育专业教材，同时在大众健康方面，汇聚了国内最著名的大师大家，出版了大批棋牌、健身健康类作品，为大众健身提供科学指导。截至2011年底，人民体育出版社累计出版图书5000多个品种，涵盖武术、运动技术、体育理论、棋牌、气功以及运动健身等各种门类。同时拥有人民体育音像出版社，出版各类体育CD、VCD、DVD。出版社网站推出了部分图书的电子版。

2. 北京体育大学出版社（http://www.bsup.cn）

北京体育大学出版社是大学出版社中唯一一家体育专业出版社。出版实用武术、传统武术、气功养生保健、中国书法、棋牌、实用生活、体育、体育教材8类图书；出版武术、太极、健美与保健、体育与娱乐、书法与绘画、音乐与其他6类VCD、录像带和录音带。

（三）其他网站

网上有许多公益性的组织团体致力于提供免费电子图书的下载。

1. 古登堡计划（http://www.gutenberg.org）

古登堡计划是互联网上最早提供免费电子图书或电子文本的生产者。该计划是由迈克尔·哈特（Michael Hart）于1971年提出的，他认为如果许许多多著名的重要的文本能被全世界的人们免费获得该多好。自此以后，越来越多的志愿者加入到他的行列。目前提供400多家出版社出版的近80000种电子图书，并且每月增加约2000种。这些电子图书覆盖所有主题范畴，约80%的书籍是面向大学程度的读者。

2. E书时空（http://www.eshunet.com）

E书时空以提供免费的电子图书下载为主要服务，内容以畅销书和经典著作为主，其电子书籍格式均为EXE可执行文件，而且经过多重压缩，文件体积非常小，阅读者下载后无需任何繁琐的安装，只要机器中安装有IE浏览器，即可直接运行阅读，而且阅读方便，易于操作，有较高的收藏价值。

3. 亦凡公益图书馆（http://www.shuku.net）

可按书名、作者进行检索，亦可按类别进行浏览，该站点包含亦凡书库和亦凡公益图书馆。前者是亦凡网站所拥有站点，仅收集无版权问题的书籍以及网络文章，为HTML格式；后者不是亦凡网拥有站点，仅为友情链接。该站每天至少新增10本图书，两整部独家推出。该站部分作品为亦凡书库有偿征收，网站声明对于此类作品要在一定时间之后才可以转载，且转载时要保留“亦凡书库扫校”字样。

4. 中国青少年新世纪读书网（http://www.cnread.net）

此网站为公益网站，是全国优秀文化网站，由中宣部、共青团中央、文化部、科技部、教育部、广电总局、新闻出版署、中国科协、总政组织部组织成立的中国青少年新世纪读书计划指导委员会主办。中国青少年新世纪读书网有图书60多大类，100万篇文章。不需要注册也无须花钱，更没有杂七杂八的广告。精彩好书每日更新。分原创小说、原创散文、原创诗歌、网友文集、文学、社会科学、电脑网络、教育辅导、生活艺术、签约作家等。

5. 谷歌（Google）图书搜索（http://books.google.com）

Google 图书搜索是在切实尊重作者及出版商版权的同时，让读者可以更容易地查找相关图书，特别是那些通过其他任何方式都无法找到的图书（例如已绝版的图书）。其最终目标是与出版商以及图书馆合作，为各种语言的所有图书建立一个全面、可搜索的虚拟卡片目录，通过它用户能够找到新图书，而出版商则能够找到新读者。目前 Google 公司已经与哈佛大学、牛津大学、加州大学、斯坦福大学、洛桑大学、巴伐利亚州立大学等著名的大学图书馆建立了合作关系。

用户可以从搜索结果中得到图书的基本目录信息，多数情况下会有几小段内容；如果图书已不受版权保护，就可以浏览和下载整本图书；一般都会有许多链接，可以链接到在线书店提供借阅图书的图书馆。

第八章 事实与数值信息的网络检索工具

进入网络时代，现代信息检索技术已经是主流，通过国际互联网进行信息检索日渐成为用户的首选。但是，目前网络体育专业信息检索工具尚不成熟，特别是事实和数值网络检索工具发展比较落后，因此，我们现在主要还是依靠综合性或相关领域网络检索工具来开展网络体育信息检索。事实上数值信息的网络检索，主要通过网络工具书和事实数值数据库。

第一节 网络工具书概述

伴随着互联网的快速发展，信息检索已然进入到了网络化时代，工具书也逐步依托网络进入新的发展时期。1994 年，在西方国家中享有盛誉且具有 200 多年历史的《不列颠百科全书》正式在网上发布，成为全球工具书网络化的先驱。此后，工具书电子化、网络化逐渐在世界范围内普及。在这个发展过程中，适用于文献信息检索的“检索工具书”网络化发展比较规范和成熟，已经被国内外各种综合性和专业性数据库所取代，如前文介绍的中国“维普资讯网”“CNKI 中国知网”“超星数字图书馆”等；而参考工具书的网络化发展则具有独立性和分散性，目前人们所说的“网络工具书”一般指的是“网络参考工具书”，即进行事实与数值检索的网络检索工具。

一、网络工具书的概念

网络工具书又称在线工具书（Tool Books Online），是指以数据库和网络为基础，以硬盘为存贮介质，以网络为传输介质，向用户提供在线服务，或通过电信网络向用户提供传真服务的网上工具型电子出版物。

从狭义上说，网络工具书是以某种已有的传统印刷版工具书为蓝本制作的工具书的网络版，如《新不列颠百科全书》(EB)、《牛津英汉大词典》(OEB) 等。

从广义上理解，工具书是供检索和查考之用的一切加以编排的资料来源的总称。因此，也可以将网络上所有符合这一条件限定的资源统称为网络工具书，能提供读者参考资料的各种信息源均可涵盖在内。它不仅包括印刷版工具书的内容，还包括该网站所集成的其他工具书甚至它所提供的网络链接。

二、网络工具书的特点

具体而言，与传统的印刷型工具书相比，网络工具书主要表现出以下新的特点。

1. 表现形式更多样

电子文献的重要特征之一就是综合多种媒体的效果，不但包括了传统纸媒体的文字表现等方式，也可利用图像、声音及网络，更好地解释和表现所需查询的字或词的意义，便于理解和应用。网络工具书应用计算机网络声频、视频技术所展现出的三维动态画面、富有感染力的声音，大大提升了其表现力，使用户对所表达的内容一目了然。

2. 数据更新颖

网络版工具书的更新速度都比印刷版快，内容更具动态性和即时性。印刷版工具书出版过程繁琐、环节多，往往编排时内容是新颖的，待到出版时却已过时；而网络工具书则不然，它减少了印刷、装订、仓储、运输、销售等周边环节和高昂的成本，并能以更快的速度（按天、按周、按月、按季）更新，因此在新颖性方面占有更大的优势。例如，《辞海》按照国际惯例每10年修订一次，而《中国大百科全书》电子版的修订周期则是半年。

3. 内容更丰富

虽然许多网络版工具书是以相应的印刷版为基础，但它们不拘泥于印刷版的内容，而是在此基础上增加了许多新的内容。

①增加新条目、综合多种类型工具书的内容，如工具书集成化数据库。

②利用互联网集成、超链接技术，建立同互联网上站点的链接。超链接可以将工具书的内容与互联网上的资源关联，将分布在各处且具有相关性的词目形成一个有机联系的资源网，揭示出关于某一主题的相对完整的知识圈，还可直接通过超链接手段指导用户去查阅所引用的原始文献。

4. 使用更方便

这主要体现在两个方面。

①检索功能更强大。除了保留印刷型工具书原有的检索途径外，网络版工具书往往会利用先进的检索技术增加许多新的检索功能和检索入口，从而方便各类读者都能够快速找到所需资源。传统工具书在检索途径及检索速度等方面难以与网络工具书相提并论。

②网络工具书不存在获取上的时间、空间障碍。传统工具书大部头居多，只能在特定地方如图书馆一次供一人查阅；网络工具书则可供读者随时随地地联网使用，并且可以实现多个用户的共享，国内读者也能够和国外读者同步查检到最新的信息、利用最新的工具书。大部分网络工具书都可免费使用，还有一些提供 7 ~ 14 天不等的试用期，这也极大地方便了用户的使用。

三、网络工具书的获取

获取网络工具书的途径有很多，包括各大综合性或专业性网络资源指南网站、搜索引擎、相关网站的链接等。

（一）目录型检索工具网站

常用著名网站雅虎和新浪的分类目录都有“参考资料”栏目；网易中有“综合参考”，下一级目录既有各种工具书（百科全书、辞书、年鉴、地图等），又包含其他一些诸如“邮政资讯”“艺术人文”“预报信息”“标志象征”等可资参考的资料，将工具书包括的内容在此零星散置；Lycos 在综合参考下设“工具书”条，又分成词典字典、百科全书、年鉴、书目索引小类，收录了 67 个工具书网站；北极星搜索引擎的分类浏览下的工具书，分为字典词典、百科全书、电话号码、工具书综合小类，收录了 66 个工具书网站。

（二）搜索引擎

网络信息的一个主要搜索途径就是利用各种搜索引擎，寻找网络参考工具书也是如此。但是，仅通用搜索引擎往往难以得到真正所需的网络工具书。因此我们可以采取以下策略：①只适合查找已知名称的某一具体工具书。②选择使用专题检索引擎，如地图搜索引擎 MapBlast 可以查询地图和地区信息。③主要搜索引擎尽可能都选择使用或使用元搜索引擎。测试表明，多个主要搜索引擎可以相互补充，提高查全率。

（三）工具书网站的相互链接

《不列颠百科全书》中就链接了《韦氏英语词典》，方便用户查字；有个别网站根据自身的内容特点，在本站收录其他工具书或自设相关的简单的参考工具书，如 OCLC FirstSearch 数据库收录了《世界年鉴》；还有图书馆特别是高校图书馆都有工具书导航链接。

四、网络工具书的类型

网络工具书是由纸质参考工具书发展而来，一般都还沿续着故有的基本构建思路，在结构和功能上大多一脉相承。目前，人们还是习惯沿用传统参考工具书的类型划分。即分为网络辞书、网络百科全书、网络年鉴、网络手册、网络名录、网络图录表谱和网络参考工具书数据库。

第二节　网络辞书

网络辞书包括网上字典、词典、词语汇集等，又称在线词典（online dictionary），是伴随着互联网的发展而出现在词典家族中的新成员。网络词典除具备传统词典的词语查找与释义功能外，还能提供语言翻译、在线添词和多种个性化的信息链接与扩展功能。其类型有多种划分方法，从语种划分，可分为单语词典、双语词典、多语词典；从学科内容分，可分为语文词典、学科词典、专名词典等。这里，我们从编纂出版特点考虑，将网络词典分为印本词典的网络版、纯网络词典和综合性词典网站三种来进行介绍。

一、印本词典的网络版

近年，各主要权威性辞书纷纷推出了自己的网络版，它们都来自国内外著名的工具书出版社，在内容的权威性、释文的经典性、条目的完备性等方面都具一流的水准。其中大多需要注册付费使用。

中文的如《汉语大词典》网络版第 2 版（http://www.ewen.cc/books/hd20.asp）分“字、词、成语”三大查询项，收有 29937 个汉字，346067 条词语，23444 条成语和其他熟语，规模宏大；共有 515668 项释义，894981 个例证，资料丰富；自动关联各字的正异体、繁简体、古今字、通假与被通假字、正讹字等多项复杂关系，准确指出汉字的源流及演变，详尽周到；互动查询功能（部首笔画查询、读音查询、古音查询、匹配查询、超文本查询、关联查询和直接输入查询等），方便简洁。

《林语堂当代汉英词典》（http://hermes.arts.cuhk.edu.hk/Lexis/Lindict）由香港中文大学出版社出版，较权威的在线汉英词典，繁体。以 1972 年印行的第一版为网路版的取材来源，收录首字 8169 个，语法范畴及有关用例 44407 则，汉语词目或片语 40379 条。采取汉字部首、汉语拼音、英语索引等检索方式。备有词典凡例、汉字部首索引、汉语拼音检索、英语索引缩略词表、勘误报表等功能和栏目。

商务印书馆的“工具书在线（http://www.refbook.com.cn/category/special.jsp），包括《新华新词语词典》《古今汉语词典》和《中华人民共和国地名大词典》等。

国外的网络词典，我们熟知的一些著名辞书出版社都为自己的代表性词典建立了专门的网站。如网上最大的语言词典牛津英语在线词典（http://www.oed.com）、韦氏在线词典（http://www.merriam-webster.com）、剑桥在线词典（http://dictionary.cambridge.org）等。

二、纯网络型词典

纯网络型词典是基于互联网开发设计的词典形态。它虽然遵循传统辞书编纂的基本原理，但从制作上已经完全脱离了传统印刷型词典的出版，往往由网络技术公司自行建设。因此，纯网络词典也更加具备了网络出版物独有的特点，"online"的性质更为突出：检索界面更加友好，使用更加简单快捷，功能更加强大，许多网络词典都具备即时在线翻译功能；开放度更高，一般都可免费使用，并且很多提供互动平台，接受用户反馈实现合作编撰，甚至有的可以下载到手机使用。当然，网络词典也相应存在稳定性、权威性方面的欠缺。

常见纯网络词典如下。

◆爱词霸（http://www.iciba.com）

创建于 2005 年，金山软件公司的在线词典网站。包括"词霸沙龙"和"词霸搜索"。"词霸搜索"是金山公司著名软件产品"金山词霸"的互联网版本，使用方便，速度快，是目前最大的中文互联网多语词典。支持中、英、日、德、法五国语言查询，拥有多个专业词库，配备中英文真人发音和常用单词视频讲解。该网站还提供在线翻译和英语学习，被誉为"中国第一英语学习社区"。

◆汉典（http://www.zdic.net）

汉典建于 2004 年，建站的宗旨是为了弘扬中华文化，继承优良传统，推广学习汉语，规范汉字使用，为广大网民提供便利。在线汉典提供汉字字音自义的检索，功能类似于《新华字典》，检索方式分"拼音索引"和"部首检字"两种入口，检索方式基本与《新华字典》相同。

◆海词（http://sh.dict.cn）

海词原名在线翻译中心，由在美国印第安纳大学的中国留学生范剑淼创建，正式使用于 2003 年 11 月 27 日，是互联网上首款搜索智能化，词库海量化的网络在线词典。词库全面，包含了各行各业的专业术语和所有生僻词汇，并做了大量程序分析整理（包括使用中文分词，词频统计，英中、中英相互关联词义生成，解释由程序利用自定义参数优化等）。该词典首创了发音查词、网页划词查词、MSN 机器人查词、地址栏查词功能等词典应用新模式，充分考虑了用户的使用习惯，在单词的纠错、智能查询等功能上都优于其他词典。用户可以随意输入英语单词、英语词组、英语句子、汉语汉字、汉语词语、汉语句子、汉语拼音、英语发音等进行查询。

◆WordNet（http://www.wordnet-online.com）

这是一部英语语义型网络词典，由于它包含了语义信息，所以有别于通常意义上的字典。WordNet 是美国普林斯顿大学认知科学实验室的心理学家和语言学家于 1985 年携手开发的一个在线词汇数据库（on1ine lexical database），属机器可读词典的一种。它的设计思想来源于当今心理语言学的“人类词汇记忆”理论。在 WordNet 中，英语里的名词、动词和形容词被组织成同义词集合的形式，每一集合代表一个基本的词汇概念，由不同的关系将它们联系在一起。

较常用的在线词典还有如下几种。

◆亿容在线词典（http://www. erong. com）

提供在线中文词典查询、成语词典、汉译英、英译汉等相关内容搜索查询。

◆金桥翻译（http://www.netat.net）

国内翻译行业的门户站点，提供在线翻译、在线词典、博客、论坛、词典百科等学习栏目，有 12 个语种的人工翻译服务。

◆洪恩在线（http://study.hongen.com/dict）

中国著名教育软件开发商北京金洪恩电脑有限公司网站。设中英文双向智能词典，提供单词的简单词义、详细词义和例句、词组、同义词以及反义词等相关内容查询。

◆教育部成语词典（http://140.111.34.46/chengyu）

系台湾“教育部国家语文资料库建构计划”的一部分，详列词目的音读、释意、典源原文及注释、典故说明、古典书证、现代用法说明，以及同源或近意的“参考词语”，可输入成语检索或按类别检索。

◆TigerNT（http://www.tigernt.com）

含汉英词典、英汉词典、网上工具大全、中国菜谱。

◆中国资讯行名词解释库（http://www.bjinfobank.com）

包含经济、金融、科技等行业的名词解释。

◆在线计算机词典 （http://foldoc.org）

即 FOLDOC（Free Online Dictionary of Computing），免费的在线计算机词典。由英国伦敦皇家学院（Imperial College London）计算机系制作，可通过关键词、条目和字母顺序等查询计算机方面的 13564 个名词术语等。

◆AmosWEB is Economics（http://www.amosweb.com/gls）

该在线词典收录一千多个经济名词解释。

◆吕氏网上字典（http://www.lexiconer.com）

吕氏字典（Lexiconer Dictionary）网络版提供英汉、汉英互查功能。

◆在线医学词典（Online Medical Dictionary，http://www.online-medical dictionary.org）

可查询有关生物化学、生物学、化学、医学、分子生物学、物理、植物学、放射性生物学、动物学、自然科学、科技等的词汇。

◆英汉医学词典（http://www.esaurus.org）

全书共收录医学专业词汇 51000 余条，含中药的英文名和最新的医学词汇。针对性强，为医学专业学生和在职医护人员而编写；实用性强，附“国际主要英文医学期刊网址”等 11 个附录。

三、综合性词典网站

一些综合性的词典网站，集合众多网络辞书，通过超链接的方法提供了与其他词典网站的链接。这种网络词典将许多网络词典进行整合，提供统一的检索平台。各种门类的网络词典形成的词典库，其庞大丰富的词典资源可以同时提供给读者，读者可以任意选择使用。

◆中华在线词典（http://www.ourdict.cn）

中华在线词典 2005 年 5 月发布。目前共收录了《新华字典》《新华词典》《现代汉语词典》《现代成语词典》《古汉语词典》等 12 部词典，汉字 15702 个，词语 36 万个（常用词语 28770），成语 31922 个，近义词 4322 个，反义词 7691 个，歇后语 14000 个，谜语 28071 个，名言警句 19424。所有功能一切免费使用。在使用方面非常方便灵活，其索引方式分为拼音索引、笔画索引、部首索引，查找范围有字典、词典、成语、反义词、谜语、歇后语、名言警句。生活中遇到的陌生词基本上都能在这里找到答案，体育术语也可部分得到解答。

◆YDC 字典网（http://www.yourdictionary.com）

该网站提供了网上最全面、最权威的语言工具及与语言相关的产品和服务。网站成立于 1999 年，其前身名 The Web of Online Dictionaries，成立于 1995 年，创始人是宾夕法尼亚州 Bucknell 大学教授 Robert Beard 博士。YDC 目前集成了 1800 多种字典，涉及 250 多种语言，每月有多达 150 万人访问该网站。YDC 有阵容强大的各方专家支持，内容相当丰富，而且链接也很方便。YDC 不仅对辞书研究与编纂人员有用，而且对广大语言研究工作者、外语教学人员都极有帮助。

有与词典相关的栏目如 [Language]、[Specialty]、[Multi-lingua1]、[Research]、[Library]，还有 [Other Indexes]，[Translation]，[Grammars]，[Language Identifiers]，[Fun & Games]，[More] 等栏目。

◆OneLook Dictionaries（http://www.onelook.com）

OneLook 具有庞大的在线词典数据库，收录 955 部在线词典和词汇表，单词 600 多万个。分为普通语言词典、艺术词典、商业词典、计算机词典、医学词典、综合性词典、宗教词典、科学词典、俚语词典、体育词典、工程技术词典共 11 大类。各类词典可列表浏览，在每部词典名称下均有诸如收词量、版本、主页网址、类型、特点、收录日期等简要介绍。

OneLook 可以看做英文单词的搜索引擎，可进行含有英文字母和通配符“*”或“?”的检索式，通过检索，可得到含有所查英文单词的定义和翻译的在线通用字典及专业字典列表。

第三节　网络百科全书

网络百科全书也称在线百科（online-encyclopedia），是在传统印刷型百科全书的基础上，结合互联网特点而兴起的一种新的参考源，一般以网站的形式出现。

1994 年，著名的《不列颠百科全书》率先在互联网上推出了网络版站点，随后，其他百科全书也纷纷效仿。据不完全统计，目前在互联网上可以查阅的在线百科全书及具有百科性质的工具书已有近百种之多。

与传统印刷型百科全书相比较，网络载体以其优越的综合性能克服了传统载体的不足，大大提升了百科全书的文献价值。信息技术的多功能检索、集成、超链接、多媒体声像等技术使网络百科全书信息容量增加，功能更强大，使用更便捷；而互联网的开放性、交互性、超文本特征也使其更新更及时并具备了开放式编撰模式。总体说来，纸质百科具有网络百科无法比拟的权威性、专业性和系统性，网络百科则有让纸质百科永远无法同步的新知识、检索速度和知识容量。

狭义的网络百科全书是指传统印刷型百科全书数字化后对应的网络版。而广义的网络百科全书不仅包括印刷型百科全书的内容，还包括该网站所集成的其他工具书及其所有的网络链接。一般可以分为以下三种类型。

一、独立型网络百科全书

独立型网络百科全书是传统百科全书数字化后形成的网络版（以印刷版为依托，只增加相关知识点之间的链接，不改变传统百科全书的内容、体例），或以传统百科全书为模板独立开发于网络上的纯电子版百科全书。如《大英百科全书》网络版，采用超文本数据库结构来揭示每个条目之间的逻辑关系，相关条目之间使用超链接可跳转阅读。

◆《大英百科全书》网络版（http://www.britannica.com）

大英百科全书公司1994年推出了Britannica Online （不列颠百科全书网络版），是互联网上的第一部百科全书。世界各地的用户都可通过网络查询不列颠百科全书的全文。大英百科全书公司以其强大的内容编辑实力及数据库检索技术，成为全球工具书领域的领航者。目前，不列颠百科全书网络版已被世界各地的高等院校、中、小学、图书馆及政府机构等普遍应用于教学和研究中，是世界上使用最广泛的电子参考工具之一。

除印刷版的全部内容外，不列颠百科全书网络版（http://www.britannica.com）还收录了最新的修订和大量印刷版中没有的文字，可检索词条达到10万多条，并收录了2.4万多幅图例、2600多幅地图、1400多段多媒体动画音像等丰富内容。大英百科全书公司还精心挑选了12万个以上的优秀网站链接，从而拓宽了知识获取渠道。

◆《中国大百科全书》在线（http://www.cndbk.com.cn）

中国大百科全书网络版涵盖了印刷本《中国大百科全书》全部74卷的内容，涉及哲学、社会科学、文学艺术、文化教育、自然科学、工程技术等66个学科领域。它以《中国大百科全书》和中国百科术语数据库为基础，共收条目78203条，计12568万字，图表5万余幅。条目内容包括条目的标题、所在卷名、释文、插图及图注、参考书目、作者等。此外还提供了49个学科的大事年表，每个大事年表分别收录了各领域从距今46亿年前，地球形成开始至今发生的具有历史意义的重大事件。面向机构和个人收费服务，免费的情况下可以观看条目前200字或600字的内容，想要观看全部内容则须注册付费。通过网络，可以从中国大百科全书获得体育知识。

其他重要网络百科全书如下。

◆Encarta（http://encarta.msn.com）

Encarta 是美国微软出品于 1993 年的数字大百科全书，侧重非文字形式内容。Encarta 于 2000 年推出的在线版本只包含有限内容。完整版本是必须购买才能下载使用。Encarta 以其多媒体特色等优点曾一度被誉为“过去八年来最畅销的电子百科全书软件品牌”，但遗憾的是，因为经营等原因 2009 年 10 月被微软关停。

◆中华百科全书（http://living.pccu.edu.tw/chinese/index.asp）

中华百科全书是 1982 年由台湾诸多学者完成的百科全书电子版，共计 38 个类别、10525 个档案。使用该数据库时，若要下载资料，请先下载该难字字库，方可呈现部分难字。可按分类直接浏览，也可输入检索词在标题中检索。

◆中国历史大百科（http://www.cycnet.com.cn/encyclopedia/history）

中青网建设的中国青少年历史百科知识库，包括关于中国各朝代与历史人物的简介和中国文化的介绍。

◆世界图书百科全书（http://www.worldbookonline.com）

世界图书百科全书是一部广受人们喜爱的有关青年和中学生的百科全书。它具有人性化的编辑理念，将百科全书丰富的科学文化知识同现实紧密结合起来。在线服务中，分别为教师、家长、学生提供了不同内容的资源中心。

◆哥伦比亚百科全书（http://www.infoplease.com/encyclopedia.html）

哥伦比亚百科全书（Columbia Encyclopedia）是世界上最大的教育出版商——美国皮尔森教育出版公司开发的一个综合资料查找中心。它面向多个用户群，同时针对各用户群的不同特点设计网站内容及陈述方式，构成了一个完整的家庭教育基地。网站内容全部免费。

◆世界网络百科全书（http://www.countryreports.org）

它是关于世界各国的专门性百科全书， 包括商务、旅游、教育， 是网上较好的关于各国数据的网站。它主要提供以下 6 种服务：World Countries、Country Flags、Current Weather、National Anthems、Online Discussion、Online Store，它的服务是免费的。通过该网站的 World Countries， 能了解某一国家的经济、国防、地理、政府、人文、历史；通过 Current Weather 能检索到该国的下属省市的天气；通过 National Anthems 可以点击在线视听，聆听该国国歌，同时可参看国歌的歌词，歌词分英文版和当地版两种。

二、集成型网络百科全书

集成型网络百科全书是多种百科全书的集成整合网站。

◆格罗利尔百科全书网站（http://www.grolier.com）

它是一个以收录百科全书及其他参考数据库的参考网站，目前收录的数据库大多基于印刷版的工具书，包括美国百科全书、格罗利尔多媒体百科全书等西方世界著名的百科全书及出版物。

◆智慧藏百科全书网（http://www.wordpedia.com）

它是台湾“智慧藏学习科技股份有限公司”建立的以网上百科全书为主的“知识库”网站。可在网上检索《大英百科全书》《大英简明百科全书》《中国大百科全书》等。但必须购买成为会员后，方能阅读全文。注册后有 72 小时的免费试用期。

◆知识在线（http://www.db66.com）

知识在线是面向全球华人的专业在线中文知识库，目标是建设成为一个具有趣味性、实用性、参考性的百科全书式网站，集成了旅游百科、音乐百科、国家百科等 13 个百科全书的所有网站，提供关键词检索。

三、开放型网络百科全书

它是指使用维基（WiKi）技术的网上免费百科全书。维基是一种支持面向社群的协作式工作超文本系统，不但可以在 Web 的基础上对维基文本进行浏览，还可以任意创建和更改。借此技术，开放型网络百科全书使每一位用户都可亲身参与到它的编撰中来，维基百科就是此类型的代表。

需要注意的是，也正是由于其开放性，此种百科全书的知识产权未予确认，相应的其权威性和准确性尚未得到学术认可，因此目前其内容虽具参考意义，但尚不宜作为学术研究的支撑。

◆维基百科（http://www.wikipedia.org）

2001 年 1 月 15 日正式成立，它是基于维基技术的全球性多语言百科全书协作计划，一个动态的、可自由访问和编辑的全球知识体网站。网站通过互联网创作了当今世界上最庞大的百科全书，开创了人人参与知识的创造与积累的模式，是一个值得重视的网络文化现象。

维基百科上的词条是开放式的，读者如果发现错误，随时可以提出意见并进行修改。这样的规则设计，使得词条的作者不得不放弃偏颇的观点，因为只有客观的词条解释才能长时间保持下来，而这本身就是百科全书的重要要求。据美国《自然》杂志统计，维基百科的科学类条目的错误率与《大英百科全书》不相上下。

任何人随时可以将最新的知识附加到维基百科的相应词条上，因此维基百科也是当今世界更新速度最快的百科全书。维基百科条目数第一的英文维基百科已有 381 万条条目。截至 2011 年 11 月，已经有超过 3172 万的注册用户以及为数众多的未注册用户贡献了 282 种语言约超过 2024 万篇的条目，其编辑次数已经超过 12 亿 3192 万次。

维基百科虽然取得了极大的成功，但也存在一定局限。它在结构设置上太像一部传统的百科全书，严谨有余，通俗不足，普通人使用起来不是那么方便。在我国，百度网和新浪网借鉴维基百科的思想，创造了更加贴近普通人生活需要的新形式的网络百科全书。“百度知道”和“新浪爱问”都是开放的知识平台，并且均采用了口语化的问题输入机制，通过后台的搜索引擎技术，将口语化的问题自动转化为对应的知识需求。

◆中文维基百科（http://zh.wikipedia.org）

中文维基百科于 2002 年 10 月 24 日正式成立，已拥有 282000 条条目，此外尚有其他汉语系语言维基百科，包括闽南语维基百科、粤语维基百科、文言文维基百科、吴语维基百科、闽东语维基百科、赣语维基百科及客家语维基百科等，皆是众多不同语言维基百科的成员之一。

◆百度百科（http://baike.baidu.com）

百度百科是著名中文搜索引擎“百度”建立的一部开放的网络百科全书。由全体网民共同撰写，创立于 2006 年 4 月，2008 年 4 月 21 日推出其正式版。百度百科与百度贴吧、百度知道等频道共同构筑一个完整的知识搜索体系。所有互联网用户都可以无障碍浏览百度百科的全部词条。互联网用户在免费注册并登录百度账号后，可以获得创建、编辑词条的权限。

百度百科一经推出便激发了中国网民的极大热情，并且更符合中国用户的操作习惯，因而规模上很快就超越了中文维基百科。截至 2011 年 11 月 21 日，已收录词条 2117459 个。

◆互动百科（http://www.hudong.com）

互动百科是全球最大的中文百科网站，创建于 2005 年 7 月 18 日。为数亿中文用户免费提供海量、全面、及时的百科信息，并通过全新的维基平台不断改善用户对信息的创作、获取和共享方式。互动百科发布了全球第一款免费开放源代码的中文维基建站系统——HDWiki，充分满足中国数百万家中小网站的建站需求，并在此基础上建立起一个活跃的维基社群，大力推动维基在中国的发展。截至 2011 年 11 月 18 日，已有 4154641 位用户共同编写了 5831371 个词条。

以维基百科为首的开放型网络百科全书发展至今，对社会、经济、教育科研等各方面都产生了一定的影响。它们所具有的开放、平等、自由等重要特征，彻底改变了传统百科全书科教的运作模式和传播方式，使之受到全球用户的肯定和喜爱。但是，也正因为这些特征，其内容的权威性受到质疑，是否能作为学术研究的依据尚存争议。

第四节　网络年鉴

网络年鉴是将年鉴的内容（文字、图片、表格等）信息通过计算机技术转换为数字存储，并通过互联网络提供读者利用的一种网络参考工具资源。较传统纸质年鉴，网络年鉴扩大了年鉴信息的采集范围和时间，内容更广，编纂速度更快。多媒体技术的使用也使网络版年鉴具有丰富的表现形式。

网络年鉴主要分为以下几种形式。

一、年鉴门户网站

即以年鉴为该网站的主要内容，可视为网络版年鉴，是传统年鉴网络化的主要形式。从目前情况看，由于数字化程度差异，年鉴门户网站又可按发展阶段分为两种。

一种是印刷版、光盘版年鉴的简单移植，将传统年鉴内容直接搬到网络上。这个阶段的网络年鉴，与印刷版、光盘版等差别很小，除了载体形式的变化，在内容上基本相同，只提供简单的浏览服务功能，没有质的飞跃。国内尚有一些年鉴处于这种阶段，如《中国劳动统计年鉴》（http://www.molss.gov.cn/gb/

zwxx/node_5435.htm)、《中国残疾人事业年鉴》(http://www.cdpf.org.cn/old/nj)、《中国电力年鉴》(http://hvdc.chinapower.com.cn/membercenter/yearbookcenter)等。《中国统计年鉴》(http://www.stats.gov.cn/tjsj/ndsj)是获取国家或地区体育事业发展状况信息的重要工具。

在我国，很多年鉴特别是地方综合性年鉴往往由官方支持，其主要作用是“资政”和“存史”，内容质量有一定保证。各种统计年鉴往往挂靠在各级政府统计局的网站上面（有的称为“××省统计信息网”），通常都不能提供检索，但却可以通过目录进行链接选择，还可以将数据表格在“HTML”和“EXCEL”两种格式之间进行转换，并且可以提供打印；而各种地方综合性年鉴则基本上挂靠在当地政府的网站上面，部分年鉴除可以通过年份及目录链接选择浏览之外，还提供一些检索途径，最普遍的检索途径是关键词。还有一些年鉴是挂靠在其主管的政府职能部门的网站上的，如《江苏统计年鉴》(http://www.jssb.gov.cn/jstj/js-nj/2007/nj03.htm)、《中国电力年鉴》、《香港年鉴》(Hong Kong yearbook, http://www.yearbook.gov.hk) 等。

另一种则是利用数字技术和网络技术直接在网络上独立编纂制作的网络年鉴。这一阶段的网络年鉴才真正具备网络参考工具的特点，实现了印刷版难于实现的多途径检索，如任意词检索、层级浏览、标题检索、全文检索、按年代检索等功能。有的还与其他类型的参考工具如网络百科、网络地图集等相结合，使用户在使用年鉴的同时也可以方便地使用其他多种形式的参考工具。如美国的《世界年鉴》(The world almanac and book of facts, http://www.worldalmanac.com) 和《老农夫年鉴》(http://www.almanac.com)，英国的《惠特克年鉴》等，它们基本上采用与百科在线、网络字典等其他参考工具联合的形式，并具有一定的搜索能力。

《内科年鉴》(http://www.annals.org) 于1927年创刊，双月刊，美国内科医师学会主办。栏目有原始论文、技术札记、综述、公共医学问题、读者来信、进展等。网上可以免费阅读1993年来的文献全文。

还有如美国的《科学和技术政策年鉴》(AAAS Seciece and Technology Policy Yearbook, http://www.aaas.org/spp/yearbook)，英国的《欧罗巴年鉴》(Europa World Online, http://www.europaworld.com/pub) 等。

二、年鉴数据库

有的大型数据库服务网站，整合、集成了各种形式电子版年鉴及相关内容的数据库产品，开设免费或有偿的信息服务，支持网络化的全文检索，方便利用，具有各种专题等，形成围绕年鉴的新的产品形式。

◆中国年鉴篇名数据库（http://www.nlc.gov.cn/newpages/database/zgnj.htm）

由中国国家图书馆创建，收录其馆藏综合性年鉴、统计性年鉴及经济特区年鉴 230 余种，选录其中 1981—1999 年全部或部分年卷的统计资料、法律法规、特载专文、图书评介等方面的内容。现有数据量 21 万余条，为读者提供题名、著者、地区、出处、年卷号、页码、关键词、馆藏信息等检索点。2000 年前采用 DBF 格式，2000 年起，数据采用 CNMARC 格式。

◆方正《中国年鉴资源全文数据库》（http://www.apabi.cn/index/ebook_5.html）

《中国年鉴资源全文数据库》是方正集团北京方正阿帕比（Apabi）技术有限公司与中国出版工作者协会年鉴研究会共同发起建设，以专业的年鉴资源为内容主体的全文检索型数据库系统。可提供年鉴条目全文内容查询检索，还提供原版原式的年鉴查阅。其统计专题依托中国统计出版社连续逐年出版的各类权威统计年鉴和统计资料，收录了以《中国统计年鉴》为龙头，以国家级行业统计年鉴和地方综合性统计年鉴为两翼的完整的中国统计（年鉴／资料）决策信息资源，并完整回溯、持续更新。目前已收录 1912 年以来年鉴近 1000 种，6000 多卷，其中包括各类统计年鉴 300 种，约 3000 卷。

◆ CNKI 中国知网《中国年鉴网络出版总库》（http://acad.cnki.net/Kns55/brief/result.aspx?dbPrefix=CYFD）

《中国年鉴网络出版总库》（China Yearbooks Online Integrated Database，简称 CYBD）是目前国内最大的连续更新的动态年鉴资源全文数据库。通过 CNKI 中国知网公开出版发行，内容覆盖基本国情、地理历史、政治军事外交、法律、经济、科学技术、教育、文化体育事业、医疗卫生、社会生活、人物、统计资料、文件标准与法律法规等各个领域。现在已经收录国内的中央、地方、行业和企业等各类年鉴的全文文献，共 2044 种、13028 本、12225296 篇。

◆世界年鉴数据库（http://firstsearch.global.oclc.org/FSIP）

此数据库是联机计算机图书馆中心（OCLC）的12个免费数据库之一，包括The World Almanac of the U.S.A，The World Almanac of U.S.Politics 和 The World Almanac for Kids 的内容，是适合各类读者的十分重要的参考工具。每年更新。

三、年鉴线索网站

严格说来，此类型不能列为“网络年鉴”，它不提供网络化的年鉴。用户不能直接从其网页上检索阅读到年鉴的内容信息，而是获取年鉴的基本介绍或电子文档下载。

（一）年鉴推介网站

它是在互联网上为年鉴宣传，对外发布年鉴资料的相关消息，介绍推销各种年鉴的网站。包括一些年鉴出版社网站和专业推介网站。

◆《中国信息年鉴》（http://www.cia.org.cn）

它是北京《中国信息年鉴》期刊社的网站，介绍该年鉴的相关编纂出版信息和各期基本内容，并提供网上订购。

◆中国年鉴信息网（http://www.chinayearbook.com）

提供我国出版的各学科、各专题年鉴的内容介绍、出版者、出版日期、定价等信息，并提供在线购买服务。

◆Yearbook of experts（http://www.expertclick.com）

美国最受喜爱的新闻资源网站“expertclick”的年鉴搜寻栏目。

（二）可以提供电子版年鉴下载的网站

互联网上还有些网站可以提供免费的年鉴电子文档。如经济学家论坛（http://bbs.jjxj.org）、“世经中国”网站学术交流（http://www.worldeconomy.org.cn/show_m.asp?id=1131）

第五节　网络手册

手册（Handbook/ Manuals）是以简明、缩写方式提供专门领域内基本的既定知识和实用资料的便捷性工具书，具有叙述简练、信息密集、资料具体和实用性强等特点。是我们最常使用的工具书。在互联网上，已经有传统手册实现了网络化，而更多的，是具备手册功能特点的网络参考工具产品。

一、网络化手册

这是将传统手册网络化的成果，即把传统纸本印刷手册转换成电子文献，并使用网络技术供人们可以通过互联网实现在线检索和阅读。包括以下两种形式。

（一）传统手册的网络版

◆《默克诊断和治疗手册》（http://www.merck.com/mmpe/index.html）

《the Merck Manual of Diagnosis and Therapy》（简称 Merck 手册），默克公司是世界著名的制药公司。其首发于 1899 年的 Merck Manual of Diagnosis and Therapy，是世界最负盛名的经典医学名著之一，迄今已有 100 多年的出版历史，致力于提供可靠的、简单易用的医学信息，是世界上应用最广泛的医学手册，并有 14 种语言的版本。目前互联网上有默克公司的网站，用户可以联机使用具有更多检索途径、包含音频和图像并且内容即时更新的网络版《默克手册》。也可从默克公司（即“默沙东公司”）中国网站上在线阅读《默克诊疗手册》的中、英文电子版本（http://www.msdchina.com.cn/manual）。

◆《吉尼斯世界纪录大全》（http://www.guinnessworldrecords.com）

《吉尼斯世界纪录大全》是最著名的记述各门类世界纪录的图书。最初是根据吉尼斯有限公司总经理休·比弗的设想，由诺里斯·麦克沃特和罗斯·麦克沃特编辑而成，第一版于 1956 年在美国纽约问世 。此后，不断更新内容再版，并以 25 种语言(包括中文)出版了 220 种版本，吉尼斯的名声在世界范围内得到广泛传播。该大全在网络上建立了自己的网站，可以更加方便地检索到其“世界纪录”。

◆《世界大全》（https://www.cia.gov/library/publications/the-world-factbook/index.html）

《世界大全》（The World Factbook）是美国中央情报局（CIA）的出版物。有250个国家和地区的资料和统计数据，包括概述、人口、政府、经济、通讯、交通、军事、国际事务等。例如人口，有年龄结构、增长率、出生率、死亡率、净移民率、性别比、婴儿死亡率、平均寿命、妇女生产率、民族、种族、宗教、语言、识字率等项。该出版物可以提供在线查询，也可以下载到本地使用。

（二）网上手册数据库

中国知网中国工具书网络出版总库的“手册”数据库（http://gongjushu.cnki.net/refbook/book.aspx?rc=rc0009）是CNKI中国知网“工具书库”的一个子库，已经收录各学科手册746种。是目前最大的中文手册数据库。

二、基于网络开发的具备手册功能的网络产品

正是因为手册对我们学习与生活的重要性与便捷性，在这个网络时代，大量具备手册功能、特点的网络参考工具产品也就不断被开发涌现出来。一般说来，有如下两种类型。

（一）指南/手册型网站

网站内容主要是为用户提供某方面的知识，具备明确的手册功能。

◆中文搜索引擎指南（http://www.sowang.com）

国内唯一专题探讨、研究和介绍与推广中文搜索引擎主题的专业资讯网站，是广大网上学习和企业在互联网上进行产品/服务宣传、推广，通过网络营销获得收益的最佳选择。

◆“中国指南”网站（http://www.chinavista.com）

1996年10月开通，由厦门莫柏科技有限公司设计维护。该网站有中文简体、繁体、英文三种语言的版本，其英文版曾被美国最有影响的有线新闻网CNN和全球发行量最大的报纸USAToday等十几家权威媒体誉为“通往中国的必

由之路”。主要栏目有“商贸指南”“旅游指南”“企业上网”等，其商业信息数据库可提供丰富的国内商业、旅游信息。

◆彼得森研究生指南（Peterson’s Guide，http://www.petersons.com）

它介绍了美国和加拿大1500多所院校、300多个学科范围、2.8万余项课程。内容包括学校名称、通讯地址、教员及研究人员名录、研究重点、奖学金发放及其他相关信息。对于希望了解美国、加拿大大学概况，并有志赴北美地区留学的同学深具参考价值。

还有如高海拔医学指南（http://www.high-altitude-medicine.com）、数码摄影完全手册（http://www.shortcourses.com）等。

（二）网站内手册栏目

往往是网站设置的一个栏目，为用户提供与网站相关的某一方面较系统的知识，具备手册特征。也有的表现为网站或数据库等检索工具的用户帮助文档系统。在计算机行业网站中尤为多见。

◆浙江省人民政府官网《公众防灾应急手册》（http://www.zhejiang.gov.cn/gb/zjnew/node3/node22/node170/node3862/index.html）

浙江省人民政府应急管理办公室等编写。其内容包括如何应对台风、洪水、泥石流、地震、海啸等自然灾害，涉及防火灭火、安全用电、安全使用燃气、交通安全、核泄漏防护以及传染病防治、医疗急救等知识。可在线阅读，并提供电子版下载。纸质《公众防灾应急手册》由浙江人民出版社出版发行。

◆谷歌（Google）手册（http://www.google.com/intl/zh-TW/about.html）

它是著名搜索引擎“Google”（繁体版）的说明栏目，简体版则为“Google大全”。该栏目对Google公司及其产品作了介绍，特别是对其搜索引擎的使用方法进行了详细说明。是新手入门的必读教材。

◆新浪网“购房手册”（http://bj.house.sina.com.cn/bbs/buybook）

新浪“购房手册”是中国门户网站“新浪网”房产版块的一个子栏目。它汇集了当前民众购房多方面的知识，包括计算工具、购房流程、房屋知识以及相关政策法规等，非常实用。

◆CNKI中国知网用户使用手册（http://epub.edu.cnki.net/grid2008/Help/shipin.htm）

它是著名网上检索数据库CNKI中国知网的“帮助文档”，详细介绍了“知网”各数据库的使用方法。

第六节 网络名录

名录是提供有关专名（人名、地名和机构名录等）的简要工具书，内容涉及比较广泛。按收集信息的内容的不同，可分为人名录、地名录和机构名录。人们可以从名录中查找关于人物生平、机构组织和某一行政区划沿革等信息。网络名录一般表现为名录网站、网络黄页、名录搜索工具和名录数据库。我们可以从中获取体育人物或组织机构的相关信息。

一、名录网站

有一些传统印刷型名录完成了网络化出版，我们可以在线使用，如英国《国际名人录》等。而更多是直接基于互联网网络建设的名录网站，提供人名、地名和机构名的查检服务。由于机构名录与商业活动的密切联系，因而有大量机构名录网站出现在网络上，其中较多实行会员制或收费服务，良莠不齐。

各类名录网站举例如下。

◆《国际名人录》（http://www.internationalwhoswho.com）

《国际名人录》（International Who's Who）介绍参见本书第二章。在其网站上，IWWHS 成员可以查看简历和联系世界各地的数千名成员。

◆人名词典（http://s9.com/biography/search.html）

人名词典（s9.com Biographical Dictionary）是基于维基的美国名录网站，成立于 1997 年。可通过名字、关键词或时间查询 28000 位世界著名人物的简要介绍或传记资料。

◆《世界名人录》（中文版）（http://www.world-vip.com）

《世界名人录》（中文版）是世界上第一套多卷本中文版大型人物辞书，由世界华人交流协会、世界文化艺术研究中心编辑，世界人物出版社、中国国际交流出版社在中国香港出版，1997 年出版第一卷。其网站提供网络版的在线检索。

◆国际名人网（http://www.8999.net/gm）

国际名人网隶属“世界华人网”。该网站是中国国际出版集团监制的权威性网站，得到世界最大华人联谊机构——世界华人交流协会的认证和推荐。“国际名人网”收录具有一定社会地位和社会影响力的代表性人物、各领域成绩显著者、有行业特长的人员等，是很好的在线华人名录。

◆中国地名网（http://www.cgn.ac.cn）

民政部（中国）地名研究所是我国唯一国家级地名科研单位，中国地名网是该所创办的网站。该网站的“地名查询”栏目是较权威的国内地名检索工具。

◆世界地名录（http://www.world-gazetteer.com）

它是一个非常受欢迎的世界地名检索网站。它提供世界各个国家各地区以及城镇的介绍和主要统计数据，包括人口、面积、历史背景。其数据主要取自于官方信息源或出版物。

◆行政区划网（http://www.xzqh.org）

行政区划网虽然是行政区划爱好者的国内个人网站，但关于行政区划的内容比较完整详实。网站设有中国政区、外国政区和地名索引，便于在线检索。

◆世界遗产名录（http://whc.unesco.org/en/list）

世界遗产名录（World Heritage List）是“联合国教育、科学及文化组织”（UNESCO）官方网站“World Heritage”栏目。提供该组织确定的世界遗产名单及相关介绍，可以浏览和检索。

◆中国企业数据网（http://www.cncompany.cn）

中国企业数据网成立于2005年6月，隶属于北京博阳网信网络信息技术有限责任公司，是一家专业从事国内外各行业名录信息及数据库的开发、收集、加工、整理的信息资讯服务机构。经过近年来的发展，成为国内具有一定影响力的专业名录信息及数据库营销服务提供商。

◆日本企业名录（http://www.c-direct.ne.jp）

它是日本名录网站。主要提供各行业日本企业信息，设有分类索引。

二、网络黄页

黄页是国际通用按企业性质和产品类别编排的工商企业电话号码簿，以刊登企业名称、地址、电话号码为主体内容。在互联网上同样有大量的“黄页”网站。“网络黄页”，就是将传统黄页搬到网上，利用互联网为载体，在网上发行、传播、应用的电话号码簿，为我们检索企业机构的简要信息（主要是联系方法）提供服务。而且，一般在黄页网站上都推出了满足用户要求的其他增值性服务内容，这些内容都是与客户相关的实行性栏目。上网用户可以根据自己的需要，在相关栏目中发布一些信息。例如哈尔滨黄页中推出了“资讯快递”栏目，在这栏目内客户可以发布打折、招聘、招生、租赁等信息。

“网络黄页”举例。

◆中国电信黄页（http://www.locoso.com）

即“本地搜”，是中国电信集团黄页信息有限公司官方网站。它整合中国电信 21 个省市企事业信息资源，按特有黄页分类体系，搭建基于纸质、网络、语音的综合信息平台，为用户提供全方位的黄页及信息业务，已经成为著名的网络黄页，市场占有率达到 80%以上。

◆中国黄页网（http://www.yellowurl.cn）

中国黄页网拥有全国各地 150 多万企业信息，并支持动态发布，实时更新。目前网站所有服务免费。

◆教育黄页（http://yp.eol.cn）

教育黄页是中国教育和科研计算机网新推出的项目。使用本系统，可查询全国各地大中小学校的联系方式及网站信息。基于其教育部及教育网的官方背景，该网必将成为国内最具权威性的教育黄页。

◆美国黄页（yellowbook，http://www.yellowbook.com/yellowpages）

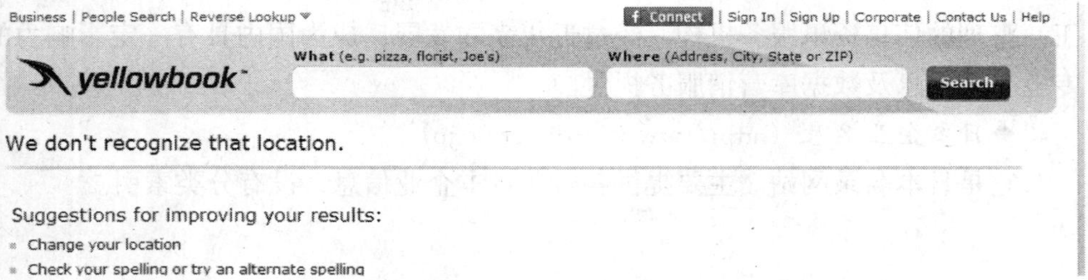

图 8–1 美国黄页

◆中国 114 网（http://www.china114net.com）

它是传统电话号码 114 查询方式的网上延伸。通过网上 114 不但能查询到全国乃至全世界各单位的电话号码，而且能查询到单位的名称、联系人、传真、邮编、职工人数、主要产品（或服务）、E-mail 及网址等详细资料。

三、名录搜索工具

指专门用于搜索名录信息的专题搜索引擎或可以按行业、按地区、按用户输入的关键字搜索网络上的企业信息的工具软件。

◆Four11 白页搜索引擎（http://www.four11.com）

Four11 是最著名和最优秀的个人信息搜索引擎，因美国电话查号台号码为 411 而得名，它具有超级的搜索能力、优秀的综合能力以及对用户友好的界面。类似的还有“Whowhere”（http://www.whowhere.com）等。

◆BigBook 黄页搜索引擎（http://www.bigbook.com）

美国 BigBook 是至今为止最好的商界搜索引擎，它具有智能化的功能、丰富的帮助以及准确的信息，这使 BigBook 成为搜索黄页信息的最佳选择。可以直接从主页开始搜索，在搜索输入框下面有两个单选钮：“Category”（类别）和“Business Name”（商业名），用来选择按类别查询或按商业名称查询。也可以使用类别、名称、地区代码和邮政编码的任意组合搜索。

◆博购企业名录搜索软件（http://www.blogou.com）

博购企业名录搜索是国内一款通过互联网，从各大商务、行业以及企业黄页中搜索最新、最全的企业名录的辅助型搜索软件。它针对网络上众多的著名商贸网站和名录黄页的公司信息资源进行搜集整理，分地区精确搜集企业名称、联系人、地址、电话、网址、E-mail 地址等，并进行整理集中，形成客户资源。由“博购企业信息网”于 2005 年开始推出，有商务版等多个版本，需下载安装至本地计算机后联接互联网使用，部分版本要求付费。

四、名录数据库

互联网上有一些机构建立了名录类型的数据库提供检索服务。有的是如

“中国知网”集合多个电子版传统名录建立的数据库，也有如“万方数据”自建数据库。从目前情况看，网上自建商业机构名录数据库居多。

◆万方数据资源系统数据库机构库（http://s.g.wanfangdata.com.cn）

它收录了国内外企业机构、科研机构、教育机构、信息机构各类信息。其中，企业机构信息以《中国企业、公司及产品数据库》（CECDB）为基础。该数据库始建于 1988 年，由万方数据公司联合国内近百家信息机构共同开发。是国内外工商界了解中国市场的一条捷径。用户遍及北美、西欧、东南亚等 50 多个国家与地区，不仅成为图书情报机构的经典电子馆藏资源，还被国际著名的 DIALOG 联机系统认定为中国的首选经济信息数据库，并面向全球数百万用户提供联机检索服务。此外还有“科技专家库”可以检索到专家个人信息。

◆中国资讯行数据库（http://www.chinainfobank.com）

中国资讯行（China InfoBank）是香港专门收集、处理及传播中国商业信息的高科技企业，其数据库（中文）建于 1995 年，信息范围涵盖 19 个领域、197 个行业。其中涉及名录检索的数据库有：中国科研机构库、中国中央及地方政府机构库、中国科技信息机构库、中国高新技术企业数据库、中国人物库、中国科技名人库等。

◆卫生与生物医药信息源库数据库（http://dirline.nlm.nih.gov）

卫生与生物医药信息源库（Directory of Information Resources Online，简称 DIRLINE），是由美国国立医学图书馆（NLM）编制的以查询美国和其他国家卫生与生物医学机构为主的事实型数据库。主要收集了美国约 1.7 万个与健康有关的政府机构、研究机构、公司、学术机构等信息。

◆康帕斯名录数据库（http://cn.kompass.com）

康帕斯是世界著名国际工商信息提供者。于 1944 年在瑞士成立，现在总部设在法国。目前有近 70 个成员国（地区）。康帕斯所创立并拥有独立知识产权的工业和产品分类系统是被联合国确认的国际标准工业分类系统（WorldFile）。可提供包含全球 62 个国家和地区 270 多万家企业详细信息的数据库，有免费、注册和付费三种不同方式的查询服务。

◆伊梅名录资源网（http://www.emagecompany.com）

网上商业名录数据库网站非常多，伊梅名录资源网就是其中较大的一个，它是香港伊梅资源有限公司网站，其互联名录数据产品系列囊括 48 大类 390 行业，实现月度同步更新。可供名录数据产品超过 5000 种，涉及 1500 万中国机构名录和 9800 万全球企业名录，是世界三大名录机构大中华区独家代理。其中有免费资源，更多需要付费购买。

第七节　网络表谱与图录

一、表 谱

表谱类工具书通常用于查找时间、历史事件、人物资料等，主要包括年表、历表和专门性历史表谱等。在互联网上，此类工具书主要以网站栏目等形式作为网站的辅助工具，如许多网站的“中国历史年表”等；也有少量独立的表谱网站资源，如一些家谱网站；一些大型工具书数据库中也有收集电子版表谱。

◆中国历代纪年表及年号索引表（http://www.guoxue.com/tools/tool.htm）

由国学网“国学研究应用工具”栏目提供。《中国历代纪年表》即《历代帝王纪年表》，朝代如下：先秦（西周建立至秦统一）、秦、汉、蜀汉、吴、晋、南北朝、隋、唐、五代十国、辽、宋、金、元、明、清。《中国历代年号索引表》由以下四项内容组成：朝代（汉、三国、晋、南北朝、隋、唐朝五代、宋、元、西夏、明、清）、年号、元年、末年。查询方法简单。

◆两千年中西历转换系统（http://db1x.sinica.edu.tw/sinocal）

两千年中西历转换系统是由台湾中央研究院计算中心研发。目的是提供使用者一个方便易于使用的中西历年转换功能。该系统支持公元元年（西汉平帝元始一年）至公元两千年（中华民国八十九年）后的资料转换，除了可以查到相对应的朝代、帝号、年号、年干支、年、月、日等数据外，还加上了中西对照的“月历功能”，只要输入国号、帝号、年号、干支、朔闰等内容，便可进行中西日期转换。同时该系统也提供西历转中历的功能。

◆家谱网（http://www.jiapu.com）

“家谱网”是全球著名家族网 Ancestry.com（http://www.ancestry.com）的中国成员。目前，包括中国在内的全球 9 个最具代表性的国家拥有网站，公司总部设在美国。拥有全球第二大的数据库存贮量，仅次于 Google。它是全球最大的家族资料收集和整理者；全球拥有 1300 万棵在线“家族树”，有超过 14 亿人名和他们的家族故事及照片 3000 多万个，并且数据仍在持续增加。

“家谱网”在国内与上海图书馆、湖南图书馆、山西省社科院中国谱牒学研究会和台北万万斋藏书楼等多家机构达成合作，将众多华人家谱数字化，并在“家谱网”上免费提供给大家阅读研究，是在线拥有量最大的华人家谱网站。

◆上海图书馆家谱数据库（http://search.library.sh.cn/jiapu）

收藏约1.7万种、11万余册中国家谱，是国内外收藏中国家谱（原件）数量最多的单位。支持基本检索和高级检索两种检索方式，提供题名、姓氏、居地、堂号、著者、名人、丛书共7个字段进行检索，同时可在检索字段中选择“全部索引”对这些字段进行合并检索，还可进行二次检索。读者可在馆外查得目录摘要信息，在馆内则可看到全文（如果该家谱有全文扫描图片）。

◆中国工具书全文数据库（http://www.apabi.cn/index/ebook_7.html）

中国工具书全文数据库是北京方正阿帕比技术有限公司产品。目前已经收集中文表谱145册。需购买才能使用。

二、图　录

图录主要反映各种事物、人物的空间概念和形象概念，其特点是直观、形象，往往能起到文字叙述难以达到的效果，包括专门事物图谱和地图等。而图形信息的存储处理，正是现代计算机技术的强项，因而互联网上涌现了丰富的图录资源。网络图录主要表现为图录网站（或网站栏目）和图录搜索工具两种形式，还有一些工具书数据库中也有收集。

（一）事物图谱

网上事物（含人物）图片又可分为通俗图库和专业图谱。

1. 通俗图库

这是互联网上最为普遍的图录类型。有许多专门网站，提供普通用户特别是年轻网民喜闻乐见的各种图片，内容包括明星美女写真、风景时尚摄影、卡通画等，也有很多体育明星的图片。主要供下载作为电脑和手机桌面背景及一般休闲娱乐欣赏之用，其产品知识产权常不明确。很多网络目录索引指向的图片资源也往往以此类网站居多。如国内著名搜索引擎“搜狗”的图片网站目录。

2. 网络专业图谱

以商用摄影图片资源居多，也有专业图片网站或各行业网站的专业图片库。其中产品往往已经明确了知识产权。

◆中体在线图库（http://www.sportsphoto.com.cn）

中体在线图库归中国体育报业总社所有，专门提供各种体育图片的查询和下载，图片栏目有足球、篮球、田径、排球、游泳、体操、乒乓球、网球、射击、羽毛球、举重、冰雪、自行车、棋牌、帆板、高尔夫、赛车、武术、柔道、击剑、赛马、曲棍球、棒垒、摔跤、水上等。

◆美国 Photomuse.org（http://photomuse.org）

Photomuse.org 是世界上最大的主流免费摄影图片库，面对所有的摄影专业人士和爱好者开放，由美国的两大摄影作品收藏巨头—— 乔治·伊斯特曼图片库和国际摄影中心于 2007 年合作推出。罗切斯特的乔治·伊斯特曼图片库是世界上最古老的摄影博物馆，拥有 40 万张图片和底片；纽约的国际摄影中心较年轻，收藏较少，但在纽约脉络广泛。众多的摄影爱好者可以从该网站获取丰富的免费资源。更重要的是，该站点的图片将力求经典且主流，因此丝毫不缺乏大师杰作，比如阿尔弗雷德·斯蒂格里茨、维加、路易斯·海因等人的传世作品。网站的检索方式非常丰富。

◆华盖创意图片库（http://www.gettyimages.cn）

Getty Images 创建于 1995 年，是全球最大商业图片提供商，是第一家在线授权图片——在行业内首创并引领独特的授权模式的公司。在线提供数字媒体管理工具以及创意图片、编辑类图片、微拍摄、影视素材和音乐。Getty Images 于 2005 年进入中国成立华盖创意（北京）图像技术有限公司，通过 www.gettyimages.cn 中文网站平台向中国大陆地区的客户提供来自全球的优质创意图片和影视素材；同时与亚洲及中国本土的优秀摄影师紧密合作，持续补充大量优质的中国元素内容，满足客户的多样化需求。其检索方式直观便捷，是行业内搜索引擎的设计标准。

◆中国新闻图片网（http://www.cnsphoto.com）

中国新闻社主办，是国内最大的新闻图片库网站。采用当前最先进的电子商务模式，将每天的国际新闻图片制作成电子文本，通过国际互联网将用户和图片作者整合成直观、可视化的采编、制作、播发平台，以最大限度地提高效率和充分利用新闻资源。中新社新闻图片网络中心的所有用户均可借助互联网随时、随地、自主地浏览、检索、下载和使用电子化的新闻图片。此外，还可根据用户要求提供 FTP 传输方式。其资料库储存了大量的历史新闻图片，包括体育比赛照片，所有用户均可适时进入资料库查找所需的资料图片。

◆中国植物图谱数据库（http://www.plantpic.csdb.cn）

中国植物图谱数据库是中国科学院武汉植物园网络信息中心承担中国科学院知识创新工程信息化建设专项。内容包括两个方面，一是有关我国某些特殊类群植物的数据库，这些类群的植物往往在研究或应用上有其特殊性，而且自成为较为完整的体系；二是我国植物物种基础数据方面的数据库，按分类体系分科建设。它是我国植物学图谱权威数据库，读者可以登录该站免费查阅。

◆医药网中药图谱（http://www.pharmnet.com.cn/tcm/zybb）

医药网由浙江网盛生意宝股份有限公司创建于 1999 年，是目前国内最大最早的医药类综合网站。有"中药图谱"全彩色中药图片，提供药类、药名、笔画索引和拼音索引等多种检索方式。

（二）地　图

◆中华地图网（http://www.hua2.com）

中华地图网（hua2）由陕西东林科工贸有限公司投资创办，是一个以地图服务为主的综合服务系统。该网站共设有 9 个栏目，专注位置服务，采用业内最先进的地图信息搜索引擎技术，建立中国最大的地图服务门户，提供全面的地图黄页，地图服务覆盖全国各大中小城市。可以查阅中国及世界各地的地图，并提供免费下载。

◆图盟 Mapabc 地图搜索（http://www.mapabc.com）

它是北京图盟科技有限公司的网站，支持全国 300 多个城市地图浏览，支持地点搜索、公交查询、驾车线路、打车助手、实时交通、天气预报等查询功能。Mapabc 已经成为中国市场占有率最高、平台响应速率最快、地图数据最丰富的基础地图服务提供商。新浪等几百家网站一致选择采用 Mapabc 基础地图服务来支持其互联网或手机增值业务。除了基础地图服务外，Mapabc 与移动运营商合作开展手机定位和无线地图等服务，为人们的出行导航提供最贴身的服务。Mapabc 还先后自主开发了"企业地标""无线多媒体信息采集系统""地图名片"等众多地理位置服务产品。

◆星空地图 Skymaps（http://skymaps.com）

该网站用可以打印的方式提供了免费的每月更新的南北半球星空图。恒星、行星和主要星座都在图中做了明确说明；按照观察方式的不同，每幅图都分别列出了可以用肉眼、双眼望远镜和射电望远镜观察到的天体。此外，天文历法、观察夜空应该注意的事项和天文学术语表也包含在内。

◆宇宙图鉴（http://www.atlasoftheuniverse.com）

宇宙图鉴（An Atlas of the Universe）网站提供宇宙地图集，主要由 9 幅宇宙地图组成，囊括了从离太阳最近到接近宇宙可视极限的星球。每幅地图除了自身的描述之外，也注明了与其相关的其他地图。地图集中有术语表和与其他网站的链接，有英语、法语、葡萄牙语和塞尔维亚语等多种版本，地图可以打印。

◆谷歌（Google）地图（http://ditu.google.cn）

Google 地图是著名搜索引擎运营商 Google 提供的地图服务，也是目前最强大的网络地图，范围覆盖全球。通过使用 Google 地图，可以查询详细地址，寻找周边信息、商户信息，并规划点到点路线。在 Google 地图首页输入起始地和目的地，Google 地图将自动规划线路，并提供每一路段的具体行驶或公交换乘路线，包括公交站位置和公交车行驶公里。另外还有跨省查询、实时交通流量、自动定位位置等功能。Google 地图还支持搜索结果免费发送功能。当您在 Google 地图上查到一个地方的地址或电话时，旁边有一个发送的选项。只要点击就可直接把此信息免费发送到指定的电子邮箱或手机上，还提供卫星视图和街景视图等特色服务。

第八节　网络参考工具数据库

除了在线工具书外，还有一些参考工具数据库可供广大读者通过互联网检索利用。包括参考工具书集成数据库和事实数值数据库。这些数据库大多需要机构（如图书馆）集团购买使用或用户个人上网付费查阅，只少量内容免费开放。

一、参考工具书集成数据库

又称“在线工具书指南”，是指整合了许多不同类型参考工具书的大型综合性数据库。如 CNKI 中国知网《中国工具书网络出版总库》等。下面介绍几种国内外著名“在线工具书指南”。

◆CNKI 中国知网《中国工具书网络出版总库》（http://gongjushu.cnki.net/refbook/default.aspx）

中国知网旗下的工具书查询网站，《中国知识资源总库》的重要组成部分，简称《知网工具书库》或《CNKI 工具书馆》，是传统工具书的数字化集成整合，很多常备工具书均可在这个网站检索到。从 2006 年 3 月立项，至今已经集成了近 200 家知名出版社的近 4000 余部工具书，类型包括语文词典、双语词典、专科辞典、百科全书、图录、表谱、传记、语录、手册等。

◆方正阿帕比（Apabi）中国工具书资源全文数据库（http://www.apabi.cn/index/ebook_7.html）

中国工具书资源全文数据库是北京方正阿帕比技术有限公司（方正阿帕比）的重要数字资源产品。该产品目前精选收录国内各大出版社出版的精品工具书资源 2000 余种，涉及理工、文学、哲学、历史、地理等各个学科领域。该数据库能够实现对条目内容的全文检索，以及对图片的检索和引用，并可以进行原版原式的内容比对及浏览翻阅，所有条目信息均可以直接引用，方便地进行知识引证、查询、浏览及辅助学习等其他增值服务。通过工具书检索平台检索到的条目内容均以知识点的方式进行内容级的关联，实现了一站式的知识检索服务。

◆Credo 全球工具书大全（http://corp.credoreference.com）

原名 Xreferplus，由英国 Xrefer Limited 公司提供。该公司是一家领先的图书馆与信息中心参考资源提供商，自 1999 年以来开始向图书馆提供完全定制的参考信息。Credo 全球工具书大全收录来自全球 70 多家著名出版社的工具书 470 余种，包括 300 多万个词条、20 万个有声文件和 6 万个图像。内容包括科学技术、医学、食品、商业、法律、社会科学、历史、地理、语言、文学、哲学、心理学、音乐、艺术、宗教等多学科，已收录的工具书类型有字典、百科全书、传记、语录等。为各类工具书量身定制“增值”功能，适合各学校与专业广泛使用。有中、英、法等多语种检索界面。

◆Knovel 电子工具书网站（http://www.knovel.com）

Knovel 公司于 1999 年成立，是唯一一家将工程学和应用科学的数据整合起来，并使用独特制表分析工具提供全球范围访问的供应商。Knovel 数据库包含有许多顶级科学和工程学参考工具书、数据库和会议录。现收集了近 30 家出版社的近 700 种工具书，以及 7 种网络数据分析工具。Knovel 数据库中的所有内容都是可以检索的全文资料。分16个主题，提供主题/题名浏览和关键词查询，使工程师和研究人员能非常方便地通过多种来源和信息形式获得尽可能多及快捷的信息。互动式的表格、制图程序和计算软件等高效率的工具和它友好的界面无缝链接整合，大大提高了它的生产效率，检索手段快捷、方便，内容质量高，并有独特的网络数据分析工具。

◆牛津参考书目在线（Oxford Reference Online，http://www.oxfordreference.com/pub/views/home.html）

这是在线牛津参考书目的网站，是牛津大学出版社创办的一个大型的综合参考书资源数据库，囊括了生物医学等学科的大量参考书、160 种字典和百科全书的目录和简介，资源数目达160 万条。以每年更新3次的速度增加新的参考工具书或新版本信息。网站为新注册的组织机构提供30 天的免费检索服务。

二、事实与数值数据库

此类数据库直接提供可用的数据，如文字、图形、图像、声音以及来自原始文献的统计数据、调查数据或经过处理的各种数据、数值表格等。

数值数据库指存贮的数据是某种事实、知识的集合，主要包含数字数据，如统计数据、科学实验数据、科学测量数据等。事实数据库指存贮在计算机中的相互关联的数值数据或数值化了的数据集合。收录人物、机构、事务等的现象、情况、过程之类的事实性数据，如机构名录、大事记等。事实型数据库所包括的信息数据类型较多，如经贸信息、统计数据、企业基本信息及产品信息等相关信息均可划分到此种类型的数据库中。

事实与数值数据库举要。

◆精讯数据库（http://www.chinainfobank.com、http://www.bjinfobank.com）

即中国资讯行（ChinainfoBank） 高校财经数据库系统。中国资讯行是香港专门收集、处理中国商业信息的高科技企业，该数据库（中文）建于1995年。中国资讯行内容覆盖很广，内容包括实时财经新闻、权威机构经贸报告、法律法规、商业数据及证券消息等。中国资讯行高校财经数据库系统包括12个大型专业数据库、超过1200万篇的商业资料藏量，数据库容量逾150亿，数据库每日更新，新增逾2000万汉字，范围涵盖19个领域、197个行业。

中国资讯行与国家商务部、国家工商总局、路透社等近百家中国政府部门和权威资讯机构建立了战略联盟，保证了数据的准确性与权威性。该数据库较为适合经济、工商管理、财经、金融、法律、政治等专业使用，特别是整合了各类报告、统计数据、法律法规、动态信息等内容，是所涉领域重要的中文信息参考源。

中国资讯行高校财经数据库系统，为我国高校量身定制，通过设在北京的镜像站点 http://www.bjinfobank.com 面向大陆高校提供服务。

◆新华社多媒体数据库（http://info.xinhua.org/cn/welcome.jsp）

它是新华社针对高等院校的实际需求，为高等院校和教育系统的管理层提供的具有重要参考价值的教育内部信息、海外内部信息、高管信息、参考资料、参考消息、决策参考等内部资讯和最新的政策制度、教育动向。

数据库包括中外人物库、译名库、法规库、背景资料库等多种内容的定向服务。为教育各界和学生拟写论文和研究报告、完成课题等提供相关背景材料。提供的新闻信息时间跨度大、涉及地区多、覆盖面广，每天不断更新 1800 多条的信息量。此外还有中外院校博览、中外教育动态、各界交流合作、教育研究、各界论坛演讲、留学天地、人才与市场、社会热点等专题栏目内容供选择。

◆万方数据资源系统（http://dx.wanfangdata.com.cn）

“万方数据资源系统”是以中国科技信息所（万方数据集团公司）全部信息服务资源为依托建立起来的，是一个以科技信息为主，集经济、金融、社会、人文信息为一体，以互联网为网络平台的大型科技、商务信息服务系统。内容涉及自然科学和社会科学各个专业领域。目前，万方数据资源系统提供期刊、学位论文、会议论文、外文文献、专利、数字化期刊、标准、成果、法规等多个主题版块，并通过统一平台实现了跨库检索服务。可提供专利、成果、标准、法规以及企业信息等事实与数值信息资源。

◆国务院发展研究中心信息网（http://www.drcnet.com.cn/DRCNET.Channel.Web）

北京国研网信息有限公司创建于 2001 年 4 月。它依托国务院发展研究中心的信息资源和专家阵容，全面整合中国宏观经济、金融研究和行业经济领域的专家资源及其研究成果成此“国研网”。

产品包括国研报告数据库、宏观经济报告数据库、金融中国报告数据库、行业经济报告数据库、世界经济与金融评论报告数据库和财经数据库等 10 余种行业统计数据库。国研报告为其特色资源。

◆Gale 参考资料数据库（http://infotrac.galegroup.com）

Gale 集团是全球最大、最权威的参考书出版商。Gale 集团 50 年来在出版人文科学（文学、历史、商业、人物传记等 ）工具书以及机构名录方面颇具权威性。作为在线资源中心的发明者，Gale 集团也是顶尖的在线数据库供应商。

Gale 专题数据库是美国 Gale（Thomson Gale）集团著名的数据库系列，其核心内容来自 Gale 集团多年来出版的众多参考书系列。这些参考书系列中的参考资料被公认为世界上相应学科领域中（文学、历史、商业、人物传记等）最权威、最全面的参考资料，并且为 Gale 集团独家拥有，通过其他同类数据库无法查到。Gale 集团还创建及维护了 600 余个在线、印刷及缩微大型数据库。

◆莱纳数据库（LexisNexis，http://www.lexisnexis.com）

LexisNexis（莱纳）成立于 1973 年，为专业人士、企业界、政府及法律机构等提供全方位的信息服务，在信息产业位居领先地位。其数据库产品有 LexisNexis Academic 学术大全数据库及 Lexis.com 数据库等。Lexis.com 数据库收录内容更加丰富，几乎包括所有行业，拥有 11439 个数据资料库以及 3.6 万个资料来源。特别是在法律事务方面，是收录最全的法律资料库之一。包含了美国国家和各州的法律法规、案例、判决书、法律评论等，也包括英联邦部分地区的法律和案例数据。另还涉及 WTO、反托拉斯、知识产权等专题信息。还可以看到 LexisNexis 提供的涉及广告、商业、企业等行业的机构名录。适合法学院研究生、博士生及教学科研人员使用。

第九章 互联网体育资源及其检索

第一节 网络体育信息检索分布

一、网络信息资源的含义

广义的网络信息资源是网络信息活动中所有要素的总和，包括与网络相关的信息内容、信息网络、信息人才、信息系统、信息技术等资源。狭义的网络信息资源是“以数字化形式记录的、以多媒体形式表达的、存贮在网络计算机磁介质、光介质以及各类通讯介质上，并通过计算机网络通讯方式进行传递的信息内容的集合”。网络信息资源是信息资源的一种，因而其基本含义与信息资源的含义是一致的。但就“网络”这个载体而言，它具有如下特点：数量巨大；内容丰富，形式多样；动态发展；结构复杂，分布广泛；传播范围广；具有交互性。

二、网络体育信息资源的分类

（一）按来源划分

发布网络体育信息的主体有政府部门、公司企业、研究机构、教育机构、社会团体及个人；客体可分为网站与网页，因而形成站点式体育信息资源和网页式体育信息资源两大类。

（二）按内容划分

由于现代信息技术的应用，信息生产周期缩短，网络信息资源数量飞速增长，不仅以前生产的信息产品可以在网络上保存和传播，以前难以生产、管理的信息现在也能借助网络形成为人所用的资源，包括用户之间在网络上所进行的非正式信息交流、软件、网络会议等。

（三）按信息组织方式划分

可划分为文件方式、数据库方式、主题目录方式和超媒体方式四种类型。以文件为单位共享和传输信息会加重网络负载，而且当信息结构较为复杂时，文件系统难以实现有效的控制和管理。因此，文件只是网络体育信息资源管理的辅助形式。数据库的最小存取单位是字段，可以根据用户需求灵活地改变查询结果集的大小，而大大降低网络数据传输的负载。因此，数据库方式是当前网络体育信息资源普遍的组织方式。主题目录方式具有系统性、可扩充性、结构清晰、使用方便的优点，更适合于建立专业性网络体育信息资源体系。超媒体技术是超文本与多媒体技术的结合，它将文字、表格、声音、图像、视频等多媒体信息以超文本组织起来，使用户可以通过高度链接的网络结构在各种信息库中自由航行，找到所需体育信息。

（四）按媒体性质划分

按媒体性质，互联网上的体育信息资源可分为如下几种。

①文本信息，如数据、论文、书刊资料、目录、数据库、广告；

②图像信息，如图表、图形、影像；

③音频信息，如歌曲、音乐等；

④视频信息，如电影、动画等；

⑤软件。

（五）按信息存取方式划分

按体育信息存取方式可分为邮件型、即时交互型、揭示板型和文献服务型信息资源。

1. 邮件型信息资源

即指以特定的个人或群体为对象的非实时信息传播的方式，以电子邮件和邮件列表为代表。电子邮件是目前使用最多的一种获取信息的方式。使用电子邮件可以访问互联网上的几乎所有体育信息资源，还可节省一定的费用和时间。

2. 即时交互型信息资源

即指以特定的个人或群体为对象的即时信息传播方式，以会话（talk）、讨论、互联网中继对话（Internet Relay Chat，IRC）、聊天、网上虚拟咨询等为代表。

3. 揭示板（公告牌）型信息资源

即指以不特定的大多数网络利用者为对象的非即时性信息传播方式。如BBS、网络新闻、匿名 FTP 登录。通过这种方式可以获得在网上发布和传播的大量体育信息，以及关于某学科的最新知识。

4. 文献服务型信息资源

即指网络图书、网络报刊、专利、标准等文献服务部门提供在网上的任何文字、图片；这些资源都是对一次信息进行系统组织后所产生的二次文献或三次文献数据库，以 Gopher，www 为代表。

（六）按信息加工层次划分

如果按传统的信息加工层次标准分，可以将网上的体育信息资源分为四个层次。

1. 网络零次信息

即在网上产生未经过信息组织者系统加工过的体育信息，如聊天记录、讨论、邮件等。

2. 网络一次信息

经初步加工整理并存放在网上的体育信息产品。如各种一次文献的电子版

(或数字版),包括报刊文章、会议文献、档案资料、影像资料、新闻报道、产品介绍、科技报告等。这些网络文献多数以文本网页的形式存在于网上,但未加以整理和序化。

3. 网络二次信息

即关于网络一次体育信息的信息。如网络版目录、书目、指南、文摘、题录、网上信息资源指引库和搜索型工具(搜索引擎、搜索软件、搜索代理、网址目录等),其特点是依据一定的方法将分散、无序的网络零次信息和网络一次信息加以整理、归纳,揭示其特征,形成有组织、有系统的信息系统。通过二次信息,可以提高对零次和一次信息的利用效率。

4. 网络三次信息

即在一、二次资源信息的基础上,通过评价、筛选和按不同功能组织加工所形成的信息产品。如作为工具类信息产品的网上百科全书、词典、机构名录、邮件列表、人物传记,以及收录图书、报刊、专利、学位论文的全文数据库等。数字图书馆和部分虚拟图书馆也可以视为特殊的网络三次信息产品。

(七)按网络传输协议划分

按照网络传输协议所划分的资源实际上是一种网上服务资源,通过使用这些资源可以获得大量网上体育信息。

1. Telnet (Telecommunication Network Protocol)

即指基于网络通信协议从远程计算机对外开放的资源中所获得的信息资源。用户计算机通过互联网登录成功后,便可实时访问远程计算机中对外开放的全部资源,包括硬件资源(打印机、绘图仪等)和软件资源(大型数据库、图形处理软件等)。通过 Telnet 方式提供体育信息资源的主要有政府部门、研究机构对外开放的数据库,包括商用数据库和免费数据库。

2. FTP (File Transfer Protocol)

FTP 协议是互联网中使用比较广泛的一种服务。它使用户能够在具有逻辑通路的两台计算机之间传输文件。在具有图形用户界面的 www 没有普及之前,匿名 FTP 一直是互联网上获取信息资源最主要的方式。在互联网成千上万的匿名 FTP 主机中存储着无以记数的文件，这些文件包含了各种各样的信息、数据和软件。人们只要知道特定信息资源的主机地址，就可以用匿名 FTP 登录获取所需的体育信息。虽然目前使用 www 逐渐取代匿名 FTP 成为最主要的信息查询方式，但匿名 FTP 仍然是互联网上传输体育信息的一种基本方法。

3. Gopher

即一种基于菜单驱动的互联网信息服务资源。通过 Gopher 可以进行文本文件信息查询、电话簿查询、多媒体信息查询、专有格式的文件查询等。Gopher 提供了一系列的菜单，根据这些菜单用户实际上可以得到任何类型的文本信息。Gopher 允许用户从菜单上选择项目，每次选择一项，Gopher 程序就执行所要求的任务，一直到用户的需要得到满足。在逐级菜单的指引下，用户通过选取自己感兴趣的体育信息资源，对互联网远程联机信息系统进行实时访问，这对于不熟悉网络资源、网络地址和网络查询命令的用户是十分方便的。

Gopher 内部还集成了 Telnet、FTP 等工具，可以直接取出文件，而无需知道文件所在及获取文件的过程的细节。

4. Web 信息资源

这种资源指建立在超文本、超媒体技术基础上的集文本、图形、图像、声音为一体的，以直观的图形用户界面展示和提供的一类信息。它通过超文本协议（Hypertext Transfer Protocol）在 www 客户机和服务器之间传输。20 世纪 90 年代以后发展迅速，现已成为最主要、最常见的信息形式，是网络体育信息资源的主流。

网络体育信息资源的分类，还可以有多种划分，例如按使用的有偿性可分为收费类体育信息资源、免费类体育信息资源和免费试用类（Free Trial）体育信息资源；按“功用”标准，网上体育信息有价值信息和非价值信息（信息“噪音”和信息垃圾）之分。但由于对价值认识的差异，这仅是一个相对概念，存在着“过渡状态”的价值差异（价值大小、开发程度及层次、效用等）信息。

三、网络体育信息资源检索的途径和思路

（一）直接访问网站信息源

通常是通过 IP 地址直接打开网站或网页，一般用于所查询的体育信息已知在某一具体的网站或网页时使用。不过这种方法需要记忆大量的域名、网址。另外一种更简便的方法是安装网络实名插件，可在浏览器的地址栏中，直接输入中英文网站名称。如 3721 网络实名，支持输入网站、企事业单位、商标、产品等的中英文名字，点击回车键，就能直达对应的网站或网页。

（二）通过新闻组搜索

网上有成千上万个新闻组（Newsgroup），按照学科类别分为多种专题，每个新闻组大多围绕着本领域的研究进行讨论，每天的信息量多达上百甚至上千条。时时跟踪体育新闻组动态，是了解体育学科前沿和热点问题最便捷的路径。网上除了有大量的体育专题新闻组外，还有许多规模较大的体育电子论坛，如虎扑体育论坛、新浪体育论坛、网易体育论坛等。新闻组、电子论坛等为各专家学者提供了一个虚拟交流空间，是获取体育学科发展最新信息的重要渠道。

（三）通过大型专业数据库和网络工具书搜索

与网络上其他资源相比，数据库资源具有不可替代的优势：数据资源稳定，收录时间跨度大，可方便进行回溯检索；数据质量高，很多数据库是由一些大型文摘、索引刊物出版商以及一些科研机构、图书馆等开发研制的，如各图书馆的 OPAC，国外的 OCLC、CA、El、BA 等，国内的万方数据库、中国学术期刊数据库（即清华同方数据库）、维普数据库等，这些数据库数据资源质量高、内容涵盖广且定期更新。因此，查阅数据库资源是进行科学研究的重要信息源（在之前数据库章节已详细讲解）。

（四）利用网络检索工具

可使用搜索引擎，如中文 Excite、中文雅虎、搜狐、悠游、谷歌（中文 Google）等，国外的有 AltaVista、Excite、Lycos、Google 等。查询过程一般提供目录查询和关键词查询。

搜索引擎是收集、整理网络信息资源并按一定的规则加以组织、向用户提供按相应的规则获取信息的线索，并能直接链接到相关站点的信息搜索工具。相当于对网址或互联网信息资源所做的索引。

第二节　利用搜索引擎检索网络体育资源

一、搜索引擎分类

搜索引擎按其工作方式主要可分为全文搜索引擎（Full Text Search Engine）、目录索引类搜索引擎（Search Index/Directory）和元搜索引擎（Meta Search Engine）三种。

（一）全文搜索引擎

全文搜索引擎是名副其实的搜索引擎。国外较具代表性的有 Google、Fast/All The Web、AltaVista、Inktomi、Teoma、WiseNut 等；国内著名的有百度（Baidu）。它们都是通过从互联网上提取的各个网站的信息（以网页文字为主）而建立的数据库中，检索与用户查询条件相匹配的相关记录，然后按一定的排列顺序将结果返回给用户，因此他们是真正的搜索引擎。

从搜索结果来源的角度，全文搜索引擎又可细分为两种：一种是拥有自己的检索程序（Indexer），又称“蜘蛛”（Spider）程序或“机器人”（Robot）程序，并自建网页数据库，搜索结果直接从自建数据库中调用，如上面提到的 7 家引擎；另一种则是租用其他引擎的数据库，并按自定的格式排列搜索结果，如 Lycos 引擎。

（二）目录索引类搜索引擎

目录索引虽然有搜索功能，但在严格意义上不能算是真正的搜索引擎，仅仅是按目录分类的网站链接列表而已。用户完全可以不进行关键词（Keywords）查询，仅靠分类目录也可找到所需信息。目录索引中最具代表性的莫过于大名鼎鼎的雅虎，其他著名的还有 Open Directory Project（DMOZ）、LookSmart、About 等，国内的搜狐、新浪、网易搜索也都属于这一类。

（三）元搜索引擎

元搜索引擎在接受用户查询请求时，同时在其他多个引擎上进行搜索，并将结果返回给用户。著名的元搜索引擎有 InfoSpace、Dogpile、Vivisimo 等，中文元搜索引擎具代表性的有搜星搜索引擎。在搜索结果排列方面，有的直接按来源引擎排列搜索结果，如 Dogpile；有的则按自定的规则将结果重新排列组合，如 Vivisimo。

除上述三大类引擎外，还有以下几种非主流形式。

集合式搜索引擎：如 HotBot 在 2002 年底推出的引擎。该引擎类似 META 搜索引擎，但区别在于不是同时调用多个引擎进行搜索，而是由用户从提供的 4 个引擎当中选择，因此叫它“集合式”搜索引擎更确切些。

门户搜索引擎：如 AOL Search、MSN Search 等。虽然提供搜索服务，但自身既没有分类目录也没有网页数据库，其搜索结果完全来自其他引擎。

免费链接列表（Free For All Links，简称 FFA）：这类网站一般只简单地滚动排列链接条目，少部分有简单的分类目录，不过规模比起雅虎等目录索引来要小得多。

由于上述网站都为用户提供搜索查询服务，为方便起见，我们通常将其统称为搜索引擎。

二、搜索引擎基本工作原理

了解搜索引擎的工作原理对我们日常搜索应用和网站提交推广都会有很

大帮助。

（一）全文搜索引擎工作原理

全文搜索引擎从网站提取信息建立网页数据库，其搜索引擎的自动信息搜集功能分两种。一种是定期搜索，即每隔一段时间（比如 Google 一般是 28 天），搜索引擎主动派出“蜘蛛”程序，对一定 IP 地址范围内的互联网站进行检索，一旦发现新的网站，它会自动提取网站的信息和网址加入自己的数据库。另一种是提交网站搜索，即网站拥有者主动向搜索引擎提交网址，它在一定时间内（2 天到数月不等）定向向网站派出“蜘蛛”程序，扫描网站并将有关信息存入数据库，以备用户查询。由于近年来搜索引擎索引规则发生了很大变化，主动提交网址并不保证网站能进入搜索引擎数据库，因此目前最好的办法是多获得一些外部链接，让搜索引擎有更多机会找到网站并自动将其收录。

当用户以关键词查找信息时，搜索引擎会在数据库中进行搜寻，如果找到与用户要求内容相符的网站，便采用特殊的算法（通常根据网页中关键词的匹配程度，出现的位置、频次、链接质量等）计算出各网页的相关度及排名等级，然后根据关联度高低，按顺序将这些网页链接返回给用户。

（二）目录索引类搜索引擎工作原理

与全文搜索引擎相比，目录索引有许多不同之处。

首先，搜索引擎属于自动网站检索，而目录索引则完全依赖手工操作。

其次，搜索引擎收录网站时，只要网站本身没有违反相关的规则，一般都能登录成功。而目录索引对网站的要求则高得多，有时即使登录多次也不一定成功。尤其像雅虎这样的超级索引，登录则更困难。

此外，在登录搜索引擎时，一般不用考虑网站的分类问题，而登录目录索引时则必须将网站放在一个最合适的目录（Directory）。

最后，搜索引擎中各网站的有关信息都是从用户网页中自动提取的，所以用户拥有更多的自主权；而目录索引则要求必须另外手工填写网站信息，而且还有各种各样的限制，更有甚者，如果工作人员认为提交网站的目录、网站信息不合适，他可以随时对其进行调整。

目录索引，顾名思义就是将网站分门别类地存放在相应的目录中，因此用户在查询信息时，可选择关键词搜索，也可按分类目录逐层查找。如以关键词搜索，返回的结果跟搜索引擎一样，也是根据信息关联程度排列网站，只不过其中人为因素要多一些。如果按分层目录查找，某一目录中网站的排名则是由标题字母的先后顺序决定（也有例外）。

目前，搜索引擎与目录索引有相互融合渗透的趋势，原来一些纯粹的全文搜索引擎现在也提供目录搜索。如 Google 就借用 Open Directory 目录提供分类查询；而像雅虎这些老牌目录索引则通过与 Google 等搜索引擎合作扩大搜索范围。在默认搜索模式下，一些目录类搜索引擎首先返回的是自己目录中匹配的网站，如国内搜狐、新浪、网易等；而另外一些则默认的是网页搜索，如雅虎。

三、搜索引擎的使用

（一）百度（http://www.baidu.com）

1. 百度概述

百度公司于 1999 年底成立于美国硅谷，2000 年，百度回国发展超链分析技术，这是新一代搜索引擎的关键技术，已为世界各大搜索引擎普遍采用。百度的起名，来自于“众里寻她千百度”的灵感。目前百度是全球最优秀的中文信息检索与传递技术供应商。中国所有提供搜索引擎的门户网站中，超过 80%以上都由百度提供搜索引擎技术支持。

2. 百度搜索的特点

百度搜索引擎由四部分组成：蜘蛛程序、监控程序、索引数据库、检索程序。门户网站只需将用户查询内容和一些相关参数传递到百度搜索引擎服务器上，后台程序就会自动工作并将最终结果返回给网站。

百度搜索引擎使用了高性能的“网络蜘蛛”程序自动地在互联网中搜索信息，可定制、高扩展性的调度算法，使得搜索器能在极短的时间内收集到最大数量的互联网信息。百度在中国各地和美国均设有服务器，搜索范围涵盖了中国大陆、香港、台湾、澳门、新加坡等华语地区以及北美、欧洲的部分站点。

百度搜索特点表现为：

①采用全球独有的超链分析技术，百度总裁李彦宏就是超链分析专利的唯一持有人。在学术界，一篇论文被引用得越多就说明其越好，学术价值就越高。超链分析就是通过分析链接网站的多少来评价被链接的网站质量，这保证了用户在百度搜索时，越受用户欢迎的内容排名越靠前。

②百度在中文互联网拥有天然优势，支持搜索 1.3 亿个中文网页，是世界上最大的中文搜索引擎。并且，百度每天都在增加几十万个新网页，对重要中文网页实现每天更新，用户通过百度搜索引擎可以搜到世界上最新最全的中文信息。百度在中国各地分布的服务器，能直接从最近的服务器上，把所搜索信息返回给当地用户，使用户享受极快的搜索传输速度。

③为中文用户度身定作。百度深刻理解中文用户搜索习惯，开发出关键词自动提示，如果用户输入拼音，就能获得中文关键词正确提示；百度还开发出中文搜索自动纠错，如果用户误输入错别字，可以自动给出正确关键词提示；百度快照是另一个广受用户欢迎的特色功能，解决了用户上网访问经常遇到死链接的问题；百度还有其他多项体贴普通用户的功能，包括相关搜索、中文人名识别、简繁体中文自动转换、网页预览等。

百度已增加了专业的 MP3 搜索、Flash 搜索、新闻搜索、信息快递搜索，并正在快速发展其他用户喜欢的搜索功能。百度搜索引擎，将发展为最全面的搜索引擎，为所有中文用户打开互联网之门。

3. 百度的检索功能

(1) **基本检索功能**

只要在搜索框中输入关键词，并按一下“搜索”按钮，百度就会自动找出相关的网站和资料。百度会寻找所有符合查询条件的资料，并把最相关的网站或资料排在前列。

小技巧：输入关键词后，直接按键盘上的回车键，百度也会自动找出相关的网站或资料。若要输入多个关键词，关键词之间必须留一个空格，默认为布尔逻辑功能“与”。

(2) **高级搜索功能**

①减除无关资料。有时候，排除含有某些词语的资料有利于缩小查询范围。百度支持“-”功能，用于有目的地删除某些无关网页，但减号之前必须留一空格，语法是“A-B”。

②并行搜索。使用“A|B”来搜索“或者包含关键词 A，或者包含关键词 B”的网页。

例如：要查询“图片”或“写真”相关资料，无须分两次查询，只要输入[图片 | 写真]搜索即可。百度会提供跟“|”前后任何关键词相关的网站和资料。

③相关检索。如果无法确定输入什么关键词才能找到满意的资料，百度相关检索可以提供帮助。先输入一个简单词语搜索，然后，百度搜索引擎会提供“其他用户搜索过的相关搜索词”作参考。点击任何一个相关搜索词，都能得到那个相关搜索词的搜索结果。

④百度快照。百度快照是百度网站最具魅力和实用价值的功能。百度搜索引擎已先预览各网站，拍下网页的快照，为用户贮存大量应急网页。百度快照功能在百度的服务器上保存了几乎所有网站的大部分页面，使大家在不能链接所需网站时，暂存的网页也可救急。通过百度快照寻找资料要比常规链接的速度快得多。因为：A. 百度快照的服务稳定，下载速度极快，不会受死链接或网络堵塞的影响；B. 在快照中，所输关键词均已用不同颜色在网页中标明，一目了然；C. 点击快照中的关键词，还可以直接跳到它在文中首次出现的位置，方便浏览网页。

⑤新闻搜索。百度新闻搜索（news.baidu.com），可搜索超过 500 个新闻源，每天发布 8 万～10 万条新闻。

⑥MP3 搜索。百度 MP3 搜索（mp3.baidu.com），可搜索超过 60 万个 MP3，只需输入关键词，就可以搜到各种版本的相关 MP3。

⑦图片搜索。百度图片搜索（image.baidu.com），只需输入关键词，就可以搜到各种图片。

⑧Flash 搜索。百度 Flash 搜索（flash.baidu.com），可搜索约 5 万个 Flash，只需输入关键词，就可以搜到各种版本的相关 Flash。

⑨在指定网站内搜索。在一个网址前加“site:”，可以限制只搜索某个具体网站、网站频道或某域名内的网页。

⑩在标题中搜索。在一个或几个关键词前加“intitle:”，可以限制只搜索网页标题中含有这些关键词的网页。

⑪在 url 中搜索。在“inurl:”后加 url 中的文字，可以限制只搜索 url 中含有这些文字的网页。

⑫IE 搜索伴侣。IE 搜索伴侣，是最新一代的互联网冲浪方式。它使 IE 浏览器地址栏增加百度搜索引擎功能，用户无须登录 Baidu 网站，直接利用浏览器地

址栏，快速访问相关网站，或快速获得百度搜索结果。

⑬百度搜霸。百度搜霸工具条将安装于IE浏览器的工具列内，让您在访问互联网上任何网站时，随时使用Baidu搜索引擎轻松查找。提供的功能有站内搜索、新闻搜索、图片搜索、MP3搜索、Flash搜索、关键词高亮、页面找词、自动屏蔽讨厌的弹出窗口。

⑭高级搜索。如果希望更准确地利用百度进行搜索，却又不熟悉繁杂的搜索语法，百度推出的高级搜索功能自己定义要搜索的网页的时间、地区，语言、关键词出现的位置，以及关键词之间的逻辑关系等。高级搜索功能使百度搜索引擎功能更完善，使用百度搜索引擎查找信息也将更加准确、快捷。

⑮个性设置。用户自己设置在使用百度时的搜索结果是显示10条、20条还是50条，是喜欢在新窗口打开网页还是在同一窗口打开，是否在百度网页搜索结果中显示相关的新闻等。当完成个性设置后，再次进入百度进行搜索时，百度会按照用户设置偏好提供个性化百度搜索。

（二）谷歌（Google）

1. 中文Google概述

Google是由美国斯坦福大学的两位博士生拉里·佩吉和谢尔盖·布林于1998年创建的。Google非中国本土公司，但它支持中文搜索，其中文搜索引擎是收集亚洲网站最多的搜索引擎之一，其优势在于掌握的信息量以及检索模型和检索速度。目前，Google可供检索的网络页面数量达30多亿个，采用全文标引方式，并提供每日更新。目前，全世界访问量最大的4个网站中，3家采用了Google的搜索技术，80%的互联网搜索是通过Google或使用Google技术的网站完成的。目前Google每个月接待来自世界各地的超过2800万独立访问者，全球网民通过Google可以使用86种语言，搜索30多亿个网页及其网页快照，以及4亿多张图片，每个月Google被用户使用的时间为1500万小时左右。国内使用其独立搜索引擎的人数急剧增长。

2. Google检索的特点

（1）**客观公正**

Google以其复杂而全自动的搜索方法排除了任何人为因素对搜索结果的影

响。虽然 Google 也在搜索结果旁刊登相关广告，但没人能花钱买到更高的网页级别，从而保证了网页排名的客观公正。Google 可以方便、诚实、客观地帮助用户在网上找到有价值的资料。

(2) Google 使网络井然有序

Google 依据网络自身结构，清理混沌信息，缜密组织资源。Google 的搜索服务既不是简单的信息目录，也不是变相的商业广告。

(3) 收录 80 亿网址，支持多达 132 种语言

Google 目录中收录了 80 亿多个网址，这在同类搜索引擎中是首屈一指的。这些网站的内容涉猎广泛，无所不有。

(4) Google 只返回包含所有关键词的网页

与大多数其他搜索引擎的区别在于：Google 只显示相关的网页，其正文或指向它的链接包含所输入的所有关键词，而无须再受其他无关结果的烦扰。

(5) Google 遵从关键词的相对位置

Google 不仅能搜索出包含所有关键词的结果，并且还对网页关键词的接近度进行分析。与大多数其他搜索引擎的又一区别是：Google 按照关键词的接近度确定搜索结果的先后次序，优先考虑关键词较为接近的结果，这样可以为您节省时间，而无须在无关的结果中徘徊。

(6) Google 摘要萃取精华

不同于其他网站简介，Google 只摘录那些包含搜索关键词的内容。

(7) Google 储存网页快照

“网页快照”功能，能从 Google 服务器里直接取出缓存的网页。

(8) 智能化的“手气不错”功能

提供可能最符合要求的网站。

3. Google 的检索功能

(1) 基本检索：布尔检索功能

逻辑“与”：检索框中的两个关键词之间用空格隔开，则默认为是“AND”（“与”运算）连接。

逻辑“或”：Google 用大写的“OR”表示逻辑“或”操作（注意：小写的“or”，在查询的时候将被忽略；这样上述的操作实际上变成了一次“与”查询）。但是，关键字为中文的或查询无法得到正确的查询结果。

逻辑“非”：用“-”（减号）表示，同时要求在减号前保留一个空格。

双引号、连字号、斜线、问号、等号、省略号都可以作为短语的连接符号查找名言或专有名词。

(2) 高级检索功能

Google 的最基本检索功能，可以解决绝大部分查询问题。不过，若要更快捷、更精确地找到所需要的信息，还得了解“高级检索功能”。

第一，对搜索的网站（site）进行限制。关键词“site:”表示检索结果受限于某个具体网站或者网站频道，如“sina.com.cn”“edu.cn”，或者是某个域名，如“com.cn”“com”等。如果是要排除某网站或域名范围内的页面，只需用“-网站/域名”。

如检索“北京体育大学网站中有关篮球比赛”的页面，相应的查询提问为：“篮球比赛 site：bsu.edu.cn”。

注意：site 后的冒号为英文字符，而且，冒号后不能有空格，否则，“site:”将被作为一个搜索的关键词。此外，网站域名不能有“http”以及“www”前缀，也不能有任何“/”的目录后缀；网站频道则只限于“频道名.域名”方式，而不能是“域名/频道名”方式。诸如“篮球比赛 site：bsu.edu.cn/1/”是错误的语法。

第二，检索词包含在 URL 链接中。关键词“inurl:”查询返回的网页链接中包含第一个查询关键词，后面的关键词则出现在链接中或者网页文档中。有很多网站把某一类具有相同属性的资源名称显示在目录名称或者网页名称中，比如“MP3”“Gallary”等，于是，就可以用“inurl:”找到这些相关资源链接。然后，用第二个关键词确定是否有某项具体资料。“inurl:”和基本搜索语法的最大区别在于，前者通常能提供非常精确的专题资料。

第三，检索词包含在网页标题中。关键词“intitle:”和“allintitle:”的用法类似于上面的“inurl:”和“allinurl:”，只是后者对 URL 进行查询，而前者对网页的标题栏进行查询。通常，只查询网页标题项，也可以找到高精度的专题页面。

4. Google 的重要功能介绍

(1) Google 的辅助搜索方法

辅助搜索方法包括通配符、大小写、句子、忽略字符以及强制搜索。

Google 不支持通配符，如“*”、“?”等，只能做精确查询，关键字后面的“*”或者“?”会被忽略掉。

Google 对英文字符大小写不敏感，“GOD”和“god”搜索的结果是一样的。

Google 的关键字可以是词组（中间没有空格），也可以是句子（中间有空格），但是，用句子作关键字，必须加英文引号。

Google 对一些网络上出现频率极高的词（主要是英文单词），如“i”“com”，以及一些符号如“*”“.”等，作忽略处理，如果必须要求关键字中包含这些常用词，就要用强制语法“+”。

(2) Google 的罕用高级搜索语法

搜索语法包括 related、cache、info。

related 用来搜索结构内容方面相似的网页。如搜索所有与中文新浪网主页相似的页面（如网易首页、搜狐首页、中华网首页等），搜索式为“related:www.sina.com.cn/index.shtml”。

cache 用来搜索 Google 服务器上某页面的缓存，这个功能同“网页快照”，通常用于查找某些已经被删除的死链接网页，相当于使用普通搜索结果页面中的“网页快照”功能。

info 用来显示与某链接相关的一系列搜索，提供 cache、link、related 和完全包含该链接的网页的功能。如查找和新浪首页相关的一些资讯，搜索式为“info:www.sina.com.cn”。

(3) Google 的其他重要功能介绍

①目录服务：如果不想搜索网页，而是想寻找某些专题网站，可以访问 Google 的分类目录“http://directory.Google.com”，中文目录是“http://directory.Google.com/Top/World/Chinese_Simplified”。不过由于 Google 的目录由志愿者服务，而 Google 在国内名气相对比较小，因此中文目录下收录站点很少。

②工具条：为了方便搜索者，Google 提供了工具条，集成于浏览器中，用户无需打开 Google 主页就可以在工具条内输入关键字进行搜索。此外，工具条还提供了其他许多功能，如显示页面 PageRank、设置拦截弹出广告等。最方便的一点在于用户可以快捷地在 Google 主页、目录服务、新闻组搜索、高级搜索和搜索设定之间切换。目前 Google 主页已提示下载安装 Google 工具条。

③新闻组（USENET）搜索：新闻组中有大量的有价值信息，DEJA 一直是新闻组搜索引擎中的佼佼者。2001 年 2 月，Google 将 DEJA 收购并提供了所有 DEJA 的功能。现在，除了搜索之外，Google 还支持新闻组的 Web 方式浏览和张贴功能。输入“http://groups.Google.com”后，便进入 Google 新闻组界面。可惜现在还没有中文界面。新闻组高级搜索界面提供对关键字、新闻组、主题、作者、

帖子序号、语言和发布日期的条件搜索。其中作者项指作者发帖所用的唯一识别号电子信箱。比如要在 alt.chinese.text 内搜索著名老牌网络写手图雅的帖子，可以用下列指令“group:alt.chinese.text author:tuya@ccmail.uoregon.edu”。

④搜索结果翻译：Google 支持一项搜索结果翻译功能，可以把非英文的搜索结果翻译成英文。目前只支持有限的拉丁语、法语、西班牙语、德语和葡萄牙文。只能在英文状态 Google 下实现这个功能。

⑤搜索结果过滤：网络上的成人内容浩如烟海，而且很多站点具有欺骗或者其他不良企图，浏览者很容易掉入其中的陷阱。为此，Google 新设立了成人内容过滤功能，见 Google 的设置页面“http://www.Google.com/preferences”，最底下有一个选项 SafeSearch Filtering。不过，中文状态下的 Google 尚没有这个功能。

⑥PDF 文档搜索：Google 提供对 PDF 文档内文的检索。目前 Google 检索的 PDF 文档大约有 2500 万。PDF 是 ADOBE 公司开发的电子文档格式，现在已经成为互联网的电子化出版标准。PDF 文档通常是一些图文并茂的综合性文档，提供的资讯一般比较集中全面。如搜索关于电子商务（ECOMMERCE）的 PDF 文档，搜索式为“inurldf ecommerce”。

⑦图像文档搜索：Google 提供了互联网上图像文件的搜索功能，地址是“images.Google.com”。

（三）其他常用搜索引擎

1. 雅虎（http://www.yahoo.com）

1994 年 4 月，斯坦福大学的两名博士生，美籍华人杨致远和大卫·费罗（David Filo）共同创办了雅虎。雅虎是最大的人工编辑的目录，可检索目录、Web 网页、相关新闻、网络时间等。信息采集是用人工和雅虎的蜘蛛软件不定期地在 Web 的“What's new”网站上发现新文件，并鼓励用户利用联机表格递交自己的网页地址。与其他大部分搜索引擎不同的是，雅虎并不是单纯地提供所有网站网页的全文检索服务，而是将其收集到的网站及网页由人工分门别类地加以索引和文摘，以一个分层的线性目录来为用户提供按图索骥式的服务。

雅虎不仅能在所有的分类类目中进行查询，也能根据需要在一个类目中进行查询，这样就保证了较高的查准率。雅虎的分类数据库数据质量较高、冗余信息较少。如果用户的检索词在雅虎中查询不到结果，雅虎还会自动地将查询转交给

Inktomi，由后者为用户作进一步的检索。Inktomi 是一个真正的搜索引擎，它拥有世界上最大的数据库（5 亿网页），实际上它在后台支持着如美国在线、Excite 等十几个有名的搜索引擎。

（1）*雅虎的基本检索方式*

①分类浏览检索。中文雅虎最具特色的是它的分类类目，覆盖广泛、层次丰富、分类仔细。

②关键词检索。如果用户很清楚要查找的网站（或新闻）主题，则可以在输入框内键入想要找的关键词，雅虎搜索引擎会搜寻雅虎分类目录 / 资料库中的网站信息以及新闻资料库。

（2）*分类原理*

①采用宽泛的主题领域，通过分析兼综合的方法建立较为完整的分类索引，多方面地反映主题内容，避免列举式类表的线性单向式的结构。

②根据上下文进行信息内容的组合：通过分析 Web 页面的内容特征，得到由雅虎分类体系结构中某些类目词组成的概念词串或标引词串，将其放入相应的类目层次中。

③雅虎（Yahoo!）利用冒号作为统一的分隔符进行信息内容的组织和描述，简化了标记制度，提高了信息分类标引的效率。

④通过将分面分析方法应用到网络信息资源的组织中，雅虎能够为某一信息源提供不同的分类路径入口。

（3）*优点*

①主题目录与检索软件结合，保证了目录编制的质量。

②信息检索难度降低。雅虎按照 14 个大类及其相应的数量不等的小类组织信息，其分类体系详尽，因此是进行宽泛主题检索的良好起点。

③检索结果的分类选择。雅虎由分类路径入手，最终将检索结构分成类目输出，从而有助于用户的信息的选择。

④中文雅虎的重复率和死链接率都低于搜狐，对自然语言的理解能力，中文雅虎的表现也是较好的。

（4）*缺陷*

①编制主题目录的速度跟不上互联网信息的迅猛增长，这就造成了所建立的数据库规模较小，且在某些类目下收集的文件数量有限等缺点。

②简单检索表中检索词之间缺省设置为“or”，且内含的自动截词功能，使得在检索中往往会出现许多不相关的文件，导致查准率降低。

③为了适应不同用户的查询或检索需求，雅虎对相同的信息内容往往能提供不同的路径入口，并以符号“@”建立相应的参照。这一方面加大了分类工作的难度，另一方面也使得其分类的一致性难以得到确切保障。

④中文雅虎的总体查准率较高，但由于人工采集数据的速度慢，数据库规模小，对专指程度很高的检索课题的查准率非常低，尤其对于较为专业偏僻的查询很难提供满意的结果。

2. 中国搜索（http://www.zhongsou.com）

（1）**网站简介**

“中国搜索”是专注于中文搜索引擎领域的研究与开发的慧聪国际资讯公司的产品，其前身为该公司 2002 年推出的“慧聪搜索”。2002 年 9 月，原慧聪搜索、中国网在联合中国 30 多家知名网站的基础上，组建了中国搜索联盟，联盟成员达近千家。2003 年 8 月慧聪搜索和中国搜索联盟宣布推出第三代中文智能搜索引擎；2003 年 9 月，包括新浪、搜狐、网易、中华网、263、3721、TOM 在内的七大门户易帜，将原有的百度搜索全部改成慧聪搜索，这也成为该年度中文搜索领域的最重大事件。到 2003 年，中文领域一半以上的搜索结果由中国搜索提供。2003 年 12 月 23 日，慧聪国际资讯公司宣布专业搜索品牌“中国搜索”在北京正式成立，推出搜索引擎 3.5 版，同时与中国互联网新闻中心（中国网）合作推出新闻中心 1.0 这两个搜索技术的产品。

（2）**特色与评价**

①体现个性化和智能化的第三代搜索引擎技术。第一代搜索引擎以人工分类的目录检索为主，代表厂商是雅虎；第二代搜索引擎以 Google 为代表，以关键词查询为主，在基本解决“查全”的基础上考虑如何“查准”，采用基于关键词数量评价、基于大众评价和网页重要性等技术来优化搜索结果。慧聪推出的第三代搜索引擎，是在第二代搜索引擎基础上，通过其先进的文本分析及集合技术来进一步优化搜索结果，实现了人工智能和搜索引擎技术的结合。搜索结果的提取不再依赖某一个评价标准，而是以用户的个性要求为准则，把基于关键词匹配的搜索改变为基于概念的搜索。把和用户需求有关的内容提炼并聚类，大大提高了检索精度，同时体现个性化和智能化。

②中国搜索的新闻搜索引擎是以搜索引擎技术为基础，结合高速缓存实时更新技术，全面、及时的新闻搜索引擎。目前，中国搜索的新闻搜索引擎自动监控

超过 4500 家新闻源，每分钟更新一次。

中国搜索新闻中心是一个全自动的过程，它没有任何人工因素参与其中，是一个名副其实的、体现个性化的搜索平台，用户可根据自己的偏好，定制浏览内容和显示内容。

新闻中心新版本在系统性能和实现功能两个方面取得了重大突破。系统性能方面拥有庞大的新闻源覆盖范围、较高的更新速度、业界最大的中文新闻索引库，并提供新闻图片搜索功能。功能方面，实现了多种搜索功能：提供新闻排序智能化，全部新闻（含历史新闻）可由用户定制排序方式；提供按时间段检索的方式，用户可检索一个时间范围内的新闻；提供了检索图片新闻的方法，用户可以只检索包含图片的新闻信息；实现了新闻精细分类，用户可在分类中查找精确信息；采用多种排重技术来过滤检索结果，帮助用户筛选、屏蔽无效信息；将相关网页技术成功引入到新闻搜索，自动为用户提供相关新闻；实现了动态摘要显示，为用户提供了更佳的浏览方式；实现了逻辑查询，支持在结果中继续查询的功能；支持标题或者全文的检索手段。

③中国搜索的搜索结果显示具有以下特点。

第一，能够自动类聚，实现每个网站（或频道）只显示一个最相关网页的信息，减少了重复结果。也可以通过“该网站下更多结果”获得更多相关结果。

第二，中国搜索引擎已预览了各网站，拍下网页的快照，为用户储存大量的应急网页。

第三，为用户检索提供相关关键词，但相关词的数量与百度相比较少，存在明显差异。

第四，特色相关分类。中国搜索在搜索结果页中提供了相关分类推荐，可以方便地进行分类、过滤相关结果。如地域相关——给出在限定地域位置的搜索结果；内容相关——提供和当前搜索结果内容相关的其他搜索；行业分类——把用户搜索的结果所在的行业分类体现出来；内容分类——利用网站分类标准，为用户提供搜索结果的其他分类显示。但是，并不是每个检索结果都有全部特色相关分类，而是根据情况灵活提供有用的相关分类。

3. 搜狐（http://www.sohu.com）

搜狐是由爱特信（ITC）公司于 1998 年 2 月在北京隆重推出的有“中文网路神探”之称的大型网上中文查找工具，是中国知名度最高的网络门户，它在提供方便、快捷、准确的网络搜索与导航的基础上，还推出了许多高质量的内容服务。作为中国最著名的网站之一，搜狐网站在国内和海外都具有重要地位。

2000年以来搜狐采用的是百度搜索引擎技术，包括链接分析技术和中文语言处理技术。

搜狐是以提供分类目录为主的中文搜索引擎，其分类原则是以图书分类为基础，采用了按主题和学科相结合的分类原则，充分考虑了互联网的检索环境和用户的检索需求和特点，从用户保证原则出发设计了包括娱乐休闲、国家与地区、工商经济、计算机与互联网、公司企业、新闻与媒体、文学、艺术、体育与健身、教育、卫生与健康、科学与技术、生活服务、旅游与交通、社会与文化、政治与法律、社会科学及个人主页共18个大类及496个二级类目的分类体系，设置的类目在一定程度上与其通用性的内容相吻合。它的信息抓取范围较其他中文搜索引擎要广，不仅有国内站点，还包括国外的中文站点，日访问率达上万人次。

但搜狐的类名因从商业性出发设置而有失准确，比如教育类下的电脑学习资源，是有关电脑的学习资源还是网上的各种学习资源或二者兼备，含糊不清。因此，类名往往十分引人注目，但有时却是以牺牲准确性为代价的。而且和其他网站对同类资源所设置的类名很可能不一样，这也给用户的使用带来了许多麻烦。

搜狐数据库收录了200万个网页，搜索方式是通过人工建立一个结构化的分类目录体系，将网络机器人“抓”回来的网站划分到各个类别及子类下，并将各个网址抽象为一般摘要性信息作为该网站的概括介绍。各级类目下还伴有一个搜索框，有基本检索和高级检索。用户可输入关键词检索，层次清楚，方便用户简单地查找某一方面的信息；支持布尔逻辑检索、算术检索、词组检索、字段检索和中英文两种文字的检索，但收录的英文信息非常有限，目前的水平还无法满足用户本土化（跨语系）的检索需求。

搜索结果按关键字串的相关程度来排列相关网页或网站，相关度越高，排列位置越靠前。系统反应速度快，查询准确性高，便于简单查询，界面较为人性化。除了分类查询方式外，搜狐还提供了关键词的全文检索方式。只需输入与主题有关的文字，它会自动地在全部网页目录中，利用全文检索的办法找到相关的网页。

4. 北大天网（http://e.pku.edu.en）

北大天网中英文搜索引擎由北大网络实验室研制开发，是国家“九五”重点科技攻关项目“中文编码和分布式中英文信息发现”的研究成果，于1997年10月29日正式在CERNET上向广大互联网用户提供Web信息导航服务，是一个www资源索引和查找的服务系统。在《软件世界》1998年第7期上被评为最值得关注的中文搜索引擎。2000年初在国家973重点基础研究发展规划项目基金资助下，进一步探索和研究了中英文搜索引擎系统的关键技术，以便向广大用户提供更为快速、准确、全面、时新的海量Web信息导航服务。

天网信息采集方式采用“Robot”智能软件，自动跟踪、浏览网页并进行分析与标引，自动发现和收集信息，建立索引和检索。天网搜索引擎的信息来源于国内CERNET、Chinanet、ChinaGBnet、Casnet四大网络。收集的网页较多，数据库容量较大，目前大约有5000个www站点上的号称1亿网页和12万新闻组文章。提供天网文件、天网目录、馆藏、天网主题、搜索论坛、使用帮助、登录网站、天网在香港、天网时代、天网搜霸等服务。除了预览和检索外，天网还提供了电子邮件来函检索信息的特色服务，用户可通过向搜索引擎发送电子邮件的方式，查找所需的信息。此外，天网还能提供FTP查询与下载服务。其中“使用帮助”和天网搜霸较具特色。

天网搜霸汇合网络上的各种搜索引擎，包括天网文件搜索引擎、天网网页搜索引擎以及其他国内外著名的搜索引擎。与“Google工具栏”及“百度搜霸”不同，天网搜霸排除门户观念，不仅仅支持天网搜索的文件搜索引擎和网页搜索引擎，还兼容其他搜索引擎或检索系统，用户可以轻松切换各个搜索引擎。天网搜霸工具栏位于Internet Explorer的工具列内，具有天网文件搜索、天网网页搜索、个性化配置、网络高层、链接有效性检测、所有引擎一起搜、标亮关键词、页面内查找、进入主页、查询历史记录、拖放关键词、卸载等各项功能。

天网搜索引擎采用搜索网页全文的方式，从1998年9月3日起正式支持BIG5繁体汉字检索，可进行中英文关键词和分类的检索，操作方便。其搜索引擎服务包括简单检索和高级复杂检索、FTP检索和FTP复杂搜索等。

5. 网易（http://www.163.com）

网易自1997年6月创立以来，曾两次被中国互联网络信息中心（CNNIC）评选为中国十佳网站之首。在开发互联网应用、服务及其他技术方面，网易始终保持业界的领先地位，并取得了中国互联网业的多项第一。

网易搜索引擎最大的特色之一是采用“开放式目录”管理方式，在功能齐全的分布式编辑和管理系统的支持下，有 5000 多位各界专业人士参与可浏览分类目录的编辑工作，极大地适应了互联网信息爆炸式增长的趋势。由于增加了全新搜索技术及广告搜索服务，用户可检索 16 亿条信息和及时的新闻内容。

网易目录特点：开放式主题目录，主题的设置可随网络资源的变化而增删。网易将互联网上所有的资源分成 18 个一级类，每一级类又分成若干个二级类，如此层层细分，直到类下为具体的网站或网页。检索时即采用这种层层浏览的方法进行信息的查询。从总体上看，网易的分类体系较为细致与精确，每个大类平均下辖二级类目 25 个，其中所辖类目最多的为体育竞技和科学技术，二级类目分别为 29 个和 27 个；所辖二级类目最少的是少儿乐园和文学，二级类目分别为 16 个和 15 个。

网易搜索引擎提供多语言检索。英语、日语、俄语等几十种语言关键词都可以直接输入搜索框检索网页资料。

网易的基本搜索简捷方便，仅需输入查询内容，然后点击搜索框右边的搜索按钮，就可获得相关资料。网易搜索引擎将返回四个不同方面的结果：相关目录、相关网站、相关网页和相关新闻。

第三节　重要体育网站

互联网上有丰富的体育信息网站资源。几乎所有综合性网站都报道体育信息，主要门户网站都设有专门的体育栏目（频道），如新浪竞技风暴、搜狐体育等。此外，也有很多专业的体育网站。体育网站所发表的体育专业信息量在其所发布的所有信息中占有极大比例，而且有较高的学术或实用价值，从中不仅可以反映体育学科、专业领域的最高研究水平、最新研究成果和发展动态，而且具有较高的相对稳定性和体育专业人士访问率，是我们获取体育信息的重要网络资源。几乎每个国际体育组织或机构、多数国家的体育组织与机构、民间组织或机构团体（包括俱乐部、运动队等）都有网站或域名，大型运动会、体育比赛也会设专门网站，不少体育报刊、知名体育商家也有网站，目前国内外体育网站数以千计。

根据各体育网站内信息资源的主要特点，我们将其大致分为体育管理政策信息网站、体育教育学术网站和体育宣传报道网站三大类。

一、体育管理政策信息网站

此类网站的主要信息资源一般是地域内或体育各专项领域内体育政策信息，业内管理文件与动态、数据等政务信息。主要是体育行政管理机构（如各级体育局及其直属部门）网站、行业协会组织（如奥委会、中华全国体育总会、各运动项目协会等）网站和一些大型运动会网站。其发布的管理范围内信息严谨、权威，最有公信力，是我们获取管理政策信息的主要网络信息资源。

◆中国体育信息网（http://www.sport.gov.cn）

国家体育总局官方网站，由国家体育总局体育信息中心下设的网络工程部负责建设、维护。主要栏目有体育政务、体育发展、全民健身、竞技体育、体育产业、政策法规等，是了解国家体育政策信息的重要途径。

网站设有站内检索窗口，可以方便地检索本网站内的信息。

在总局网站主页上还设置了相关网站导航，可以快速地链接到省市体育局、总局直属单位、体育项目协会、大型运动会等相关网站。

◆体总网（http://www.sport.org.cn）

即中华全国体育总会网站。中华全国体育总会是中华人民共和国全国群众性的体育组织，该网站是中华全国体育总会所属 66 个单项运动协会和行业体育协会、省市体育总会成员的专业门户。体总网的“协会列表”版块，其实就是与其下属 66 个协会网站的链接目录，众多的协会网站形成一个超大规模的中国体育站点群，各协会网站拥有丰富的资讯、权威的信息，成为中华全国体育总会网站的有力支撑。

32 个奥运项目协会：足球、篮球、排球、网球、体操、射击、射箭、击剑、手球、垒球、棒球、举重、柔道、拳击、摔跤、田径、游泳、赛艇、帆船、冰球、滑冰、滑雪、马术、乒乓球、羽毛球、曲棍球、自行车、跆拳道、皮划艇、铁人三项、高尔夫、现代五项。

34 个非奥运项目协会：汽车、武术、象棋、围棋、桥牌、轮滑、门球、信鸽、龙狮、台球、龙舟、登山、拔河、飞镖、毽球、掷球、健美、滑水、潜水、体育记者、保龄球、健美操、风筝、国际象棋、摩托、体育舞蹈、极限、壁球、健身气功、软式网球、电竞、钓鱼、摩托艇、老年体协。

◆中国武术网（http://www.wushu.com.cn）

它是由国家体育总局武术运动管理中心、中国武术协会、中国武术研究院主办的国家级武术专业类网站。网站现辟有新闻中心、业务部门、电子政务、武术段位、会员之家等栏目。及时报道武术界发生的重大事件和各类新闻，以及武术相关资讯；将协会主要职能部室的业务职能、工作范围、联系方式、管理规定、赛事通知、活动安排等消息及时在网上公布；同时也是协会网上办公的主要窗口，提供文件通知、政策法规、管理规定、信息查询和各类办公表格、文档下载服务等，提高工作效率，接受社会各界监督，公开网站信箱，及时收集各类信息，听取群众意见，改进工作方法，促进事业发展。其中“武术段位”“会员之家”是网站特辟的两个栏目，旨在加强武术段位制的管理，推动会员制工作开展，可在线查询段位信息、申请武协会员，增强群众参与，使网站真正成为中国武术协会与广大武术工作者、爱好者相互沟通的桥梁。

其他部分著名的体育管理政策信息网站如下。

国际奥委会官方网站（http://www.olympic.org）

国际大学生体育联盟网站（http://www.fisu.net）

2012 年伦敦奥运会官方网站（http://www.london2012.com）

国际足联（FIFA）官方网站（http://www.fifa.com）

国际田径联合会（IAAF）官方网站（http://www.iaaf.org）

国际篮球联合会（FABA）官方网站（http://www.fiba.com）

国际排球联合会（FIVB）官方网站（http://www.fivb.ch）

国际象棋联合会官方网站（http://www.uschess.org）

国际网球联合会官方网站（http://www.itftennis.com）

国际冰球联合会官方网站（IIHF）（http://www.iihf.com）

国际马术联合会官方网站（http://www.horses-port.org）

国际羽毛球联合会官方网站（http://www.intbadfed.org）

国际乒乓球联合会官方网站（http://www.ittf.com）

国际游泳联合会官方网站（http://www.unb.ca/web/mastersswimming）

国际澳式橄榄球联合会官方网站（http://www.iafc.org.au）

中国体育用品联合会网（http://www.csgf.org.cn）

中国足球协会官方网站（http://www.fa.org.cn）

二、体育学术与教育信息网站

此类网站以体育学术文献信息或体育教育、科研信息为主要信息资源，主要服务于体育教育与科研。包括体育教育科研机构网站、各级体育学会网站，以及大量体育学术主题网站。是我们参加体育学习、进行体育科研最重要的网络信息资源。

其中，部分体育科研机构网站（如“体育资讯网”）建设了专业的数据库，是重要的学术文献信息源。体育教育机构网站以一些体育院校或综合性大学体育系网站为主，主要提供我国在体育教学、科研、招生、办学中遇到的各种情况及体育高校师生的情况，而且一般都较重视建设适合与自己学校专业设置相关的数据库及特色学科服务等电子信息资源。各级体育学会网站则主要是一些学术科研的动态信息，如中国体育科学学会。

此外，还有一些体育学术主题网站，常常由非官方机构甚至个人建立，搜集整合了大量学术资料或教育科研的动态信息，提供给我们体育行业人员一个学习研究的良好平台，能够从中获取许多文献资料或动态信息的线索。需要注意的是，这些网站上的信息资源，常常是非正式发表的，准确性和权威性存在缺陷，不宜作为学术支撑。因此我们利用其信息时，建议以之为参考线索，到官方机构信息源上予以确认。

（一）体育资讯网（http://www.sportinfo.net.cn）

中国体育资讯网是国家体育总局体育信息中心建立的专业体育信息研究与咨询服务网站，是国内最重要的体育学术科研信息网站。主要包括数据库检索、电子刊物及科研服务。

网络数据库检索栏目主要包括“国外体育管理数据库”“国际大众体育信息数据库”“运动训练数据库”“体育产业数据库”“政策法规数据库”“大众体育数据库”。内容涵盖国外体育管理体制、运行机制、发展战略、训练方法和理论、产业、大众体育等多方面的文献资料。

电子刊物栏目主要包括由国家体育总局体育信息中心信息研究部所编辑出版的《奥运信息》《竞技体育信息》《中外群众体育信息》《体育产业信息》《反

兴奋剂动态》《体操信息》《体育用品信息》等刊物，近年增加了《专题报告》。提供国内外大众体育、竞技体育、体育产业等领域发展的最新动态，为运动训练与竞赛部门、体育科研与教学单位、体育中介机构、新闻媒体、体育经营企业提供系统的全方位的体育信息服务。因此，这些刊物也是我国体育界权威的专业化的研究成果。

“体育科研服务”栏目主要包括国际、国内学术活动信息，课题招标信息、课题立项情况、课题成果介绍等信息。该栏目汇集国内外最新资料及国内外体育发展的动态和热点问题，为体育专业人员提供信息需求，以多功能的、方便快捷的方式向体育科技人员和体育行政人员提供全方位的体育信息咨询与服务。

体育资讯网各电子刊物、数据库简介及检索方法如下。

1.《奥运信息》（月刊）

《奥运信息》紧密围绕当前奥运周期，故近几年名称改为“伦敦奥运信息”。内容包括各国备战情况，运动训练方法、理论、手段的发展，科技攻关情况，训练器材设备，集训的组织管理，本届运动会总结，著名运动员介绍，详细比赛成绩数据、纪录、信息手册等。

检索方法：在主页点击伦敦奥运信息栏目右侧上角“更多”进入伦敦奥运信息主页面，即可阅览相关信息。

①按期号查看。在伦敦奥运信息页面的左侧有“期号索引”，点击中间区域即可按年显示该年各期号，选择想要的期号，该期的所有题录便会在显示中显示出来，点击任一题录可阅览全文。

②按分类查看。在伦敦奥运信息页面的左侧有“分类索引”，包括各国动态、营养训练、反兴奋剂、专家论坛、国外报道、体育科技、“预测述评”和“名将新秀”8个类别。点击其中类目，该类目的所有题录也会在显示区中显示，点击任一题录可阅览全文。

③站内检索。在检索入口选择标题、作者或关键词，输入相应标题、作者或关键词，点击“检索”，所检索到的文章选中任一标题可阅览全文，全文内容选中可复制。

2.《中外群众体育信息》（月刊）

群众体育信息内容包括国内外“全民健身计划”、体育消费、国民体质监测、大众体育政策、社会体育指导员、老年人体育、妇女体育、青少年体育、社区体育、大众体育科学研究、大众体育经费与场地等保障措施、体育活动等方面的文章。本刊信息量大、资料丰富、数据翔实，同时又有大量的案例介绍，是群众体育管理与科研不可多得的信息。

检索方法，同“伦敦奥运信息”，提供站内检索、期号索引，分类索引类别有所不同，本栏目包括政府公务、城市体育、登山活动、科学健身、体质监测、群体产业、老年人体育、健身方法、港澳台之窗、国际资讯 10 类。

3.《体育产业信息》（月刊）

与国家体育总局体育经济司合办。主要刊载奥运经济、奥运市场开发、体育无形资产开发、体育市场、体育用品、体育市场营销、体育融资、筹资、俱乐部经营、赛事营销、体育旅游、体育赞助、体育保险、体育场馆经营开发、体育活动与赛事策划、体育经纪服务等领域的文章。信息搜集范围广、内容翔实完备，有大量的体育产业经营案例，对体育产业管理、经营、科研、宣传等领域的专业人士具有特殊的参考价值。

检索：提供站内检索、期号索引，分类索引包括专题报道、国内动态、展会信息、市场分析、案例分析、国际资讯、统计报告。

4.《竞技体育信息》（月刊）

与国家体育总局竞技体育司合办。密切关注国内外竞技体育最新发展动态，深度分析和及时报道国外主要对手国家重大赛事备战情况，为有关部门提供高质量的情报服务，深度分析国内外竞技体育领域重大事件的背景与趋势，国外竞技体育保障体系，运动训练的先进方法与手段，运动训练科技攻关与服务，教练员、裁判员与运动员管理，运动器材与设备，国家队建设，训练基地建设，赛制改革等领域的最新发展动态。及时向各级体育行政机构、各省市自治区体工大队、运动技术学院、新闻媒体、业余体校、科研院校提供高质量的信息服务。也是国家体育总局竞技体育司与上述机构上传下达、沟通协调的重要工具。

检索：提供站内检索、期号索引，分类索引包括国际动态、大赛综述、实力分析、各国政策、教练园地、专家访谈、科学训练、反兴奋剂、器材装备、人物访谈。

5.《反兴奋剂信息》（月刊）

内容包括搜集报道国内外有关禁用药物与方法的最新研究动向、检测技术进展、奥林匹克运动禁药名单、国际体育组织反兴奋剂政策法规、重大国际或国内比赛药检信息、重大兴奋剂事件、重要国际会议等反兴奋剂动态，以及国家体育总局颁发的各种反兴奋剂规定、通知和文件。

提供站内检索、期号索引，分类索引包括国际资讯、国内报道、规则条例、科研信息、IOC 简讯、世界反兴奋剂机构（WADA）简讯、奥林匹克、药检综述、研究报告、宣传教育。

6.《体操信息》（月刊）

内容涵盖竞技体操、艺术体操、蹦床、健美操四个项目。以刊载国际体操联合会、中国体操协会官方消息、国内外中大型赛事最新动态、运动训练、主要对手国家动态追踪、实力分析等文章为主。它是各级体操管理机构、体操队、科研机构、新闻媒体等重要的信息获取渠道。提供站内检索、期号索引，无分类索引。

7.《体育用品信息》（月刊）

主要刊载协会新闻、活动介绍、市场热点、国内外现状及趋势、政策法规及标准等方面的文章，其中还包括中国企业进军海外应了解的规则和规定、具体案例介绍等，及时为相关中心、地方体育局产业管理部门、联合会会员、协会组织、相关企业和媒体提供高质量的信息服务。提供站内检索、期号索引，有“联合会新闻”“产业动态”等分类索引。

8. 数据库检索

（1）**国外体育管理信息数据库**

国外体育管理信息数据库内容包括 1995 年以来的国外体育宏观管理、国际奥林匹克运动、大型综合性运动会、运动训练、国外体育财务管理、体育科研管理体制、国外体育政策法规、体育经费管理、体育产业与市场等领域的信息资料。提供站内检索，无分类索引。

（2）**国际大众体育信息数据库**

该数据库从 1996 年开始建设，包括国内外大众体育管理、社会体育指导员、学校体育、体质监测、大众体育俱乐部、国外全民健身计划、体育人口、体育场地、体育消费与体育用品、运动处方、社区体育、大众体育科研共 12 个信息系统。本数据库资料长期定期更新，是进行群众体育管理、开展群众体育科学研究不可缺少的信息支持工具。提供站内检索，分类索引仅分国内与国外两类。

(3) 运动训练数据库

运动训练数据库收录了1992年以来经过收集、整理、翻译的国外具有代表性的高水平运动训练的情报信息资料，主要包括重大赛事备战、高原训练、力量训练、耐力训练、运动训练科技攻关与服务、运动训练方法与手段、奥运集训的组织和管理、运动训练基地建设、运动训练器材与设备等领域。提供站内检索，分类索引按运动专项。

(4) 体育政策法规信息数据库

该专题数据库主要收录1980年以来，国家体育总局以及地方体育管理机构制定和颁布的体育政策文件、法律法规，以及国外有关体育政策法规等。提供站内检索，有“地方立法”“监督审计”等分类索引。

(5) 竞技体育成绩数据库

竞赛成绩库（即“大赛成绩”）是国内最大、最完整的竞技体育成绩数据库。数据量以每年约2万条新成绩记录入库速度递增。网上可查阅2000年以来世界锦标赛、世界杯赛、洲级锦标赛等国际重大比赛成绩。及时报道世界大赛、世界纪录、世界排名成绩。提供站内检索，不仅有“夏季奥运会”等分类索引，还有帆船等项目索引。

(6) 体育产业数据库

数据库主要收录1994年以来国家体育总局体育信息中心收集、整理、翻译的体育用品、体育市场营销、俱乐部经营、体育融资、体育旅游、体育赞助、体育保险、体育经纪服务、赛事营销策划等领域的资料。本数据库定期更新，是体育产业管理、经营、科研、宣传等领域的专业人士不可或缺的信息资料。提供站内检索，有“体育赞助”“产业统计”等分类索引。

(二) 中国大众体育网（http://www.chinasfa.net）

中国大众体育和“体育资讯网”一样，由国家体育总局体育信息中心主办，站点的全部信息由国家体育总局体育信息中心专业研究人员负责收集、整理和翻译（文种涉及英、法、德、俄、日、韩）。作为该网站的信息支持系统，国家体育总局信息中心综合部自1996年相继建立了《国际大众体育信息数据库》《中国群众体育管理数据库》和《中国体育行业名录库》等全文检索系统，并且出版体育系统内部《大众体育信息》（月刊）及相关参考书籍《国际大众体育发展现状及未来趋势》，旨在宣传中国全民健身计划实施情况，传播国内外大众体育动态信息。其主要频道有政府公务、政策法规、群体发展、历史回顾、科研与服务、体育健身、体育消费、国际资讯、体育经济等。同时还向社会提供健身信息、体育场所查询、国民体质监测数据、体育经纪人活动信息、社会体育指导员培训信息、业余体育俱乐部活动信息、社会体育消费资料、国际大众体育资讯等相关服务，并向体育系统科研、教学人员提供中外全文资料检索服务。

（三）加拿大体育信息资源中心（SIRC，http://www.sportquest.com）

该中心除拥有世界著名的体育数据库 Sportdiscus 和 Recparkdiscus 外，通过其“体育探索”站点提供的网上信息资源也非常丰富。在体育史方面，有协会简报、通讯等三十几种刊物的目录及全文获取方法；美国著名的有线体育电视站点（ESPN）的“体育世纪”栏目；希科克的体育史网页，包含北美所有体育运动历史概况以及加拿大运动员在国内、国际上重大赛事及活动中冠军、获奖者、奥运金牌得主名录；专门出版有关奥运会及体育史书籍的哈维·艾布拉姆斯图书公司；出版希腊、美国体育史书籍的爱琴海国际图书公司等信息资源。

（四）美国运动医学学会网站（http://www.acsm.org）

该网站是美国运动医学学会（American College of Sports Medicine）的网站，它将运动医学、运动健康促进方面的最新研究成果及时发布在网上供公众免费浏览，同时，它还将体育运动的基础知识分栏目介绍给大众，是一个影响颇大、社会效益颇丰的体育健康教育与体育学术网站。该网站也进行一些商业运作，与他们的业务相配合开展远程教育、组织国际会议、进行图书和教育类音像制品的销售等，因此它也是一个经济收益可观的网站。它的成功在于将公益与经营、学术与大众教育的完美结合。

（五）英国体育史协会（BSSH，http://www.umist.ac.uk/sport/index2.html）

英国体育史协会的网上内容分成 18 个栏目，每个栏目内容丰富。在“体育史会议”栏中，提供了1989—2002年120多次会议的计划安排或会议论文汇编。对研究者了解过去会议讨论的主题、论文发表的情况以及未来会议安排、研究方向等信息大有帮助。在“体育史协会”栏中，体育文献协会、欧洲体育史委员会、北美体育史协会等9个重要的体育史协会被集成，并提供了相应的链接供进一步查询。在“体育史研究”栏目中，介绍了1992—2000年，在英国大专院校完成的科研项目以及在英国正进行的研究课题目录；介绍了1998年在其他国家完成的科研项目及正在进行研究的课题目录。这个栏目还对《英国体育史大事记》《英国体育百科全书》及《英国足球百科全书》三个科研项目的进展情况作了介绍。在“体育史档案库”栏中，集成了40多个藏有体育史资料的专业档案站点。这些资料涉及众多运动项目、健康娱乐知识以及一些体育实物收藏（如奖杯、队旗、金牌等）目录。

（六）中国高校体育网（http://www.chinagxty.com）

创办于2005年，是为高校体育界提供全方位信息服务而建立的，是以中国高等教育学会体育专业委员会为指导单位的全国唯一专业性门户网站。网站设“教学”“学生”“课外”等共24个频道和栏目，旗下拥有大学生体育爱好者同盟会（http://www.dxsty.cn）、中国校园吉尼斯联盟（http://www.schoolguinness.com）。

其他体育网如下。

北美体育史协会（NASSH，http://www.nassh.org）

洛杉矶业余体育基金会体育图书馆（http://www.aafla.org/sports library）

中国体育科学学会（http://www.csss.cn）

北京体育大学网站（http://www.bsu.edu.cn）

武汉体育学院网站（http://www.wipe.edu.cn）

上海体育学院网站（http://www.ship.edu.cn）

天津体育学院网站（http://www.tjipe.edu.cn）

广州体育学院网站（http://www.gt.edu.cn）

哈尔滨体育学院网站（http://www.hrbipe.edu.cn）

沈阳体育学院网站（http://www.syty.edu.cn）

华南师范大学体育科学学院网站（http://www.scnue.edu.cn/depl）

河北体育学院网站（http://www.hepec.edu.cn）

华东交通大学体育学院网站（http://tyx.4y.com.cn/jgsz.htm）

体育教师资源信息网（http://sports.lxbiz.cn），学术资源、体育保健、运动训练、教学资源等。

体育教师网（http://www.365kj.com），体育课件、体育论文、体育游戏等。

麓山体博网（http://sports.hnu.net.cn/tiyu/tiyukexue）

中国体育教师网（http://www.ty121.cn）

三、体育动态报道信息网站

此类网站主要进行体育动态信息的报道或体育项目、产品信息的宣传交流，是体育网站中最为活跃的群体，数量巨大。包括体育新闻网站、体育企业网站、体育俱乐部网站、体育专项主题网站等。我们可以从中获取体育新闻、竞赛数据等体育数据与事实信息。

◆体坛网（http://www.titan24.com）

它是体坛传媒集团旗下2008年5月1日新成立的体育网站，包括体育新闻、豪门官网、体坛e版、体苑沙龙、体育动漫、体育游戏、彩票超市、无线体坛八大板块，旨在全方位整合集团旗下的报纸、杂志、电视、3G手机等新、老媒体资源，打造全中国、全球华人圈最大的垂直体育门户网站。体坛传媒拥有中国最具影响力的体育报纸《体坛周报》，旗下还拥有体育系列杂志《足球周刊》《高尔夫大师》等。

◆中国体育在线（http://www.cs-online.com.cn）

我国最权威和专业的报道型体育网站。它以中国体育报业总社所属25种媒体丰富的信息资源优势和北大方正电子有限公司雄厚的技术力量作为依托，以信息全面、及时、权威的形象出现。其主要栏目有国际足球、中国足球、篮球、排球、网球、乒乓球、棋牌、奥林匹克信息、综合新闻滚动新闻、精彩图片、体育彩票等。

◆东方体育（http://athletic.eastday.com）

由上海市主要新闻媒体解放日报社、文汇新民联合报业集团、上海人民广播电台、东方广播电台、上海电视台、东方电视台、上海有线电视台、青年报、劳动报、上海教育电视台与上海东方明珠股份有限公司、上海市信息投资股份有限公司联合组建的大型综合性服务类网站。东方网主办，内容全面及时，主要栏目有体育新闻、直播中心、图片集锦、电子周刊、在线游戏、体育论坛等。

◆美国体育新闻网（http://www.sportingnews.com）

美国著名的体育新闻网站，提供 Sporting News 网络电子杂志，网站有各种体育赛事的报道以及电台录音。

◆Bleacher Report（http://bleacherreport.com）

它是美国著名的体育媒体，创建于 2008 年，聚合各类来源的体育新闻，提供原生态体育以及娱乐体育编辑内容，用户则可以进行讨论和评价，该网站拥有不少官方网站中看不到的小道消息、八卦新闻。

◆英国天空体育（http://www.skysports.com）

著名天空体育网站，介绍足球、棒球、拳击、高尔夫、F1 大赛等各项体育新闻。同时提供在线视频播放以及电视节目预告。

其他体育动态报道信息网站如下。

击剑艺术（http://www.fencingartist.ca），提供有关击剑的插图、画像等信息。

ESPN 足球频道（http://soccernet.espn.go.com），报道足球信息。

网球大全（http://tennis.org.uk），提供全球与网球相关的所有信息。

NBA 官方网站（http://www.nba.com）

意大利罗马队官方网站（http://www.asroma.it）

英超曼联俱乐部官方网站（http://www.manunited.com.cn）

拜仁慕尼黑中国官方网站（http://fcbayern.titan24.com）

体育快报（http://www.tykb.com.cn）

华体网（http://www.sportscn.com）

中体网（http://www.sinosports.net）

中国体育网（http://www.sport158.com）

中国体彩网（http://www.lottery.gov.cn）

山东鲁能足球俱乐部（http://www.luneng.com/club）

中国太极拳（http://www.chinataijiquan.com）

中国乒乓球网（http://www.chinapingpang.com）

篮球公园（http://www.xiakeda.com）

北京武术网（http://www.sinowushu.com）

少林武术大观园（http://www.shaolinbooks.com）

贝克汉姆个人网站（http://www.davidbeckham.com）

姚明个人网站（http://yaoming.sports.sohu.com/yaoming）

耐克体育用品公司中文官方网站（http://www.nike.com.cn）

李宁体育用品公司官网（http://www.li-ning.com.cn）

中国休闲用品在线（http://www.sport263.cn）

第四节 体育论坛、博客

一、体育论坛

论坛又名网络论坛（BBS），全称为 Bulletin Board System（电子公告板）或者 Bulletin Board Service（公告板服务），是互联网上的一种电子信息服务系统。论坛的发展也如同网络，雨后春笋般地出现，并迅速发展壮大。现在的论坛几乎涵盖了我们生活的各个方面，几乎每一个人都可以找到自己感兴趣或者需要了解的专题性论坛，而各类网站、综合性门户网站或者功能性专题网站也都青睐于开设自己的论坛，以促进网友之间的交流，增加互动性和丰富网站的内容。论坛就其专业性可分为综合类论坛和专题类论坛两类。综合类论坛包含的信息比较丰富和广泛，能够吸引几乎全部的网民来到论坛；专题类的论坛，是一些志同道合的人一起来交流探讨，有利于信息的分类整合和搜集，专题性论坛对学术科研教学都起到重要的作用，例如购物类论坛、军事类论坛、体育类论坛、情感倾诉类论坛、电脑爱好者论坛、动漫论坛，这样的专题性论坛能够在单独的一个领域里进行版块的划分设置，效果更佳。

◆虎扑体育论坛（http://bbs.hoopchina.com）

虎扑体育论坛以 NBA 话题为主，包含 CBA、足球、F1 等内容的讨论，拥有热情而不失理性的良好讨论氛围，提供论坛版块定制等个性化功能。

◆新浪体育论坛（http://forum.sports.sina.com.cn）

新浪体育论坛是最开放的体育粉丝集散地、最热烈的赛事讨论平台、最火爆的比赛独家点评。

◆天涯体育（http://www.tianya.cn/sports）

天涯体育提供足球、篮球、综合体育、体育图片、体育评论等全方位体育资讯。

◆网易体育论坛（http://bbs.sports.163.com）

二、体育博客

博客是英文blog（weblog）的音译，可直译为网络日志，被认为是私人网站，一般由博客托管商提供。网民通过注册获得使用资格的一种网络空间，通过便捷的网络发布简短的、频繁更新的帖子；这些帖子或文章按照时间倒序排列，内容丰富多彩，主要是记录私人的感受、见闻等。随着网络科技的进步，博客日新月异地发展，数量与日俱增，其形式也愈加丰富多彩，涌现出诸如“明星博客”“草根博客”或娱乐类博客、影视类博客、教育类博客、健康类博客等多种类型。在包罗万象的博客中，以体育为主题的博客独树一帜，吸引大量受众的注意力。

体育博客属于博客的一种，具有博客的一般属性，是“在一定时期内，将体育类题材作为主要关注内容或由体育界人士创作在特定时期内将各类体育事件、相关体育评论、相关体育人物等为主要题材的博客”。某些博客只在特定时期内集中写体育题材，并不一定自始至终以体育为题材，在某个时间段，仍属体育博客范畴。体育界人士包括体育明星、体育记者、教练员、运动员、体育教师等体育相关工作人员，他们开办的博客是体育博客的重要组成部分。当前，体育博客作为我国许多网站提供的新的、吸引人的服务，诸如腾讯、新浪、搜狐、网易等各大门户网站，都在较醒目的位置设有体育博客专区或“博客群”，一些专业网站（如网球网等）提供体育的专业博客空间，可以说体育博客的兴起对体育文化传播带来了新的活力和动力。

新浪体育博客（http://blog.sina.com.cn/lm/sports）是最具人气的体育类博客，包含黄健翔博客、李承鹏博客、董路博客、杨毅博客、苏群博客、于嘉博客和众多知名运动员博客、冠军博客，汇集最热门最专业的赛事评论。

腾讯体育博客（http://blog.qq.com/sports）汇集了不少国内外知名运动员的博客，如梅西博客、林丹博客等。

体坛博客（http://blog.titan24.com）是专业的体育博客圈。汇集最热门的赛事评论、最有见地的球迷网友、最贴心的编辑团队、最精英的草根博客。

搜狐体育博客（http://sports.sohu.com/blog）给网友最专业的体育博客，王治郅博客、刘翔博客都在此专题。

第五节　网上体育资源开放获取

开放获取（Open Access，简称 OA），是指采用“发表付费、阅读免费”的形式，通过自动归文档和开放获取期刊两种途径，实现开放期刊、开放图书、开放课件和学习对象仓储等内容的知识共享。简而言之，开放获取就是任何人在网络范围内都可以免费的、及时的、永久的联机获取研究文章的全文。它有别于传统的建立在订购基础上的传播模式，而是利用网络实现科研成果在网上自由传播的一种机制。开放获取的对象一般是学术出版物，特别是经过同行评议的学术论文。

一、开放获取体育电子图书资源

据 2009—2010 年中国电子图书发展趋势报告显示，2009 年我国电子图书读者总数为 1.01 亿人，首次破亿，中国电子图书网站总计 1294 个。“随着计算机技术、网络技术、通信技术和相关电子技术的快速发展，电脑、手机、电子阅读器等不同类型的电子图书阅读设备的流行，以网络电子图书为阅读对象的网络阅读逐渐成为主流的阅读选择之一。”“网络阅读、电子化阅读已经成为很普遍的现象，阅读的群体越来越大。”而完全免费的开放获取方式则为网络阅读提供了极为方便的利用条件，进一步推动了电子图书网络阅读的发展。

（一）超星数字图书馆

在该网站的“免费图书馆”栏目中，目前提供 15 大类 19732 部开放获取电子图书资源，图书格式为 PDF 格式，提供在线（使用超星阅读器）利用。分类内容为：哲学宗教，社会科学，经济管理，文化艺术，语言、文字，文学，历史、地理，教育，自然科学，数理化，医学，工业技术，建筑交通，计算机通信，综合性图书。

（二）第三代数字图书馆

该网站目前提供 25 大类 153283 部开放获取电子图书资源，免费注册、登录，在线阅读（使用书生阅读器）利用。分类较为详细，最多分到 4 级类。分类内容为：文学艺术 A、B，计算机、通信与互联网，经济金融与工商管理 A、B，语言、文化、教育、体育，教材教参与考试 A、B，生活百科，少儿图书，综合性图书与工具书，法律，军事，政治外交，社会科学，哲学宗教，历史地理，科普知识，农业科学，医药卫生，矿业工程，石化与能源动力，轻工业与手工业，电子、电信与自动化，建筑、交通运输与环境。

（三）中国国家图书馆

该网站目前共提供 17515 部开放获取电子图书资源，分类内容为：社会科学总论，哲学、宗教、心理，经济、管理，政治、法律，文化、科学、教育、体育，历史、地理，军事，语言、文学、艺术，数学、物理、化学，天文学、地球科学，生物学，计算机、自动化，电子、电器、电工 / 电信，动力、机械、能源，水利工程、建筑学，材料科学、其他工业技术，航空航天、交通运输，环境科学、安全科学，农业科学，医学，综合性图书。

（四）爱搜书网

该网站目前提供 7 大类 47920 部开放获取电子图书资源，使用 eREAD 电子书阅读器阅读利用。分类内容为：教育（教辅、少儿、英语、科普），两性（两性学堂、婚姻家庭、两性健康、两性情感），文学（人文历史、外国文学、古典文学、网络文学、名人传记、哲学），娱乐，小说（玄幻小说、言情小说、欧美风情、都市情感、女生地带、恐怖悬疑、传统武侠、影视同期），商业（投资理财、纵横商界、成功励志、经营管理、市场营销、人力资源、赢在职场、财务会计、经典英语）。

（五）TXT 图书下载网

该网站目前提供 22 类 17524 部开放获取电子图书资源。图书为 txt、jar、umd 等格式，以 txt 格式为主。分为人文历史、哲理宗教、经济管理、学习资料、名人传记、社会科学、生活百科、散文诗词、现代文学、成长励志等二十多个种类。

（六）E 书吧

该网站目前提供 20 大类 24736 部下载利用的开放获取电子图书资源，图书格式有 PDF、DOC、CHM、TXT、EXE 格式等。分类内容为：系统相关、软件教程、程序设计、网络编程、图形图像、数据库类、网络安全、IT 认证范文大全、手机图书、文学作品、玄幻小说、武侠小说、言情小说、科幻侦探、名人传记、科普哲学、经济管理、生活休闲、社会哲学、行业资料。

（七）我爱电子书

该网站目前提供 9 类 12769 部开电子图书资源，图书格式有 TXT、EXE、CHM 等格式。分类内容为：小说传记、电脑教程、文学作品、歌词剧本、经济社会、漫画幽默、科普哲学、杂书荟萃、TXT 电子书。

二、开放获取电子期刊资源

（一）开放杂志目录总汇（http://www.doaj.org）

它是目前网络上最大、最全面的开放杂志目录总汇，目前收录免费的、全文的科技学术期刊共计 1986 种，其中 490 种可以检索到文章，迄今为止已收录 83140 篇文章。网站提供关键词检索、刊名导航以及学科分类检索，目标是收录所有学科和语言的科技学术文献。

（二）Biomed Central（http://www.bomedcentral.com）

开放获取杂志出版商出版的期刊，涵盖生物与医学领域约100种开放获取期刊，提供刊名导航、学科分类浏览、高级检索以及个性化定制等服务，作者也可以在此发表论文。

（三）High Wire Press（http://www.highwire.standard.edu）

斯坦福大学图书馆于1995年开始建立的科学与医学文献库，是目前世界上两个最大的免费科技期刊文献全文数据库之一。收录生命科学及医学相关研究期刊资料，该网站目前可提供PubMed中4500多种期刊的论文1800多万篇，其中包含免费期刊论文133多万篇。在High-Wire首页分别提供了检索、浏览、机构订户、出版社等入口。

（四）麻省理工学院（MIT OCW）的开放课件（http://ocw.mit.edu/index.html）

面向全世界教师、学生和自学者提供免费的开放的教育资源，秉承了麻省理工学院推进知识和教育，在21世纪服务于全人类的使命，也符合麻省理工学院追求卓越、创新和领先的价值理念。提供普通检索和高级检索，PDF格式文章免费阅读、下载，包括公开发布的所有课程资料，使用无需注册。其在国内的镜像站点为：http://www.core.org.cn/OcwWeb/index.htm.

（五）Google的学术搜索（http://scholar.google.com）

Google联合包含哈佛大学在内的5所知名大学，把它们所有的资源放在网上供人搜索。中国国家图书馆也已经宣布与Google Scholar合作，向全国读者免费开放8000余万页电子文献。

（六）Yahoo! Search CC 创作共用资源（http://search.yahoo.com/cc）

搜索可以让别人使用、共享的学术资源，输入检索词后，选择相应类型同行评审论文即可，搜索的结果可能是论文，也可能是别人的网络日志等。

（七）国内开放获取电子期刊资源

包括奇迹文库（http://www.qiji.cn）、国家科技图书文献中心的中国预印本服务系统（http://prep.istic.ac.cn/eprint/index.jsp）和教育部的中国科技论文在线（http://www.paper.edu.cn）。

三、体育图片、体育音像等开放资源

（一）体育图片资源搜索

1. 利用垂直搜索引擎

很多搜索引擎都提供图片搜索服务，有代表性的如 Google 的图像文件搜索（http://image.googl.com）功能，百度的图片搜索（http://image.baidu.com）功能等。

2. 网站体育图片库

百度体育图片（http://list.image.baidu.com/t/image_category/image_sports.html）
新浪体育图库（http://sports.sina.com.cn/photo）
搜狐体育中心图片频道（http://sports.sohu.com/photo）
网易体育图片（http://sports.163.com/photo）
体坛网图片中心（http://pic.titan24.com）
TOM 图说体育（http://sports.tom.com）

（二）体育影音资源搜索

1. 利用搜索引擎

可以首先选择使用视频垂直搜索引擎。如百度视频搜索（http://video.baidu.com），它是百度汇集几十个在线视频播放网站的视频资源而建立的庞大视频库。百度视频搜索拥有最多的中文视频资源，提供用户最完美的观看体验。

谷歌视频搜索（http://www.google.com.hk/videohp?hl=zh-CN&sourceid=cnhp）的视频索引内容非常广泛，包含数百万个已编制索引并可观看的视频。使用Google视频，您可以从整个网络搜索并观看数量不断增加的一系列电视节目、电影剪辑、音乐视频、纪录片、私人作品和其他视频。视频索引由来自第三方网站的视频组成。

此外还有如下体育影音资源搜索方式。

狗狗在线视频频道搜索（http://video.gougou.com）

有道视频搜索（http://video.yodao.com）

雅虎视频搜索（http://video.search.yahoo.com）

AOL视频搜索（英）（http://search.aol.com/aolcom/videohom）

2. 体育网站

搜寻网上体育影音资源，除了可以利用搜索引擎以外，还可以利用一些专门的体育网站或综合网站体育视频。

◆国家体育总局体育声像网站（http://tysx.sport.gov.cn）

经过几十年的积累，现拥有8800多册体育声像资料，内容包括体育比赛、表演、教学、训练，技术分析及场馆介绍等。可以通过本网站进入到体育声像资料多媒体目录数据库，并利用数据库的全文检索功能很方便地查询到全部资料的目录（或视频片段）。如果是国家体育总局内网用户，还可以进入到其视频点播系统，对重要声像资料的全文进行网上浏览观看。

◆华奥宽频（http://v.sports.cn）

为华奥星空网站的在线音像资料平台。在国家体育总局支持下，华奥星空于2003年由中国奥委会、中华全国体育总会共同成立。它整合了体育及相关行业资源，构建中国数字体育互动平台，体育音像资料极其丰富。华奥宽频设有“新闻”“教学”“访谈”“赛事”“专题”等栏目，用户可按类在线收看所需视频。

◆中国电视体育联播平台网站（http://www.cspn.cn）

它是中国唯一由众多省级体育频道实现同步播出的、跨省区域的联播平台，由相关电视台携手神州天地影视传媒有限公司共同策划和发起，2007年10月1日成功试播，2008年1月1日正式开播。它首创“联合引进、联合制作、联合播出”模式，以多台同节目矩阵的产业新模型，为中国电视体育报道产业迎来历史拐点。网站设有“音视频”“节目单”“赛事”等栏目，拥有丰富的体育视频资源。

◆优酷体育（http://sports.youku.com）

优酷（NYSE:YOKU）号称中国第一视频网站，2006年12月21日正式推出。它以“快者为王”为产品理念，凭借“快速播放，快速发布，快速搜索”的产品特性，充分满足用户日益增长的互动需求及多元化视频体验，现已成为中国互联网领域最具影响力、最受用户喜爱的视频媒体。其体育频道亦是我们获取体育视频资料的重要资源。

◆中国网络电视台体育台（http://sports.cntv.cn/index.shtml）

中国网络电视台（英文简称CNTV）是中国国家网络电视播出机构，是以视听互动为核心、融网络特色与电视特色于一体的全球化、多语种、多终端的公共服务平台。中国网络电视台体育台由1个24小时不间断播出的主频道及以兴趣点为核心组织的海量视频点播共同组成，并集成了网络互动观看、UGC视频分享、网络社区、网络商城等各种网络媒体。体育视频资料丰富，在线观看流畅清晰。使用前需下载安装专用播放软件。

此外，还有许多门户网站都有体育视频栏目，具体如下。

土豆网体育（http://sports.tudou.com）

五星体育（上海广播电视台体育频道，http://hisports.com）

网易体育视频（http://v.sports.163.com）

乐视体育（http://sports.letv.com）

56网体育频道（http://sport.56.com）

天健网体育频道（http://sports.runsky.com）

参考文献

[1] 黄如花. 信息检索 [M]. 2版. 武汉：武汉大学出版社，2010.
[2] 马文峰. 信息检索教程 [M]. 北京：国家图书馆出版社，2009.
[3] 潘燕桃. 信息检索通用教程 [M]. 北京：高等教育出版社，2009.
[4] 唐永林，葛巧珍. 网络时代信息基础与检索 [M]. 上海：华东理工大学出版社，2003.
[5] 陈雅芝，等. 信息检索 [M]. 北京：清华大学出版社，2006.
[6] 郭依群，等. 网络学术资源应用导览 [M]. 北京：中国水利水电出版社，2006.
[7] 焦玉英，等. 信息检索 [M]. 武汉：武汉大学出版社，2002.
[8] 马费成. 信息管理学基础 [M]. 武汉：武汉大学出版社，2002.
[9] 沈固朝. 信息检索（多媒体）教程 [M]. 北京：高等教育出版社，2002.
[10] 黄如花. 网络信息的检索与利用 [M]. 武汉：武汉大学出版社，2002.
[11] 马景娣. 实用信息检索教程 [M]. 杭州：浙江教育出版社，2004.
[12] 徐天秀. 信息检索 [M]. 北京：科学出版社，2006.
[13] 谭华. 体育文献检索 [M]. 北京：高等教育出版社，2004.
[14] 吴新博. 现代信息检索简明教程 [M]. 北京：清华大学出版社，2006.
[15] 马文峰. 人文社会科学信息检索 [M]. 北京：北京图书馆出版社，2004.
[16] 沈传尧. 数字资源检索与利用 [M]. 南京：江苏人民出版社，2007.
[17] 万环秀. 公安文献信息资源检索 [M]. 武汉：湖北教育出版社，2006.
[18] 郝风素，等. 信息资源组织与检索 [M]. 北京：机械工业出版社，2005.
[19] 张江南，周昀. 体育信息概论 [M]. 北京：中央文献出版社，2001.
[20] 谭华. 体育文献检索 [M]. 北京：高等教育出版社，2004.

[21] R·霍克. Internet 通用搜索引擎检索指南 [M]. 2版. 金丽华，译. 沈阳：辽宁科学技术出版社，2003.
[22] 汪楠，张炎. 实用检索技术 [M]. 北京：科学出版社，2010.
[23] 王廷俊. 互联网体育信息检索的初步探讨 [J]. 现代情报，2005 (5)：172–173.
[24] 邱晓理. 综合类体育网站一览 [J]. 电脑技术，2001 (4)：9.
[25] 于新国. 网上免费电子图书资源的获取与利用 [J]. 图书馆杂志，2005 (1)：44–46.
[26] 李俊峰. 体育网站全接触 [J]. 网络与信息，2001 (9)：37.
[27] 于新国. 开放获取环境中的我国电子图书资源 [J]. 浙江高校图书情报工作，2010 (4)：25–28.
[28] 张华. 网络环境下我国开放获取期刊的发展 [J]. 农业网络信息，2010 (8)：62–65.
[29] 张玉辉. 中文网络工具书的收集与利用 [J]. 湖南环境生物职业技术学院学报，2009 (2)：107–110.
[30] 黄莲芝. 网络工具书探析 [J]. 图书馆论坛，2007 (5)：89–92.
[31] 张敏. 网络辞书发展的现状分析 [J]. 现代情报，2004 (6)：196–197.
[32] 胡潇，黄如花. 网络百科全书的特点 [J]. 情报探索，2010 (3)：55–57.
[33] 刘巧英. 基于知识单元的大学生信息素养教育 [J]. 图书馆学刊，2011 (11)：95–97.
[34] 于世花，时书信，王荣宗. 网络环境下的大学生信息素养教育 [J]. 农业图书情报学刊，2011 (9)：153–155.
[35] 周志峰. 网络环境下高校图书馆数字参考信息源探析 [J]. 高校图书情报论坛，2009 (1)：28–32.
[36] 廖东光. 电子信息资源的认识及发展趋势 [J]. 科技风，2010 (16)：215.
[37] 李超. 图书馆电子信息资源的开发和管理 [J]. 产业与科技论坛，2011 (6)：239–240.
[38] 方亚楠. 信息检索系统比较研究 [J]. 科技传播，2010 (20)：215–216.
[39] 滕彦霞. 信息检索语言、分类法、主题词和主题词表 [J]. 青岛医药卫生，2009 (2)：160–161.

[40] 程琳. 网络信息检索策略与检索途径探讨 [J]. 图书情报论坛，2010 (3)：49–51.

[41] 张国华. 美国《科学引文索引》介绍 [J]. 图书情报工作，1980 (6).

[42] 王德义. 美国《工程索引》介绍 [J]. 化学工业与工程，1993 (2).

[43] 付小超. 网络科技信息资源及其检索 [J]. 当代图书馆，2004 (1).

[44] 郦金花. 文献检索课应注重学生初步科研能力的培养 [J]. 图书馆论坛，2005 (1).

[45] 程发良. 网络环境下高校文献检索课互动式教学模式探讨研究 [J]. 图书馆论坛，2004 (5).

[46] 王京山. 利用因特网改进文献检索课教学 [J]. 图书馆理论与实践，2004 (1).

[47] 于清珍. Internet 网上专利文献检索若干问题探讨 [J]. 现代情报，2004 (12).

[48] 李静，李肖峰，陈京辉. 透视信息素养的内涵促进教与学的改革 [J]. 教育与职业，2007 (3).

[49] CALIS 学位论文中心服务系统. http://etd.calis.edu.cn/etdportal/pages/index/index.html.

[50] 中国高等教育文献保障系统. http://project.calis.edu.cn/calisnew/calis_index.asp? fid=1&class=1.

图书在版编目(CIP)数据

体育信息检索 / 周昀，雷国樑主编．-北京：人民体育出版社，2012
体育院校通用教材
ISBN 978-7-5009-4244-3

Ⅰ.①体…　Ⅱ.①周…②雷…　Ⅲ.①体育-情报检索-体育院校-教材　Ⅳ.①G252.7

中国版本图书馆 CIP 数据核字(2012)第 014534 号

*

人民体育出版社出版发行
三河紫恒印装有限公司印刷
新　华　书　店　经　销

*

787×960　16 开本　17 印张　300 千字
2012 年 4 月第 1 版　　2012 年 4 月第 1 次印刷

印数：1— 4,000 册

*

ISBN 978-7-5009-4244-3
定价：30.00 元

社址：北京市东城区体育馆路 8 号（天坛公园东门）
电话：67151482（发行部）　　邮编：100061
传真：67151483　　邮购：67118491
网址：www.sportspublish.com
（购买本社图书，如遇有缺损页可与发行部联系）